U1004913

PUBLIC SECTOR CONTROL

财经类经典作品

公共部门控制规范

——行政事业单位经验分享

李敏 编著

上海财经大学出版社

图书在版编目(CIP)数据

公共部门控制规范:行政事业单位经验分享/李敏编著. —上海:上海财经大学出版社,2017.9

(财经类经典作品)

ISBN 978-7-5642-2632-9/F·2632

Ⅰ.①公… Ⅱ.①李… Ⅲ.①行政事业单位-内部审计-规范-中国 Ⅳ.①F239.66-65

中国版本图书馆 CIP 数据核字(2017)第 205293 号

□ 责任编辑 李嘉毅
□ 封面设计 钱宇辰

GONGGONG BUMEN KONGZHI GUIFAN

公 共 部 门 控 制 规 范

——行政事业单位经验分享

李 敏 编著

上海财经大学出版社出版发行
(上海市中山北一路 369 号 邮编 200083)
网 址:http://www.sufep.com
电子邮箱:webmaster @ sufep.com
全国新华书店经销
上海叶大印务发展有限公司印刷装订
2017 年 9 月第 1 版 2019 年 10 月第 2 次印刷

710mm×960mm 1/16 18.75 印张 357 千字
印数:4 001—5 000 定价:39.00 元

前　言

公权力的失控严重影响公信力。随着市场风险与政府风险的不断加大，由政府主导并推动实施包括行政事业单位、非营利组织在内的一系列内部控制活动成为一种新常态。经济与社会越发展，民生与民声越重要，加强公共部门内部控制更加重要。

通过剖析一些腐败案件可以发现，有些舞弊手段并不复杂，也不高明，只要单位制度细一点、内部控制严一点、财务把关紧一点，是完全可以避免的。正是由于一些管理者思想上“贫血”、精神上“缺钙”、行动上“乏力”，加上信心不足和胆量不够，造成内部控制缺失，导致风险隐患没有排除，苗头性问题未能及时纠正，从而失控以致失败。所以，针对内部控制的知识空白、经验盲区、能力弱项，开展精准化的理论培训、政策培训、管理培训、能力培训，突出针对性和实效性，从而增加兴奋点，消除困惑点，增强工作责任感、使命感和应对能力就显得尤为重要。

本书以公共部门如何有效实施内部控制作为研究对象，以世界审计组织《公共部门内部控制准则指南》《公共部门风险管理指南》和我国发布的一系列行政事业单位内部控制规范文件为指南，在目标引领、风险评估、问题导向的基础上，从单位层面、业务层面等方面探索建立健全公共部门内部控制的路径、程序与方式方法等，注重理论系统性和实务操作性。

全书分为三大部分：第一部分为1～2章，是公共部门内部控制基础篇，阐述了公共部门内部控制的基础知识、基本理论、控制原则、工作步骤与操作规范等；第二部分为3～9章，是公共部门内部控制内容篇，详细阐述了单位层面和业务层面的内部控制规范，包括预算控制、收支业务控制、采购业务控制、资产业务控制、建设项目控制和合同管理控制等；第三部分为10～11章，是公共部门内部控制评价篇，包括公共部门内部控制评价、报告、监督检查和控制文化等。全书融法规解析、理论阐述和实例佐证为一体，配有专题讨论、实证分析和经验分享等。本书教学配套用的PPT可登录上海财经大学出版社网站下载。

本书内容新颖实用、深入浅出、图文并茂，适用于行政机关、事业单位、非营利组织的内部控制需求，可供教学、培训与自学使用。

本书由资深注册会计师、主任会计师、高级会计师李敏编著。李敏是上海市注册会计师协会《事业单位审计工作规程》和《事业单位资产清查审计和经济鉴证审计工作底稿》的主要撰稿人，是财务会计、司法会计方面的咨询专家和多所著名大学的客座教授，具有丰富的行政事业单位会计与审计的教学经历与实践经验，辅导几十家行政事业单位设计内部控制制度和编撰内部控制手册，已主编出版《事业单位会计》《会计控制与风险管理》《企业内部控制规范》《财务分析与报表解读》等数十本书。徐成芳、李英、沈玉妹、丁东方、徐铭、李嘉毅协助本书的有关编写工作，在此表示感谢。由于作者水平有限，疏漏差错之处，敬请读者提出宝贵意见，以便日后修改补正。

编　者

2019 年 10 月

目 录

第1章　总　论

公共部门拥有公共资源，其公权力一旦失控将严重影响公信力。经济与社会的不断发展要求进一步加强公共部门的内部控制。

1.1　公共部门控制概述

1.1.1　公共部门与内部控制

公共部门是指根据法律和国家授予的公权力，以公共利益为目标，运用公共资源，管理社会公共事务，提供公共产品或服务的各类组织。

根据公共性程度的不同，可以对社会部门进行如下划分：政府组织属于第一部门，包括各级各类行政事业单位；企业组织属于第二部门，包括公司制企业和非公司制企业；上述两类以外的其他各种非政府组织（NGO）和非营利组织（NPO）均属于第三部门，主要包括在民政部门注册的社会团体、基金会、民办非企业单位及未注册的草根组织等。

与上述分类方法相匹配，我国会计准则制度体系被分为政府会计准则、企业会计准则和民间非营利组织会计制度。从发展趋势看，政府会计与民间会计将合二为一，被统称为公共部门会计。《国际公共部门会计准则》就是由国际公共部门会计准则委员会（IPSASB）制定并发布的适用于公共部门的会计和财务报告标准。

我国公共部门具有数量多、分布广、地位特殊、社会关注度高等特点，在经济社会发展和国家治理体系建设中发挥着重要作用。国家统计局网站公布的我国第三次经济普查数据显示，从登记注册的类型来看，我国企业法人为 8 208 273 家，占比 75.61％；公共部门为 2 211 311 家，占比 20.37％；其他组织机构为 436 984 家，占比 4.02％。①

① 数据来源：《公共部门注册会计师审计制度研究》，《中国会计报》2016 年 5 月 27 日。

本书所述的公共部门包括行政机关、事业单位和非营利组织三大类(以下简称单位,如图 1.1 所示),它们的共性是向社会提供公共物品,它们所掌握的资源属于公共资源,它们用来从事管理的权力归属于公权力,它们的组织目标主要在于实现公共利益等。

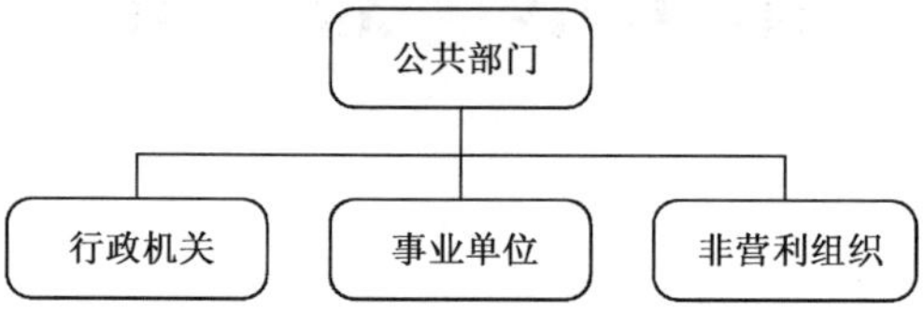

图 1.1　公共部门的组成内容

第一类:行政机关。国家行政机关通过制定和执行国家法律法规和规章制度,拥有公权力,维持社会秩序,从事公共管理,提供公共产品和公共服务,不以营利为目的,运营经费全部来自财政拨款,包括不同层级的立法机关、行政机关和司法机关等。

第二类:事业单位。各级各类事业单位根据国家授权和委托,从事公共服务,为公众提供科学、教育、文化、医疗卫生等公共产品,其运营经费全部或部分来自财政拨款,或者依靠服务收费。事业单位不以营利为主要目的,掌握着部分公共资源并通过授权拥有相应的公权力,包括公立医院、公立学校、文化馆、图书馆等,又可分为行政性事业单位、公益性事业单位和经营性事业单位三种。

以上两类统称为行政事业单位,是公共部门的主要成员。自 2012 年起,财政部在 5 年内先后发布了《行政事业单位内部控制规范(试行)》(财会〔2012〕21 号,以下简称《规范试行》)、《财政部关于全面推进行政事业单位内部控制建设的指导意见》(财会〔2015〕24 号,以下简称《指导意见》)、《关于开展行政事业单位内部控制基础性评价工作的通知》(财会〔2016〕11 号,以下简称《评价通知》)和《行政事业单位内部控制报告管理制度(试行)》(财会〔2017〕1 号,以下简称《管理制度》)等文件,可见行政事业单位加强内部控制工作的现实紧迫性和重要性。

第三类:非营利组织。① 非营利组织是介于政府与企业之间、兼具非政府性与非营利性的社会性组织,具有更广泛的公共服务领域,涉及慈善、教育、科研、保健、福利、文化、艺术、环保、社会服务等,其组织形式包括慈善会、学会、协会、基金会

① 另一种说法认为,非营利组织分为公办的非营利组织和民间的非营利组织。事业单位属于公办的非营利组织。民间非营利组织包括依照国家法律、行政法规登记的社会团体、基金会、民办非企业单位、寺院和教堂等。根据社会结构理论,现代社会组织分为政府组织、营利组织和非营利组织三大类,它们分别是政治领域、经济领域和社会领域的主要组织形式。

等。一方面，某些非营利组织被看作“准政府机构”“半官方机构”，拥有一定的公共资源与公权力；另一方面，媒体时常披露个别慈善组织的捐款被侵吞等失控案例。2017年5月8日修订实施的《中华人民共和国红十字会法》要求建立财务管理、内部控制、审计公开和监督检查等制度。

实践证明，公权力的失控将影响公信力。经济与社会越发展，民生与民声越重要，加强公共部门内部控制更加重要。但目前，我国对于公共部门内部控制体系的研究尚处于“初始”“零散”“滞后”的状态，还没有充分发挥内部控制在公共部门中应有的作用。

随着市场风险与政府风险的不断加大，加强公共事业与公共管理日显重要，由政府主导并推动包括行政事业单位、非营利组织等在内的一系列内部控制活动将成为一种新常态。我国《会计改革与发展“十三五”规划纲要》(财会〔2016〕19号)已经明确提出要完善我国内部控制规范体系，包括研究制定政府内部控制规范和非营利组织内部控制规范，将这两者结合，就是公共部门内部控制规范。

本书以国际审计组织发布的《公共部门内部控制准则指南》《公共部门风险管理指南》和我国发布的一系列行政事业单位内部控制规范文件为指南，以公共部门如何有效实施内部控制作为研究内容，将行政事业单位作为案例主体，在目标引领、风险评估、问题导向的基础上，从单位层面、业务层面等方面探索建立健全公共部门内部控制的路径、程序与方式方法等。

新公共管理理论、现代契约理论、控制系统理论和企业内部控制规范建设为我国构建公共部门内部控制提供了丰富的理论资源与实践经验。各单位应当结合自身的实际情况，建立与健全包括控制目标、控制对象、控制层面和控制活动在内的内部控制体系。

路漫漫其修远兮，吾将上下而求索。

图1.2 内部控制的任务、目标与战略研究

1.1.2 内部控制不断改革与发展

控制是根源于理性人的内在需求而产生的一种自觉行为。史书记载，古代宫廷和官府的内部控制思想起源很早。古罗马帝国的宫廷库房管理采用双人记账制。西周的官厅控制，以及宋太祖时期实行的“职差分离”“主库吏三年一易”，还有“一毫财赋之出入，数人耳目之通焉”的理念，都是古时统治者为了防止掌管财物的官吏贪污舞弊而对其实施的控制方法。

腐败是世界各国面临的共同难题。内部控制随着反腐败的需要不断深入发展。发达国家已历经内部牵制、会计控制和管理控制、控制三要素、内部控制五要素、风险控制等阶段。对于公共部门内部控制的认识也经历了一个渐进的发展过程。美国的公共部门内部控制从 18 世纪 80 年代末开始构建，不断改进与完善。

1921 年美国政府成立审计总署(GAO)，负有内部控制和督察的权责。1950 年，美国政府发布《会计与审计法案》，要求联邦政府各部门管理层负责建立并维护适当的内部控制系统，承担内部控制及内部审计方面的责任。

美国政府于 1978 年通过并颁布了《督察长法案》。该法案要求联邦政府各部门设立督察长办公室，督察长直接向审计总署负责，地位完全独立，能够直接对政府部门发生的浪费、舞弊、管理失当展开调查和审计评估。

1981 年，美国政府预算管理总局(OMB)发布 A-123 号通告《管理层责任与控制》，重申要求建立并维持适当的内部控制系统。1982 年美国政府颁布《联邦管理机构财务诚信法案》，要求政府部门持续评估和报告其内部会计控制和管理控制系统的适当性，并授权美国审计总署发布内部控制准则。1983 年，美国审计总署发布《联邦政府内部控制准则》，认为政府内部控制是“管理层采用的组织、方法和程序的计划，旨在确保资源的使用符合法律、法规和政策；保护资源，防止浪费、损失和滥用；确保可靠的数据在报告中能够被获取、持续和公允披露”。该准则经 1999 年和 2014 年修订，在框架上和构成上与美国科索委员会(COSO)框架趋于一致。

不少国家在努力推进公共部门内部控制。荷兰在 1990 年通过了《政府会计法》并据此确定公共组织内部控制法律职能，构建了内部控制体系；日本通过《公共财务法》《公共会计法》，确定了公共部门的财物、会计检查和内部控制；冰岛构建了由国家会计署、财物报告委员会、财政部等中央政府部门和政府各个部门管理层为责任主体的内部控制体系；澳大利亚通过公共部门内部控制进行有效的风险管理；玻利维亚通过了《政府管理和控制法》，确定了公共部门内部控制的法律职能，并采用了定期报告制度。

1996 年，国际信息系统审计与控制协会(ISACA)发布的《信息及相关技术控制目标》，把内部控制界定为精选设计的政策、程序、惯例和组织机构，目的是防止、识别并纠正不可预测的事件并提供合理保证，最终实现组织的目标。

2001 年，国际会计师联合会(IFAC)下属的公共部门委员会(PSC)发布的研究报告《公共部门治理——治理主体的视角》指出，内部控制制度是公共部门问责制的基础,是公共部门治理的重要工作之一。

世界审计组织(INTOSAI)于1992年发布《内部控制准则指南》,于2001年发布《内部控制:为政府问责制提供基础》,政府内部控制的本质被认为是"一项被用来合理保证管理目标实现的管理工具""内部控制是一个组织为了有效果并高效率地完成它的使命而管理其活动的过程"。2004年,世界审计组织发布的《公共部门内部控制准则指南》认为,内部控制是合理保障管理目标实现的管理手段。只有建立和执行完善的内部控制制度,政府才能及时、有效地防止组织目标偏离,最大化地实现管理目标。2007年,世界审计组织发布的《公共部门风险管理指南》认为,公共部门内部控制是机构运作不可缺少的过程。该指南将公共部门内部控制的本质界定为防范风险,考虑了公共道德规范,强调了公共部门资源保护的重要性,突出了非财务信息控制的重要性,强化了信息技术控制。

我国对公共部门内部控制的研究起步较晚,但发展较快。在汲取世界经验和本国企业内部控制规范的基础上,政府开始重视公共部门的内部控制,并率先在行政事业单位实施内部控制规范,先后发布了一系列重要文件。随着制定政府内部控制规范和非营利组织内部控制规范,公共部门内部控制将不断完善。

1.1.3 公共部门内部控制的基本特征

控制的一般概念是指控制主体按照给定的条件和目标,对控制客体施加影响的行为和过程,包括控制主体、控制客体、控制目标和控制活动等要素。

公共部门内部控制是指单位为实现控制目标,通过制定制度、实施措施和执行程序,对经济活动中的风险进行防范和管控的动态过程。

从控制主体分析,公共部门内部控制具有全员性特征,要求行政机关、事业单位、非营利组织的领导和员工全员参与、全方位动员、实施全面与全过程控制。

从控制客体分析,公共部门内部控制具有鲜明的指向性,要求针对的是各项业务活动过程中的"经济活动风险"。从"反腐败"发现的大量问题来看,公共部门中有相当一部分腐败分子是"栽"在经济问题上,如贪污、挪用公款、非法转移国有资产、私设和私分"小金库"等。这些问题的产生往往是由于缺乏内部控制机制或者内部控制机制不健全造成的。基于这样的认识,构建公共部门内部控制体系,其控制的客体并不是公共部门的所有活动,而是公共部门中的经济活动,经济活动融合在业务活动中,业务活动存在着经济活动风险。

专题讨论1.1 | 内部控制主体与客体的划分是相对的

每一个人既是内部控制的主体,要"自控",又是内部控制的客体,被"他控"或"互控"。例如,某单位的领导既是控制者,又是被控制者,既要"自控",又被"他控”，还处于“互控”或“联控”的机制中。从这种意义上看，内部控制本身是一种制衡机制——“自控、互控、他控”，从而形成“联控”，才能使安全运营具有平稳有序的良好环境，才能为健康发展设置一道又一道安全屏障。

从控制目标分析，对于风险既要防范，又要管控，这是公共部门内部控制的重要任务，有效防范舞弊和预防腐败成为公共部门内部控制最显著的特征。这种特征下的内部控制强调预防，“见之于未萌，识之于未发”，目的在于防止错误和舞弊的发生，以此来提高管理效率。由此，不少单位提出“以预防为主”的工作方针，通过“治未病”“补短板”，实现“健康单位”的目标。

从控制活动分析，公共部门内部控制要求制度、措施、程序“三管齐下”（如图1.3所示）。构成控制活动的要件有三个：一是要有明确的目的或目标，没有目的或目标就无所谓控制；二是受控客体具有多种行为的可能性，如果事情发展的方向和结果是唯一的、确定的，就谈不上控制了；三是控制主体可以在被控客体的多种可能性中通过一定的手段进行选择并加以调控，如果这种可选择性不成立，控制也就无法实现。也就是说，控制活动是指控制主体为了达到组织目标，运用一定的控制机制和控制手段，对管理客体施加影响的过程。

图1.3 内部控制活动的行为特征

制度，最一般的含义是要求人们共同遵守的办事规程或行动准则，是实现某种功能和特定目标的社会组织的一系列规范。“制”有节制、限制的意思，“度”有尺度、标准的意思，两者结合，表明制度是节制人们行为的尺度。

措施，是指针对问题的解决办法，包括预防措施、应变措施、强制措施、安全措施、非常措施等。其中，事先防备可能发生的风险事故是内部控制最常见的预防措施。

程序，是指为完成某项或多项特定工作而设计的流程、规定的路径和采取的行动等。内部控制流程图是使用图形来表示控制程序和思路的一种好方法。

制定制度、采取措施和执行程序是一个不断循环往复的过程，也就是说，公共部门内部控制是一个不断完善的动态过程，只有起点，没有终点。

综上所述，可以提炼出公共部门内部控制的基本特征，并由此形成内部控制的运行规律与基本规范：①公共部门内部控制旨在对经济活动中的风险进行防范和管控；②公共部门内部控制要求制度、措施、程序“三管齐下”；③公共部门内部控制是一个既保持稳定又不断完善的动态过程。

1.1.4 公共部门内部控制的对象范围

控制对象是控制客体的具体化。公共部门（尤其是行政事业单位）与企业的本质区别就是其拥有公共资源和掌握公权力（行政权力），所以，公共部门内部控制主要是针对公共资源的控制与公权力的使用，就是要把权力关进制度的“笼子”里。

由于公共部门内部控制在整个经济活动中需要解决资源获取、资源投入、资源配置、资源使用和产出结果五个涉及公权力的根本问题，因此，这五个方面问题中的每一个都应该成为内部控制体系中重要的控制对象。

每个单位都是内部控制的设计主体、执行主体和评价主体，其构建内部控制体系的总体思路可以从单位层面和业务层面两个维度出发，在资源获取、资源投入、资源配置、资源使用和产出结果五个方面构成一个复杂而庞大的系统工程，形成公共部门内部控制的对象范围（如图1.4所示）。

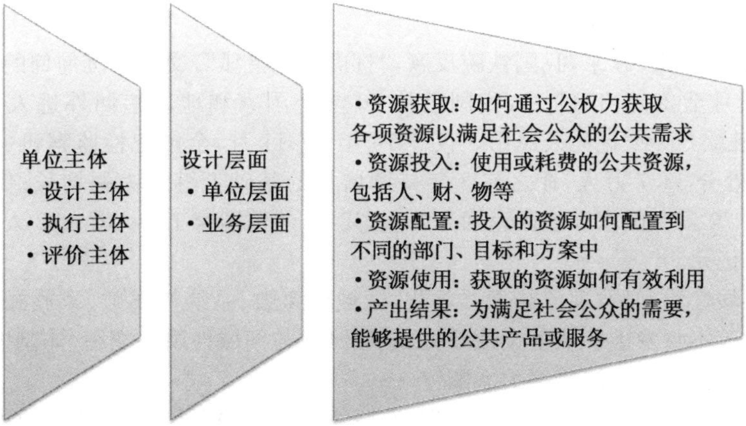

图1.4 公共部门内部控制的对象范围

1.1.5 失控可能是公共部门面临的最大风险

无论是单项控制，还是整体控制，假设其控制总面积为1。失控面积增大的结果必然是受控面积缩小，反之亦然。也就是说，受控程度与一个单位的控制力正相关，与失控力(反控制力)负相关。

受控与失控始终处在动态变化的过程中，如图 1.5 所示。

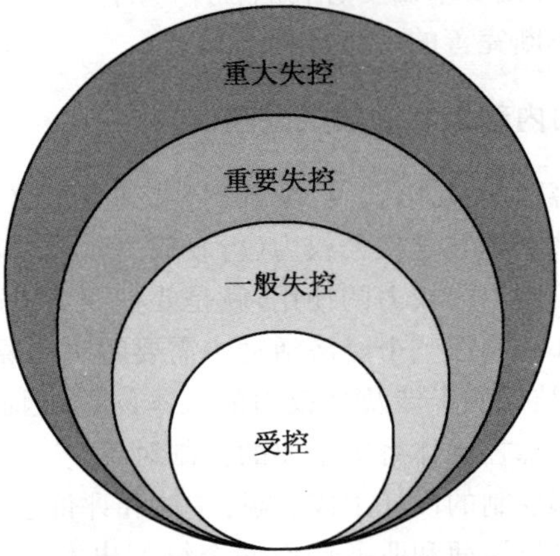

图 1.5　失控与受控的此增彼减

坚持猛药去疴的决心不减、刮骨疗毒的勇气不泄、严惩腐败的尺度不松，就是要保持控制的力度不减。

党的“十八大”以来，我国铁腕反腐，“打虎拍蝇猎狐”，交出了沉甸甸的成绩单。2014 年 1 月至 2016 年 11 月，我国已从 70 多个国家和地区追回外逃人员 2 442 人，追回赃款 85.42 亿元人民币。仅 2016 年 1～11 月，全国纪检监察机关共立案 36 万件，处分 33.7 万人，在之前 3 年持续增长的基础上继续大幅增长；仅“天网”行动共从 70 多个国家和地区追回 908 人，其中，外逃国家工作人员 122 人，追回赃款 23.12 亿元。①

从严峻性看，腐败现象趋于严重化，区域性腐败、系统性腐败、家族式腐败、塌方式腐败等不断发生。从复杂性看，区域性腐败与领域性腐败交织，体制内腐败与体制外腐败挂钩，形成“共腐关系圈”……

剖析一些违法违纪案件可以发现，有些舞弊手段并不复杂，只要单位内部控制严一点、制度规定细一点、财务把关紧一点，是完全可以避免的。正是由于一些管理者思想上“贫血”、精神上“缺钙”、行动上“乏力”，加上信心不足和胆量不够，造成了内部控制缺失，导致风险隐患不能有效控制，苗头性问题得不到及时纠正，以致

① 数据来源于 http://news.china.com/domesticgd/10000159/20161210/30072991.html。

酿成大错。所以，针对内部控制的知识空白、经验盲区、能力弱项，开展精准化的理论培训、政策培训、管理培训和能力培训，突出针对性和实效性，增强工作责任感、使命感和应对能力就显得尤为重要。

1.1.6　公共部门缺乏内部控制的内生动力

长期以来，公共部门习惯于政府主导下的“外力推动”，因而普遍缺乏内部控制的“内生动力”，缺乏应有的自主管理和自我控制意识，缺乏风险防范意识，缺少风险评估机制，缺乏内部牵制机制和有效的监督机制等。在内部控制建设方面，普遍采用原有的规章制度来替代系统性的内部控制体系，甚至有时为了追求工作效率还刻意减少了一些必要的内部控制程序，无形中增加了单位的运营风险。

从某市市级事业单位审计汇总的情况分析，内部控制方面的问题占到问题总数的15%以上，而反映在会计核算、预算管理、实物资产管理方面的问题大多与管理失控相关（如表1.1所示）。

表1.1　　某市市级事业单位年报审计发现问题的类型分布

问题类型	会计核算		预算管理		实物资产		内部控制制度		合　计	
	个数	占比(%)	个数	占比(%)	个数	占比(%)	个数	占比(%)	个数	占比(%)
20×1年年报	1 142	43.24	673	25.48	426	16.13	400	15.15	2 641	100
20×2年年报	1 037	47.66	372	17.10	439	20.17	328	15.07	2 176	100

归纳起来，当前公共部门内部控制建设方面主要存在以下几个突出问题：

一是风险意识不强，重视不够。加强内部控制建设，首要的是对其重要性和紧迫性有清晰的认识，特别是单位负责人，要绷紧内部控制这根“弦”，否则难以有效落实。

二是管理基础薄弱、职责交叉、权责脱节等。公共部门内部控制的目的就是要确保单位预算管理规范、资金运转安全、权力行使有据、事业健康发展，实现对各项管理活动和权力运行的制约，前提就是要对单位各项资源和职责权限底数清、情况明。

三是缺乏基本的内部控制措施。有的单位财务机构不健全，违反“不相容岗位分离”原则，或者采购、保管、领用由一个人负责；有的单位缺乏基本的内部审批程序，业务审批随意性大，甚至单位领导直接管钱、管物，内部缺乏基本的控制措施。

四是一些重点领域和环节隐患较多。非税收入征缴、国有资产管理和政府采购制度执行中的相关问题比较普遍，有的领域问题呈高发、多发态势，如通过虚假发票报销等贪污、侵占资金的问题比较严重。

五是尚未形成有效的内部监督。单位的内部审计机构不健全、专业人员缺乏问题较突出，有的虽然成立了内部审计机构，但工作的开展还未实现制度化、规范化，难以发挥实质性监督作用。

1.1.7 实施公共部门内部控制的积极意义

内部控制既是单位的一项重要的管理活动，也是单位的一项重要的制度安排。它是单位内部治理的基石，是保障组织权力规范有序、科学高效运行的有效手段，也是组织目标实现的长效保障机制。它对于提高管理水平，改进公共服务的质量和效率，规范财经秩序，建设服务型政府具有重要意义。

随着市场经济的不断发展和改革开放进入“深水区”，整个社会也进入了矛盾凸显的“风险高发期”。政府风险的不断加大正在改变着政府管理的思维方式。

如何才能给权力涂上“防腐剂”、戴上“紧箍咒”？如何把权力关进制度的“笼子”？如何形成不敢腐的惩戒机制、不能腐的防范机制、不易腐的保障机制？制度建设本身具有预防性。有效的内部控制能够保证公共部门的整体效率，防范公共管理风险，提升社会治理能力。通过研究公共部门内部控制，建立风险评估机制，识别、评估公共部门管理中的风险，并采取相应的控制措施，对于防范公共管理风险、加强公共部门治理具有重要的现实意义。法律法规使之不敢，职业道德使之不愿，内部控制使之不能。

从管理学的角度分析，管理是管理者通过执行计划、组织、领导、控制等职能而实施的有意识、有目的的活动。管理的概念涵盖控制，但控制才是管理的关键。[①]通过建章立制、堵塞漏洞、消除隐患，可以合理保证单位规范高效地履职尽责、防范风险、维护社会公众利益。而失控将导致计划、组织、领导的“失态”。加强公共部门内部控制，增强自身“免疫力”，是各单位内部管理的治本之策，也是内部治理的基本要素，更是防范风险的重要机制。

从行为学的角度分析，人必须控制自己的行为以适应所生存的环境（包括自然的、社会的和自身的环境）。动机决定行为，行为导致后果，而自觉却源于警醒。内部控制的作用机理就是通过制度、程序与措施，将权力控制在一定范围内，并在权力与权力之间形成有效的制约和监督，以科学有效地预防腐败。

从心理学的角度分析，心理现象是一个动态过程，包括认识过程、情感过程和意志过程等，其外在表现出个性倾向、个性特征和个性调控，是推动人进行活动的动力系统，包括需要、动机、兴趣、理想、信念、价值观和世界观等。一些领导干部的

---

① 李敏：《企业内部控制规范（第二版）》，上海财经大学出版社 2016 年版。

腐败往往从“小错无伤大雅”的心理活动开始，起初对吃几顿饭、收几张卡、拿几个红包等行为认为“没人知道”“无所谓”，进而将权力作为寻租的资本，最后走上违法犯罪的道路，落入“温水煮青蛙”的可悲下场。习惯成自然，稳定的、积极向上的心理特征是自强、自律、自控“持之以恒”磨炼的结果。

从犯罪学的角度分析，舞弊产生于压力、机会和借口的共同作用。压力是舞弊的行为动机；机会是进行舞弊而又能掩盖起来不被发现或能逃避惩罚的时机，包括缺乏发现舞弊行为的内部控制、缺乏惩罚措施、信息不对称、能力不足等；借口属于自我合理化。防范与治理舞弊既要通过加强内部控制来消除舞弊机会，还应通过消除“压力”和“借口”来抑制舞弊，包括研究舞弊的原因及其规律，从而寻求有效的风险应对策略。在一些“落马”贪官的忏悔录中经常会看到这样的语句：“有谁能在我刚开始违纪的时候及时提醒，甚至早一点给我纪律处分，就不至于走到今天这一步。”“早抓”是为了谨防小错酿大祸，“苍蝇”变“老虎”。

内部控制学应该是管理学、行为学、心理学、犯罪学等多种知识与能力综合运用于管理实践的产物。通过有效实施内部控制，应当可以达到“标本兼治”的目的。病征要缓解，病源也要根除。查出问题和防止问题发生应同时进行，既要解决问题的表象，又要从根本上杜绝问题的产生，这才是实施内部控制的积极意义。

1.2 公共部门控制目标

目标，就是想要达到的境界或目的。建立层次结构目标模型可以将问题包含的因素分层：最高层（解决问题的总目标），中间层（选择为实现总目标而采取的措施和方案所必须遵循的准则与规范，也可称策略层、约束层、准则层等），最低层（用于解决现实问题的各种具体的措施与方案等）。将各种要考虑的因素放在适当的层次，以层次结构清晰地表达这些因素之间的关系，便于实施目标管理，采用系统的方法将庞大、复杂的事情和行为整理为关键性的可控目标的管理活动，从而激励人们高效实现组织的各层次目标。

内部控制目标的多层次性是经过对客观环境的分析后提出的对控制成果的主观预期。构建系统的、有层次的内部控制目标体系，可以增强内部控制的现实适应性。

1.2.1 总体控制目标

美国财务会计准则委员会在《财务会计概念公告》第四号《非营利组织财务报告的目标》中，将非营利组织的主要特征归纳为：①大部分资源来源于资财的供给者，他们不期望收回或据以取得经济上的利益；②业务运营的目的主要不是为了获取利润或利润同等物而提供产品或劳务；③没有明确界定的所有者权益及其出售、转让或赎回，以及凭借所有权在组织清算解散时分享一定份额的剩余资财。

任何控制行为都必须设定(给定)目标。根据公共部门的特点确立目标是内部控制的前提与依据，也是控制的标准和行为的指南。

公共部门的控制目标源于受托责任的需求，即控制是对受托责任的控制，没有受托责任就无所谓控制。由公共资源的委托—代理关系而产生的受托责任即公共受托责任。公共受托责任理论是公共部门内部控制的理论基础。

不同的组织有着不同的使命和目标。例如，企业追求股东财富最大化，而政府则呈现多元化目标，既有经济目标，又有政治目标，还有社会目标。根据社会契约论，政府是公民之间缔结契约的结果，社会公众让渡公权力，政府承担受托责任。为了满足社会公众的需求，政府必须行使公权力，获取公共资源以便完成使命和目标；同时，政府的行为应当让纳税人放心。

从资源的获取到向社会提供公共产品或服务，整个过程都是受控的对象，与之相对应的控制措施、资源配置、绩效评价等问题将贯穿于内部控制过程的始终。

美国《联邦政府内部控制准则》定义政府内部控制为，“管理一个组织的组成部分，为实现以下各类目标提供合理保证：①运行的有效性和效率；②财务会计报告的可靠性；③符合适用的法律和法规”。1999 年，修订后的《联邦政府内部控制准则》认为，内部控制属于管理活动的一个重要部分，支持以业绩为导向的管理，主要采用计划、方法和程序等来实现组织的使命和目标。该准则还指出内部控制受组织中每一个人的影响，是一个动态调整的过程，只能提供合理保证而不能提供绝对保证。

《公共部门内部控制准则指南》认为，公共机构要实现的总体目标是：有序、道德和经济地运作；提高运作效率，运作达到预期效果；履行责任；遵守法律、法规；维护资源安全，防止损失、滥用和毁坏。

《公共部门风险管理指南》将公共部门的目标分为四类：①战略目标，指高级目标。该目标与机构使命一致并支撑机构使命。②运营目标，指运作的有序性、道德价值、经济性、效率性和效果性，维护资源安全以免丢失、滥用和损毁。③报告目标，指报告中履行职责和义务的可靠性。④遵循目标，指遵守相关法律、法规并使其行为能够与国家政策一致。

我国公共部门实施内部控制旨在实现以下五个方面的总体(整体)目标：

合法性目标——合理保证公共部门各项经济活动合法合规。有效的公共部门内部控制有助于保证公共部门贯彻执行相关的法律法规、依法行政。

安全性目标——合理保证公共部门资产的安全和有效使用，防止因浪费、滥用、不当管理、差错、舞弊和违规行为引起的资源损失，提高公共资源的使用效益。

可靠性目标——合理保证财务信息真实、完整。公共部门作为公共资产的受托管理者，有义务、有责任向社会公众提供真实、可靠的财务信息。

防范性目标——有效防范舞弊和腐败，促进单位加强内部风险防控与廉政机制建设。

效率性目标——提高公共服务的效率和效果，合理保证兼顾效率与公平，既要促进公共资源的分配公平，又要提高公共资源的使用效率。

与企业内部控制目标①相比，公共部门的控制目标以有效防范舞弊和腐败的防范性目标替代了发展战略目标，将廉政建设提升到新的高度；更加关注公共服务的效率和效果而不是经营方面的效益，以实现社会效益为目的而不是以经营效益最大化为目的。

1.2.2 具体控制目标

总体目标需要通过具体目标、具体履职情况和具体活动过程来实现。内部控制本身也存在着目标控制的效果问题，即要求不断减少总体目标无法实现的可能性。所以，内部控制的目标还应当是具体的、有针对性的、便于操作的。为此，在设计内部控制制度时，应当研究和制定具体控制目标清单（详见第 4～9 章的介绍）。

具体控制目标应表述清楚，需要满足以下五个要求：

一是明确性。要用具体的语言清楚地说明须遵循的行为标准。只有目标具体、明确，才能传达到业务流程中所涉及的各个不同机构和部门。

二是可衡量性。具体目标必须是可以衡量的，这样才能准确地衡量业务流程所需要达到的水平。

三是可实现性。具体目标必须是可行的。如果某个具体目标无论如何都无法达到，那么该目标的设定则被认为是不合理的。

四是相关性。这是指实现具体目标与其他目标的关联情况。具体目标的设定最终是为总体目标的实现服务的，所以，具体目标必须与其他目标有关联。

五是时限性。目标是有时间限制的，任何具体目标（尤其是业务目标）都应当有一定的时间规定性。

1.2.3 阶段性控制目标

实现目标需要一个过程，在具体操作中可以分阶段实施。例如，从预算编制目标走向预算控制目标，进而发展为全面预算管理目标，就是分阶段不断渐进的过程。又如，内部控制评价从基础性评价进入缺陷评价，进而实施全面评价，就是分阶段不断发展的工作要求。

---

① 《企业内部控制基本规范》第三条规定，内部控制的目标是合理保证企业经营管理合法合规、资产安全、财务会计报告及相关信息真实完整，提高经营效率和效果，促进企业实现发展战略。

注意控制目标的循序渐进和与时俱进是实事求是推进内部控制的理性选择。单位可以根据自身发展现状设定内部控制建设的思路与工作重点。对于即将启动或刚刚启动内部控制实施工作的单位来说,应按照内部控制基本规范的要求加快推动,并根据单位实际情况选择业务实施;对于已经在个别部门建立了较为完善的内部控制体系的单位,可以总结和借鉴已有经验和做法,将其推广至全单位;对于已经在全单位范围内建立起覆盖全过程、各层级的内部控制体系的单位,应将工作重心放在内部控制的持续改进上,充分运用内部控制自我评价的方法和手段,按照有关要求对实施情况进行常规、持续的监督检查,查找实施中的缺陷与不足,促进内部控制的持续改进和不断优化。

内部控制建设涉及单位内部的岗位调整、职责变化和流程再造,在推进过程中难免遇到阻力,届时可以先易后难、以点带面。对于初次开展内部控制体系建设的单位,可以根据实际情况,有重点地选取若干业务先行推进,待形成经验后再全面推广,做到循序渐进、稳步推进,将会有利于内部控制体系的成功实施。各部门应各负其责、通力合作,按照"梳理→规划→建设→提高"的路径,分类规划、梯次建设,实现全面建设内部控制体系的目标。

内部控制建设不是短期行为,需要不断审视建设目标。内部控制作为提高单位管理水平的重要措施,既要满足管理的现状,又要对管理有一定的指导性,即处理好现实性与前瞻性的平衡。一些单位的领导希望建设"一流"的内部控制体系,追求形式上的完美,这种情况下的内部控制体系往往会脱离单位的客观现状,与单位的规模水平、人员能力条件等相背离,其结果可能导致内部控制体系成为摆设。内部控制体系建设只有本着实事求是的态度,按照总体规划、分步实施的原则,才能保证内部控制体系与实际管理相匹配,才能引导单位持续、健康、快速地发展。在现实性与前瞻性的平衡问题上,一般要求在内部控制理念层面可以具有超前性,但在内部控制流程的操作设计方面一定要与现实相匹配。

1.2.4 影响控制目标的风险因素

单位的目标应当充分陈述单位希望取得的成就,并以相关战略计划作为支持。实现目标是风险评估与风险防范的基本前提。可能影响单位目标实现的相关风险包括以下几个方面:①单位目标是否充分体现了单位期望获得的成就,并且此目标足够具体,与单位的管理活动直接相关;②单位目标是否有效地传达到各管理部门和全体员工;③单位的战略选择是否与单位确立的目标保持关联;④单位的业务发展计划和预算是否脱离现实;⑤具体管理目标与单位战略目标是否衔接;⑥实现目标是否有充足的资源支撑;⑦是否对每个重要的业务活动目标都确定了相应的风险;等等。

1.2.5 控制目标的合理保障性

内部控制为各单位管理目标的实现和业务风险的防范提供了合理的保障而不是绝对的保障，因为风险具有不确定性和不可预见性。

内外部因素的变化会影响内部控制总体目标的实现：一方面，内外部环境的变化会使风险不断变化，有些风险的变化可能超出现有控制的范围；另一方面，所有内部控制体系都需要人来执行，人员执行的不到位将导致内部控制体系的效果大打折扣，如解释误差、理解偏差、疏忽大意、疲劳作业、决策不当、串通舞弊、低效率控制延误业务处理等。此外，单位规模、人员配备与控制设置等资源的制约也是重要的限制因素。由于内部控制成本不应大于内部控制效益，因而控制成本的制约会降低内部控制系统的保障程度，因此，内部控制体系的建立并不能保障完全防范所有风险，只能说在很大程度上降低了风险发生的可能性，也就是说，内部控制只能提供合理的但非绝对的保障来促进公共部门控制目标的实现。

内部控制的功能不能被无限放大，因为内部控制不是万能的，它存在一定的局限性。当然，没有内部控制是万万不能的。任何单位在建立和完善内部控制体系的过程中都需要不断审视和检查内部控制体系的运行效果，以保证内部控制体系的不断完善。

1.2.6 目标制约与规矩方圆

自觉与自控对内部控制很重要，包括自省与自警、自律与自励、自立与自重等；但很多时候还是要靠强制性的手段来约束。守纪律、讲规矩既是对管理者的要求，也是实施内部控制的重要规范。纪律和规矩既是“紧箍咒”，也是“护身符”。

在管理素质和管理意识中，守纪律、讲规矩是基本素质和基本意识。一些领导干部权力大、责任重，其守不守纪律、讲不讲规矩直接关系到内部控制各项规定能否得到有效贯彻，关系到执政权力是否真正用来为人民服务。要依法用权、秉公用权、廉洁用权，就要做到心有所畏、言有所戒、行有所止。

没有规矩不成方圆。守规矩，就要讲程序。树立程序意识，严格遵循程序办事就是内部控制最典型的表现。任何管理活动都是在一定的组织系统中进行的，是在一定的目标制约和制度规则中开展的。这些制度规则有些已成为刚性的纪律，如“‘三重一大’报告制度”等，作为领导干部，必须懂得组织运行的程序，明确自己的权限，重大问题该请示的请示、该汇报的汇报，不允许超越权限办事。违规用权、擅自越权，虽然办成了事，但也破坏了程序，造成不良后果，留下严重隐患。组织程序或管理程序凝结着工作规律，就是纪律，不可置之不理。

从严肃纪，就是要把“守纪律、讲规矩”摆在重要的位置。从严治官，就是要使领导干部在“守纪律、讲规矩”上做表率。从严正风，就是要营造守纪律、讲规矩的良好氛围。大家守纪律、个个讲规矩，就能在单位培育出严守纪律、严明规矩的精神风貌、行为规范和控制文化。

1.3　公共部门控制要素

1.3.1　内部控制要素的发展演变

内部控制目标指明了内部控制的方向，而内部控制要素则明确了实现目标的途径，是公共部门建立和实施内部控制的基础。

对于内部控制要素及其理性认识经历了以下几个阶段：

20 世纪 40 年代以前是内部牵制阶段。1936 年美国独立公共会计师协会提出内部控制侧重于“为保证公司现金和其他资产的安全，检查账簿的准确性而采取的各种措施和方法”。当时还没有“要素”之说。

20 世纪 60 年代逐渐产生了“内部控制制度”的概念。1958 年 10 月，美国会计师协会审计程序委员会发布的《审计程序公告第 29 号》将内部控制划分为会计控制和管理控制。当时的内部控制侧重于财产安全、信息真实，强调会计的控制作用。

1988 年，美国注册会计师协会发布《审计准则公告第 55 号》，提出内部控制结构包括 3 个要素——控制环境、会计制度和控制程序，开始以要素表述内部控制。

1992 年，科索委员会提交了一份举世瞩目的研究报告——《内部控制——整体框架》，该报告将内部控制的具体内容划分为控制环境、风险评估、控制活动、信息与沟通、监督 5 个要素。美国审计总署在《联邦政府内部控制准则》中界定了政府内部控制的 5 个要素，其内容与科索委员会框架“五要素”的阐述基本一致。

内部控制构成要素不仅是一种机制，而且是一种文化、一种理念。如何在客观环境下根据公共部门自身的业务特点来建立一套科学且适合单位发展的、理论相对完整、操作相对具体、有章可循的内部控制要素体系，需要一个长期探讨、持续改进的过程。公共部门可以参照国际上的先进理念和国内行政事业单位内部控制的经验，在归纳总结中不断提炼。

公共部门的控制要素是构成公共部门内部控制的必要因素，公共部门内部控制设计可以从控制要素建设入手。

如果把一个组织看作一个人的机体，那么，内部控制要素就相当于这个机体的“免疫系统”。一个健康的“免疫系统”可以保护一个人少生病甚至不生病，一套健全的内部控制则可以帮助一个组织防范风险。公共部门内部控制包括控制环境、风险评估、控制活动、信息与沟通、监督五大基本控制要素。

2004 年 9 月 29 日，美国科索委员会发布了《企业风险管理——整合框架》研究报告，将风险评估细化为目标设定、事项识别、风险评估和风险应对，从而产生了内部环境、目标设定、事项识别、风险评估、风险应对、控制活动、信息与沟通、监控"八要素控制理论"，这是对"五要素"的延伸与发展，并提出进一步的管控要求。

1.3.2 "五要素"的内在关系分析

内部环境是公共部门内部控制建立和实施的基础，一般包括治理结构、机构设置及权责分配、内部审计、人力资源政策、单位文化等，是组织对"免疫系统"的态度，以及"免疫系统"的各部分能否协调配合等。任何单位的控制活动都存在于一定的控制环境中，控制环境为内部控制其他方面的运作提供框架，直接决定了单位内部控制整体框架实施的效果。良好的控制环境可以使每个员工都积极主动地发现组织中存在的"病毒"。

风险评估是指单位及时识别、系统分析组织活动中与实现其内部控制目标相关的风险，合理确定风险应对策略，使单位能够考虑潜在事项对其目标实现程度的影响的一项持续性的活动，包括单位层面的风险评估和业务层面的风险评估，目的在于及时识别"免疫系统"的不足，从而控制风险，是提高控制效率的关键。如果管理层的思想中缺乏"风险"概念，单位又缺乏风险管理机制，那么，由于抗风险能力低下而不能及时发现"免疫系统"的缺陷，组织常常会面临"病毒侵蚀"的风险。

控制活动是确保各项指令得以正确执行的政策、程序与措施，也是"免疫系统"发现"病毒"、处理"病毒"的过程和程序，是内部控制的主体和核心。控制活动实质是将一项业务活动细分为授权、批准、执行、记录及监督等职能，并将这些职能分别授权给不同部门或不同人员执行，形成相互牵制。任何一个组织的控制力都是通过一系列控制活动来实现的。控制活动是根据风险评估结果，采用相应的控制措施，将风险控制在可承受范围之内的活动，包括确保风险得以应对与控制的一系列制度和程序。控制活动贯穿于整个单位，包括单位层面的机构和岗位设置、业务层面的各项活动和流程等。

信息与沟通是单位及时、准确地收集、加工、传递与内部控制相关的信息，确保信息在单位内外部进行有效沟通，从而实现信息在不同岗位和不同部门之间相互交换的过程。如同免疫系统的各部分要协调配合一样，一个组织内部的各个部门也要通过及时的沟通，根据内部控制系统反馈的信息，发现问题并提出建议，完善体制机制，更广泛、更全面地解决类似问题。

内部监督由适当的人员在适当的方式下，评估控制的设计和运作情况的过程。监督是对内部控制的再控制，是内部控制的"医生"，可以帮助内部控制查找自身缺陷，并促进其有效执行。

上述五个要素并不是独立于业务流程的，而是融合地贯穿于每个流程。例如，在政府采购的内部控制建设方面，既要考虑采购职责的设置、采购人员的能力配置，又要考虑采购中面临的内外部风险；既要明确授权、审批、验收等控制活动，又要规范采购信息的流转和归档，还要做好对采购业务的持续监督和检查等。

1.4 公共部门控制原则

原则是行事的准则。树立原则意识，就是要守纪律、讲规矩。一些领导干部参与腐败或默许亲属和身边工作人员利用特殊身份谋取非法利益，就是不讲原则的表现。设计与执行内部控制必须遵循以下五项基本原则：

1.4.1 全面性原则

内部控制可以无处不在、无时不有。单位在开展内部控制建设时，首先要想到内部控制体系建设的全面性，包括参与部门的全面性、覆盖业务范围的全面性、流程动作设计的全面性，努力做到内部控制无“死角”、无“缝隙”、无“真空点”。

全面控制从空间上看，就是要覆盖单位全部的事项和业务，包括行政事务和经济业务；从时间上看，要求全过程控制，包括各事项和业务的流程、岗位与职责等，落实到决策、执行、监督、反馈等各个环节。所以，设计内部控制体系要把握好两个方向：一是横向到边，纳入所有业务；二是纵向到底，从单位负责人到基层员工，没有哪一个层级可以脱离内部控制的范围。

内部控制建设是一个无止境的循环过程，需要单位不断地进行风险评估、内部控制评价和自我完善，包括风险评估、缺陷识别、缺陷整改、流程优化、试运行和监督检查的全过程。

内部控制要素设计应当全面，各种业务控制制度既要在各个制度中充分表述各个要素的内容，又要相互联系、相互制约，使其构成管理中的一个完整的、持续可行的系统，以有效控制各项经济活动，促使单位完成预定的控制目标。

1.4.2 重要性原则

突出重点、聚焦风险、精准发力是一项很有效的工作原则，集中解决面临的突出问题或主要矛盾尤为重要。

各单位可以根据自身的业务性质、业务规模等特点制定切实可行的内部控制实施方案，分类分步推进内部控制建设与实施工作；也可以根据业务板块或管理特点，先针对重要流程或重要领域建立起较为完善的内部控制体系，再逐步建立覆盖整个单位的内部控制体系。

行业、规模、性质、所处地域和组织形式等方面的不同使各单位的高风险领域也不同。内部控制可能难以防范所有风险，但要特别关注重要业务、重大事项和高风险领域（简称“二重一高”），防范颠覆性风险（如图 1.6 所示）。

重要业务	一般以金额作为判定标准，以该业务设计的资金额度占单位整体资金额度的比重确定
重大事项	一般是指重大投资决策项目，重大设备和技术引进，采购大宗物资和购买服务，重大工程建设项目，年度预算内大额度资金调动和使用，以及其他大额度资金运作事项等
高风险领域	一般是指经过风险评估后确定为较高或很高风险的业务或岗位

图 1.6 “二重一高”的内涵与确认方式

高风险岗位是指某一岗位在业务管理和流程操作中面临的风险较多，其执行失败将会给单位带来重大损失的岗位。高风险岗位一般具有以下特征：一是能够接触到大额资金、资产和票据的岗位；二是有重要决策权的岗位；三是能够接触到单位重要信息，包括管理信息、客户信息、业务信息的岗位；四是能够以权谋私的岗位。针对高风险岗位及其员工，一定要做好必要的岗位培训和工作表现评价，并通过定期轮岗、带薪休假、突击检查、诫勉谈话等机制防范岗位风险。将腐败易发、多发的领域和部门作为控制重点已成为廉政风险防控机制建设的关注点。

如果某些行为同时涉及“二重一高”，更应当予以足够的关注。例如，对外投资决策可能属于高风险领域，如果该投资项目属于大额投资，且占单位资产的比重较大，就应当特别关注其风险活动的特点，并注意内部控制活动的针对性，对症下药。针对性越强，内部控制就越有效。

实证分析 1.1 | 管理“真空”营造舞弊环境

某市第二中级人民法院开庭审理了某医院住院部主任石巧玲贪污公款 900 余万元、挪用公款 370 余万元的特大案件。石巧玲被判处死刑。

该医院住院部属于该医院办理住院费收支结算的内部二级核算单位，现金收支活动及其结果理应受到医院财务处的管理和监督。然而，每年住院部收取预缴现金约几千万元，却仅将预缴现金扣除出院退款后的余额缴存银行，并以取得的交款单作为结算日报。财务处只掌握预收款减去退款后的净额而不掌握预收现金、出院退款、出院收取补缴款等明细项目，致使该医院住院部的现金管理长期处于“真空”地带。

该医院的财务管理软件也有漏洞：结账人员在为病人办理出院手续时，对住院、出院日期可以改动而不会留下痕迹；使用同一病人姓名、病案号可以反复打印“住院费结账单”，如不存盘，电脑中不会留下痕迹；结账人员同时编造患者姓名和病案号（必须是该医院未曾使用过的病案号），电脑中能显示空白“住院费结账单”，输入各种费用后可以打印。石巧玲作为住院部主任，有权使用住出院登记软件（程序）。她利用了软件程序上的漏洞，调出已出院病人材料，改动该病人姓名（不改病案号），打印出改动姓名后的“住院费结账单”，再改回原病人姓名，电脑中没有留下痕迹。石巧玲利用职务便利，先后编造住院医疗预收金退款书 1 081 张，指使无业人员陈某等人以病人家属身份持退款书在住院处骗领预缴金余额共计 920 余万元，并非法占为己有。

该医院财务处多年不对住院部进行审计和检查，仅负责核对住院部上报的报表、单据，没有意识到所报账表是伪造的假账。该医院的授权批准控制、会计系统控制、财务会计报告控制和信息系统控制不仅缺乏职责分工和相互牵制，而且监督与约束极为疲软，从而给罪犯偷梁换柱提供了舞弊环境。

所以，在识别“二重一高”的过程中，应当特别关注真空点、失控点和风险点，不断寻找关键控制点，并对例外事项加以有效管控。

一要关注真空点即空白点，是指控制行为没有到达的方面，或控制环节中既没有想到，也没有做到的“空白”部分。

二要关注失控点即失去控制的地方，通常是指内部控制环节中已经想到但没有设计好的地方，或虽然想好但由于没有落实到位而产生控制缺陷的地方。

三要关注风险点即控制环节中可能存在错弊的、容易失控的、应当予以关注的地方，是指那些能控制风险因素的操作环节、步骤或过程。

四要关注关键控制点即相关流程中影响力和控制力相对较强的一项或多项控制措施，其控制作用是必不可少或不可代替的。关键控制点往往处于内部控制中最紧要的环节，具有决定性的作用，或者是指业务处理过程中起着重要作用的控制点，如果没有这些控制点，业务处理过程很可能出现错误和弊端，达不到既定目标。通常，有可能发生危险的地点、部门、场所或动作就是应予关注的关键控制点。

设置关键控制点应针对错弊的发现和纠正，如为了保证账户记录的真实性，账实之间的核对是关键控制点；为了保证银行存款金额的正确性，核对银行对账单与存款余额，并实施银行函证是关键控制点；对高风险单位所采取的定期轮岗、带薪休假、突击检查、诫勉谈话等措施是防范风险的关键控制点；等等。

经验分享 1.1 | 关键点控制理论的实务应用

事实上，随时注意任何执行情况中的每一个细节是不可能的。为了进行有效的控制，应当特别注意具有关键意义的那些因素，或者说，应当将注意力集中于一些关键影响因素上。抓住了关键控制点，也就控制住了全局。

具备哪些条件的控制点才是关键的呢？一是该控制点能够有效衡量业绩，可以采用实物标准、质量标准、货币标准、综合标准、目标标杆等标准加以衡量或筛选业绩情况；二是该控制点能够反映重要偏差；三是该控制点能够以较小的代价及时纠正偏差或收到较好的效果；四是该控制点的控制作用是必不可少或不可代替的，如果没有这些控制环节，业务处理过程很可能出现错弊，达不到预定目标。

有效的控制方法是指那些能够以最低的费用或最小的代价来探查和阐明实际与目标或预算（计划）的偏差及其原因的措施。突出风险管理的关键控制点还可以避免控制活动没有重心、平均用力。控制原理中最为重要的一条就是关键点控制理论，强调有效控制应关注哪些关键因素，并以此对业绩进行管控。

五要关注例外事项。在控制过程中，管理者应该注意一些重要的例外偏差，也可以把主要注意力集中在那些超出一般情况的特别好或特别坏的事项。例外原则与关键控制点相结合，有助于提高控制的效率。

例外事项是指非经常发生的、无法预测和预计的事项，如紧急采购事项、特殊服务对象和特殊需求等。

例外事项往往不在常规内部控制流程的规范范畴内，或者很多单位会为例外事项留出“绿色通道”，以保证例外事项的顺利进行。正因为这样，很多例外事项经常成为内部控制管理的“灰色地带”，并带来很多风险隐患，如有些人员故意将常规事项“演变”为例外事项，以绕开必要的内部控制监管等。

对于例外事项，从内部控制的角度看很难做到事前规范，而要做好事后的统计、分析与反馈等，具体包括以下几个控制要点：

一是对例外事项必须严格记录并做好整理和分析，观察例外事项的发生频率，对高频率的事件要纳入常规管理。

二是查找例外事项发生的原因。如果是内部原因，则做好整改；如果是外部原因，则分析发生的条件，保证下次对同类事项的有效预计。

三是将例外事项发生的原因和次数纳入对相应部门的考核，防止有些人员通过例外事项绕过常规控制。

此外，趋势控制可能更为有效。对控制全局的管理者来说，重要的是现状所预示的趋势而不是现状本身。控制变化的趋势比仅仅改变现状重要得多，也困难得多。一般来说，趋势是多种复杂因素综合作用的结果，是在一段较长时期内逐渐形成的，并对管理工作的成效起着长期的制约作用。趋势往往容易被现象所掩盖，控制趋势的关键在于从现状中揭示倾向，特别是在趋势显露苗头时及时察觉并给予有效控制。

1.4.3 制衡性原则

内部控制基于以下两个假设:两个或两个以上的人或部门无意识犯同样错误的可能性很小,两个或两个以上的人或部门有意识地合伙舞弊的可能性大大低于一个人或一个部门舞弊的可能性。

内部控制的思想基础就是制衡(平衡),在治理结构、机构设置及权责分配、业务流程等方面形成相互制约、相互监督的机制,同时兼顾运营效率。

制衡是指双方或者多方之间的相互制约与平衡,尤其是在单位议事决策机制、岗位设置、权责分配、业务流程等方面应当形成相互制约、相互监督的机制。在横向关系上,至少要由彼此独立的两个部门或人员办理同一项业务,以使该部门或人员的工作接受另一个部门或人员的检查和制约;在纵向关系上,至少要经过互不隶属的两个或两个以上的岗位和环节,以使下级受上级监督、上级受下级制约。

制衡作为实现内部控制的基本元素,应当尽量做到无处不在、无时不有。通过制衡,让人们在理智的权衡中放弃不理智的行为。

单位可以让多个部门参与重要的经济业务,从而形成必要的部门间制约和监督。例如,对于重大经济合同,应该要求多部门会审,并且由财务人员、法务人员、相关专家参与评审;又如,对经营业务活动进行组织分工时,要求不相容职务应分别由不同的人员担任,即进行职务分离,使工作有所牵制、有所制约,防止贪污盗窃,保护资产安全。

公共部门的制衡应当充分体现在公共管理要素的控制方面(如图 1.7 所示)。

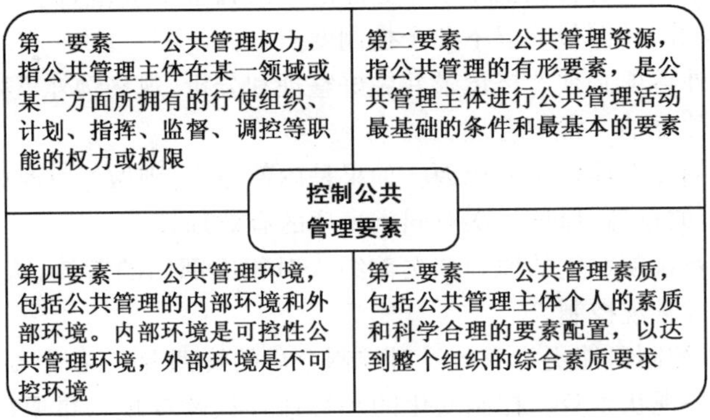

图 1.7 公共管理要素的构成

我国公共管理要素配置的特征是高度集中、高度计划，是政府统一所有、统一支配的。政府拥有所有的公共管理要素，垄断了公共管理的所有权力，即一切由政府说了算；政府垄断了所有公共管理资源，一切物质资料的占有权、分配权、处置权都属于政府，政府对社会的一切公共产品提供了大包大揽式的供给；由此而产生的公共管理环境也是政府全面考虑的。这种公共管理要素配置呈现不少弊端：首先，公共管理的应变能力差。公共产品的要素越是集中在政府手中，由于提供公共产品的渠道过于单一，公共产品的提供数量就越少，供不应求的现象就越严重，一些政府部门和政府工作人员的特殊福利就越多。其次，淡化了政府的管理职能。由于控制公共管理要素实际上是控制公共管理的有形产品，因此会冲淡政府集中精力为社会提供无形产品的职能。政府应该管的事管不好，不该管的事管得过多，形成政府低效率，从而造成了社会经济发展的低效率。再次，提供了政府腐败的"温床"。当公共管理走向社会化时，政府可以充分利用所掌握的要素创造控制收益的权力，社会其他公共部门为了获得相应的公共管理要素，利用经济手段与政府做交易，一些政府部门和少数政府工作人员借助手中的权力收受贿赂，客观上为政府腐败提供了可能。

腐败一直被定义为"滥用公共权力以谋取私利"。为了防止公共管理要素失控，尤其是公共权力被滥用，以下四点制衡措施特别重要：

第一，权力与责任的制衡是最核心的制衡。权力包括职责范围内的指挥或支配力量。责任一般是指分内应做的事。责任意识是"想干事"，责任能力是"能干事"，责任行为是"真干事"，责任制度是"可干事"，责任成果是"干成事"。用责任去制衡权力是积极的、正面的制衡措施，不但可以防止腐败，而且有利于实现工作效能的最大化。

加强内部权力制衡，规范内部权力运行，应当以贯彻实施内部控制规范为抓手，以制约权力运行为主线，将强化内部流程控制作为制约公共部门内部权力的一项重要举措，建立健全权责对等、制衡有效、运行顺畅、执行有力、管理科学的内部控制体系，进一步提高单位内部治理水平和权力运行效能。

第二，决策环节的制衡是最重要的制衡。一些握有重权的管理人员为获得个人的经济利益往往有意做出错误决策，以权谋私。腐败如果发生在决策环节，可能给单位带来不可估量的损失。

第三，规范管理是实现制衡的基础。规范管理的主要做法是建立健全规章制度，形成用制度规范经营管理行为、按制度办事、靠制度管人的机制。

第四，有效监督是制衡的可靠保证。有效监督是指包括上对下、下对上以及横向之间交叉进行的全方位监督。其中，最重要的监督是党的纪检机构对党员领导干部的监督；监察、审计部门对日常经营活动的监督；监事会对经营管理事务的监督；各业务部门之间的横向监督；职工代表大会对经营管理及职工权益的监督。

实证分析 1.2 | 失控的权力造就“高危职业”

交通厅长成为“高危职业”的重要原因就是手中的权力太大。从他们的腐败轨迹看，这些权力被运用的一个重要领域是招投标。例如，龙元建设集团股份有限公司项目经理徐文通为得到浙江省交通厅原厅长赵詹奇在萧山机场航站楼土建工程招投标中的关照，找到其情妇汪沛英，承诺中标后按工程总价 1% 的比例以“业务费”名义给予汪沛英好处。在赵詹奇的帮助下，龙元集团股份有限公司顺利中标，汪沛英拿到了 55 万元。云南省交通厅原副厅长胡星的弟弟设立了一家公司，胡星通过采取不公开竞标、指使他人修改电脑程序等手段，最终使其弟弟的公司中标并获得巨额利润。贵州省交通厅原厅长卢万里的腐败行为也与招投标有关。在贵(阳)新(寨)公路项目上，任评标委员会主任的卢万里亲自决定评标委员会人员和专家组人员，并以种种借口增、减投标单位，为其属意对象中标大开方便之门。在检方对河南省交通厅原厅长石发亮的二十多项指控中，有不少与招投标有关，如帮助某公司得到河南许昌至漯河高速公路第二标段工程，受贿 35 万元。

权力太大容易造就“高危职业”。交通厅长腐败案高发，一是政府机关的权力运行不够公开；二是一些部门领导的权力大到“任何人在那个位置上，都很危险”；三是交通部门管理的事项太多，从项目申请、设计、立项、招投标、征地拆迁到施工管理、资金使用、竣工验收……哪个环节监督不到位，就有可能出现问题。

1.4.4 适应性原则

鞋的尺寸是否合适，只有穿鞋的人最清楚。不少名医认为，药物没有好坏，适合的才是最好的。由于各单位内部控制的实际情况千差万别，因此，不可能也没有必要存在一个固定不变的控制模式，或采用完全相同的控制方法。

首先，内部控制体系要与单位的管理现状相匹配，要与现有人员的能力和素质相适应，要与现有业务的复杂程度相协调，不能超越管理现状进行内部控制流程设计。所以，内部控制不能简单“克隆”，别人的成功经验直接拿过来不一定能用。

其次，内部控制体系要与单位的发展阶段相匹配。内部控制不是一个静态的管理状态，而是一个动态的管理过程，各单位需要定期进行内部控制现状的评价，及时发现风险的变化，从而进行管理的优化。一些单位在设计内部控制手册时就冠上版本号(如 2017 版)，打算几年修订一次、与时俱进。对于管理制度也是这样，在“附则”不仅写明实施日期和解释权，而且特别声明“本制度有效期为××××年”。事实上，随着单位发展规模的变化、内外部环境的变化、战略目标的调整等，内部控制也要变动。

再次，内部控制的建设不可能一劳永逸，而是一个循序渐进、不断完善的动态过程。随着单位经营规模、业务范围、竞争状况和风险水平的变化，及时调整有关控制的制度、措施、程序是正常现象。各单位可以根据本单位的实际情况，因地制宜、因人而异地设计内部控制制度，切不可脱离实际、好高骛远，设计空中楼阁式的制度。

此外，还需要适当考虑个性化特征，即在内部控制体系建设中，必须从实际效果出发，紧密结合自身特点，在参照规范性指导文件的基础上，着重关注实用性问题。实用性就是指单位设计的具体内部控制制度应当能够满足自身的需要，防止千篇一律。所以，单位在进行内部控制建设时，可以结合自身的特点加以取舍和细化，制定符合自身特点的内部控制制度体系，以满足实际管理的需要。只有这样，构建出来的内部控制体系才能既相对统一规范，又满足单位个性化管理的需求。

小规模单位通常具有业务较单一、管理权集中、管理层级较少、部门设置较为简单等特征，其在实施内部控制时，应当在保证有效性的基础上，结合单位特点进行适当调整和简化，前提是不违反内部控制的基本原则。因为管理层级少、管理权集中也容易导致决策失误或舞弊风险等，所以，小规模单位更应当明确内部控制的具体目标，准确评估相关风险，将决策过程和各项业务流程制度化、规范化；明确不同层级部门和人员的权限与职责，强化岗位制衡，做到适度授权和分权；尤其要对会计信息、资金运转、资产安全、采购及合同等方面加强监控，及时发现和纠正缺陷，确保内部控制在单位的不同成长阶段和不同环境下持续有效地改进。

1.4.5 成本效益原则

内部控制体系建设后的效益在于防范和弱化风险，但这样的效益难以准确衡量，而管理成本的增加却一目了然。

开展内部控制建设有两类成本——显性成本和隐性成本。显性成本是指单位按照内部控制的要求建设和实施内部控制所需支付的费用，包括内部控制制度和流程的设计与实施费用、开展内部控制培训的费用、聘请专业机构提供咨询服务的费用等。隐性成本是指流程优化后导致管理的复杂化所引起的额外人力成本、经济成本、时间成本等，包括需要增加额外的人手、需要更长的流转时间，以及需要更多的资产投入，如信息化投入、档案柜投入等。

一方面，各单位在建设和实施内部控制时应当从提高单位长期效益的角度出发，从促进单位管理优化的角度出发，将内部控制作为一项常规性工作，贯穿于单位管理的全过程。管理幅度较大的单位可以采取分类试点、逐步推广的方式，选择不同类型的业务进行试点，形成范本，减少重复建设。

另一方面，各单位的内部控制建设人员要特别做好内部管理数据的收集、整理、统计和分析工作，通过观察内部经营数据的改善来表明内部控制效益的实现。这也是证明内部控制实施效果的一个重要方式。

在实际操作中，制衡越多，流转的部门就越多，业务效率就越低，所以，在把握制衡性的同时必须要注意效率问题。

权衡实施成本与预期效益，就是要求为进行控制而花费的成本，包括花费的时间和支付的费用等与缺乏控制时所遭受的损失相比较，只有当控制的效益大于成本时，该项控制措施才是可行的。

内部控制流程中的动作包括效率性动作和控制性动作，两者可能是一对矛盾。效率性动作强调业务要尽快完成，目的是经营效率的最大化，但后果可能是经营风险的最大化；相反，控制性动作是为了防范各种风险，目的是使管理风险最小化，但后果可能是影响效率的最大化。所以，设计控制流程时如何选择数量合适的控制性动作很重要。在讨论某项措施是否需要时，关键看其对应的风险是否重大、是否可控和可接受、是否有替代性的控制措施等。

当然，控制活动还需要从全局的角度运用财务分析法或宏观经济分析法来确定其“效益”的内涵和外延，包括社会效益等。

1.5 内部控制的工作步骤

实施内部控制工作，其操作规程的规范化十分重要。虽然大部分单位已经有一些规章制度，但如何整合现有资源，既规范又有效地建立起适合自身实际情况的内部控制体系并组织实施是一个既有难度又很现实的问题。须知，科学规划是有效实施的前提。

1.5.1 内部控制启动阶段

(1)组建内部控制领导小组

为了有效推动内部控制建设，必须成立内部控制领导小组(如图1.8所示)，由单位负责人担任组长，并对本单位内部控制的建立健全和有效实施负责。

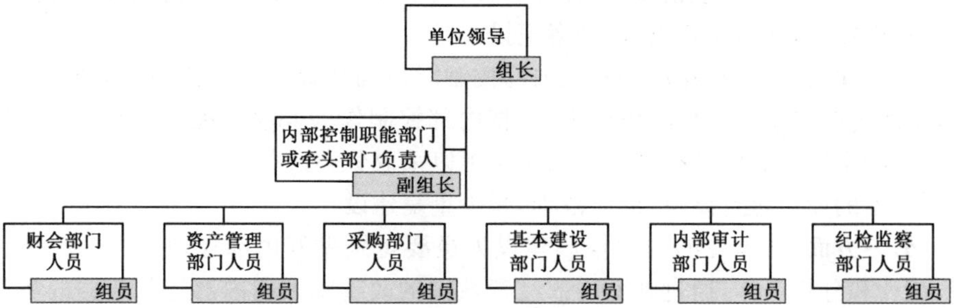

图1.8 内部控制领导小组的组成

领导小组的职责包括:为内部控制建设项目提供总体指导;定期召开项目协调会,就关键问题与相关部门进行沟通;负责内部控制建设项目的管理与监督,并控制项目进度;推进解决内部控制建设过程中的重点和难点问题;对内部控制建设的阶段性成果进行复核与确认;等等。

在内部控制启动阶段,单位可通过培训会议、讲座、沙龙等形式将内部控制体系的重要性及实施方法等予以宣讲,务必保证全员了解并参与内部控制体系的建设工作。

经验分享 1.2 | 北京市财政局内部控制工作的经验

北京市财政局作为内部控制工作的牵头部门,带头试点,力争发挥示范作用,掌握第一手资料,推动行政事业单位内部控制的有效实施。

一是形成多部门协同推进的机制格局。作为牵头部门,市财政局协调相关委办局,成立了由市财政局、市纪委、市审计局、市人保局为成员单位的实施工作领导小组并组成了由市财政局内的 20 个处室参加的联合工作组,研究制定实施方案,对全市实施工作做出统筹安排和具体部署。

二是建立有效的单位组织框架。试点单位将其作为"一把手"工程,成立了由单位负责人牵头的内部控制实施工作组,结合本单位(部门)特点和业务性质,明确单位内部牵头部门,落实职责分工,研究制定切实可行的内部控制规范实施方案并严格加以落实,确保试点工作的顺利实施。

三是明确内部控制规范的实施业务流程。按照"明确业务环节,查找业务风险→制定防范策略→完善规范流程→形成控制手册→强化信息管理→固化制衡机制"的工作程序开展内部控制建设工作。

四是制定严格的试点实施步骤,包括准备、整改、验收和经验交流四个阶段。[①]

(2)明确领导的职能作用

领导是领导者为实现组织的目标而运用权利向其下属施加影响力的一种行为或行为过程。

控制效果与领导履职相关。领导职能是通过领导者的影响力来引导组织成员为实现组织目标而做出积极的努力。这意味着领导职能的发挥影响组织控制系统的建立和控制工作的质量,反过来,控制职能的发挥又有利于改进领导者的领导工作,提高领导者的工作效率。

---

① 杨慕彦:《强化管理、狠抓落实、扎实推进行政事业单位内部控制工作》,在财政部行政事业单位内部控制规范实施动员视频会上的发言。

经验分享 1.3 | 内部控制的领导职能至关重要

某局党组重视加强内部控制，针对财务预算涉及行业领域宽、风险防控点多、管理难度大、保密性和敏感性强以及工作要求高等特点，坚持从机制体制、制度流程、监督管理等多方面狠抓基础工作，强化财务管控，优化控制环境，增强风险防范能力，夯实内部控制体系建设的基础。

在完善体制机制方面，推进财务集中统一管理，将部分局属单位、代管单位，以及中央国家机关基本建设项目经费、公务用车购置及运行经费、售房款和维修基金的财务管理及会计核算全部归口财务管理司统一管理。全面推行会计委派制，落实"重大事项决策、重要人事任免、重要项目安排、大额资金使用"集体决策机制，初步建立全面预算管理机制，实行全口径和全过程预算管理。

在健全制度流程方面，制定并印发了局预算管理、建设项目资金支付管理、国有资产管理、政府采购管理以及财务收支管理制度办法。严格按规定确认、计量会计要素，梳理形成了 81 个业务流程，优化了业务办理程序。推行经费支出联签制度，实现业务部门和财务部门共同审核、互相制约。开发建设了房地产管理、基本建设财务管理、住房资金管理等系统，固化业务流程，用信息化手段提升内部控制管理水平。

在加强监督管理方面，成立审计室，实现决策、执行、监督相分离。查控重点工作和重点岗位的廉政风险点，建立了防范措施。政府采购中心增设了项目评审处，实行项目的分段管理和岗位间的制衡。推进绩效考评管理，面向局属行政、事业和企业单位分别开展资产绩效考评和经营业绩考核，完善了奖惩机制。①

(3)制定内部控制建设实施方案

内部控制建设实施方案至少应当包括成立内部控制工作领导小组，组建内部控制建设的工作班子或设立专职机构或确定牵头部门，配备专门工作人员，形成相关部门共同参与的跨部门联动工作机制，并明确分工，落实责任，共同推进。应尽量明确内部控制建设的总体目标、分阶段任务和当前工作重点等。

经验分享 1.4 | ××单位内部控制工作方案

为了全面贯彻落实《行政事业单位内部控制规范(试行)》(财会〔2012〕21 号)，切实做好本单位的内部控制工作，逐步形成内部控制的工作机制与控制氛围，推动全面落实行政事业单位内部控制各项管理制度，经研究，特制定工作方案如下：

① 尚晓汀：在财政部行政事业单位内部控制规范实施动员视频会上的讲话。

一、成立内部控制规范实施领导小组

成立内部控制规范实施领导小组(以下简称"领导小组"),负责统筹部署,形成联动机制,推进本单位内部控制规范的具体实施。

组长:×××

副组长:×××

成员:×××、×××

领导小组办公室设在×××办公室,办公室主任由××兼任。

领导小组下设工作班子,其人员组成如下:(略)

二、领导小组的主要工作职责

一是审定本单位内部控制的工作计划与实施方案、风险评估或风险管理报告、年度内部控制评价工作报告。

二是确定本单位及各科室风险管理的总体目标、风险偏好和风险承受度,批准风险管理策略和重大风险管理解决方案。

三是掌握单位面临的各项重大风险及风险管理现状,做出有效控制风险的决策。

四是批准重大决策、重大风险、重大事件和重要业务流程的判断标准、判断机制和管理措施,纠正和处理违反风险管理相关规定的行为。

五是负责内部控制与风险管理的其他重大事项。

三、内部控制的具体工作流程

领导小组及各科室应当根据规范要求建立符合实际情况的内部控制体系,并组织实施,具体工作流程包括(但不限于)以下几个方面:①梳理单位各类经济活动的业务流程;②明确业务环节;③系统分析经济活动风险;④确定风险点;⑤选择风险应对策略;⑥编制内部控制手册,建立健全各项内部管理制度;⑦全面实施内部控制制度,督促相关人员认真执行;⑧对内部控制实施情况进行评价、报告与监督检查。

四、当前推进工作的要求重点

各领导小组成员要认真贯彻落实内部控制管理工作的部署,积极完成风险评估与内部控制等相关工作,将风险管理工作真正贯彻落实到日常工作活动中,为全面持续提升本单位的内部控制与风险管理工作提供有力保障。

当前,应重点加强以下几个方面的内部控制与管理工作:权力运行的制约(班子决策、"三重一大"、党风廉政等),不相容岗位与职责控制(各科室更新岗位职责与分工等),预算业务管理控制,收支业务管理控制,政府采购业务管理控制,资产管理控制,建设项目控制,合同管理控制等。

总之,通过认真学习和积极贯彻财政部的相关文件,坚持中国特色的内部控制制度，逐步形成完备的内部控制规范体系、高效的法治实施体系、严密的法治监督体系、有力的法治保障体系，促进单位内部治理体系和治理能力的现代化。

(4)确定内部控制牵头部门或组建内部控制专业团队

内部控制专门机构或牵头部门负责组织协调单位内部控制日常工作，主要职责包括：确定内部控制建设工作计划及工作范围；协调相关部门开展内部控制调研与风险评估；了解、记录与评估各部门和下属单位的内部控制现状；推进各部门和下属单位对内部控制缺陷的整改；定期召开会议，讨论内部控制建设过程中的重点与难点，并向单位内部控制建设领导小组汇报；整理单位内部控制建设相关成果(包括关键业务流程图、风险控制矩阵等)，并组织对单位相关人员的培训；认真执行内部控制制度，对执行过程中出现的问题提出意见和建议；等等。

一个单位的内部控制制度要建设好、执行好，内部控制团队的成员应当具备以下专业能力：

一是专业业务能力，对采购、基建项目、法务合同等专项内容有深入的理解，知道各业务环节常见的管理漏洞。

二是财务专业能力，能够了解财务数据的意义以及财务数据变化预示的管理漏洞。

三是审计专业能力，能够敏锐地了解高风险领域，并抓取主要的风险环节。

四是沟通协调能力，能够与单位领导、处室领导以及操作人员进行有效沟通，共同解决问题。

领导要高度重视内部控制专业人才队伍建设，在强调全员参与内部控制的基础上，采取多种措施，建立激励机制，鼓励从事内部控制的专业人员。

1.5.2 内部控制调研阶段

在内部控制调研阶段，单位应当结合自身的目标使命、管理任务与发展愿景等，选择内部控制的对象范围，拟定内部控制框架结构与相应的控制方法，经决策程序审议批准后作为设计内部控制体系的主要依据。

需求界定与范围确定就是明确内部控制建设的目标和范围。通常，单位层面和业务层面是内部控制设计的主要对象与范围。

公共部门内部控制框架结构的主要内容如图 1.9 所示。框架结构应当具有一定的弹性，即各单位可以根据业务情况做出适当的增减；同时，该框架结构应当明细分类、精细设计，便于细化管理与控制。

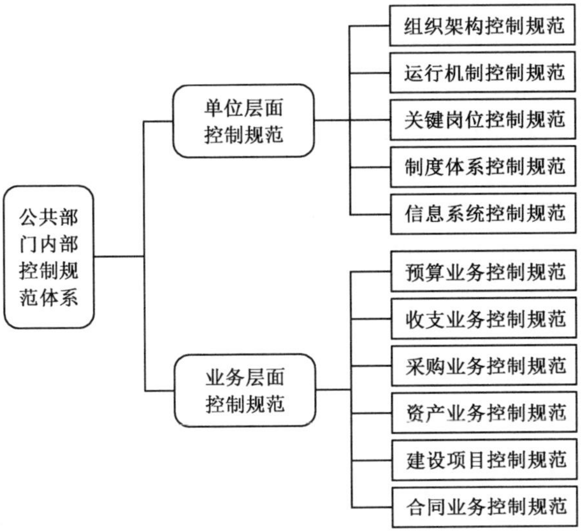

图 1.9 公共部门内部控制框架结构的主要内容

1.5.3 制度体系建设阶段

(1)实施内部控制制度体系建设流程

经过充分调研后,单位应当在业务流程梳理和各种风险识别的基础上,查找相关文件依据,寻求政策支持,并设定好内部控制的具体目标,同时收集、整理、修订各项管理制度,提炼出符合内部控制要求的内部控制制度文本并加以完善。其主要流程如图 1.10 所示。

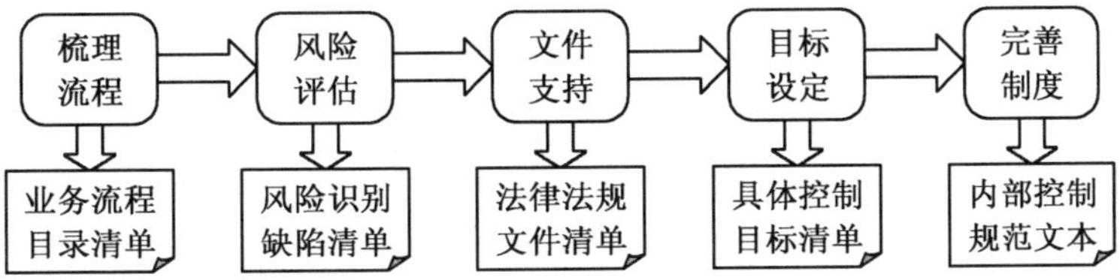

图 1.10 内部控制制度体系建设流程

在梳理流程阶段,单位需要完成关键业务流程的梳理,在整合业务流程的基础上编制相关的业务流程目录清单,为制度编撰设计好结构框架。

在风险评估阶段,单位应当在风险识别的基础上查找各个管理环节的风险点,评估风险影响程度,编制风险识别与缺陷清单,明确关键控制节点和控制要求,为有针对性地建章立制提供依据。

在文件支持阶段，单位应当通过广泛查找各种文件资料，包括中央的、地方的、主管部门的，寻求政策支持，并汇总编制相关法律法规文件清单。

在目标设定阶段，单位应当依据上述几个步骤提炼出单位层面和业务层面各领域的内部控制具体目标，编制具体控制目标清单。

在完善制度阶段，单位应当通过广泛收集、分类整理、修订完善各项管理制度，编写符合内部控制规范要求的制度文本。

（2）编写内部控制手册

在内部控制建设过程中，只有每一个岗位的责任人理解和掌握操作规范，才能将内部控制落到实处。所以，不少单位通过编制内部控制手册，使全体员工掌握内部机构设置、岗位职责、业务流程等情况，明确权责分配，正确行使职权。

（3）积极推进信息化建设

单位应当推进内部控制体系建设与信息化建设的整合对接，在将制度和控制措施嵌入流程的基础上，结合单位信息化建设进程，将业务流程和控制措施固化到信息系统中，实现在线运行。

1.5.4 内部控制具体实施阶段

单位应当建立内部控制执行责任制（主要负责人承诺制），明确各级各层负责人对内部控制的有效执行负责，带头执行内部控制制度。

单位应当将内部控制执行与管理权限配置、岗位责任落实有机结合，建立内部控制体系的培训机制和持续教育，确保每个岗位员工熟知本岗位权限和职责，并具备相应的专业胜任能力，形成员工积极参与、自觉执行、主动监督的全员内部控制意识与氛围。

经验分享 1.5 ｜ 某单位内部控制工作步骤

某单位为了让内部控制建设的工作步骤、具体内容、工作成果一目了然，让全体员工清楚地知道应该先做什么、再做什么、怎么做、做的结果是什么等，绘制了如表1.2所示的一览表，可资借鉴。

表 1.2　　内部控制工作步骤相关内容

步骤	工作内容	工作成果	责任部门	完成进度
第一步	完善内部控制建设组织结构。“一把手”为组长，确定牵头部门，与经济活动相关的所有部门参与，审计纪检监督	组建内部控制领导小组，发布文件	领导班子	×月×日～×月×日

续表

步骤	工作内容	工作成果	责任部门	完成进度
第二步	单位适用的制度应以国家和上级颁布的制度文本为主进行细化和具体化。内部控制建设过程应有的放矢，应给现有的规章制度"穿衣戴帽""穿针引线"	收集、整理单位现有的规章制度	行政办公室	×月×日～×月×日
第三步	针对预算、收支、政府采购、资产、建设项目、合同六大方面细化具体业务流程。例如，预算的二级明细业务应包括预算编制、执行、调整、决算、考核等；梳理应细致、周到，能具体对应各个工作岗位	经济活动梳理明细表	各业务部门	×月×日～×月×日
第四步	确定风险评估的方法、程序和范围，针对上一步骤形成的经济业务流程进行逐项分析确认，如预算编制的风险包括编制基础不准确、预算编制与业务部门脱节、预算分类汇总不准确、预算未经有效审批、预算上报不及时等	风险数据清单或风险评估报告	内部控制领导小组	×月×日～×月×日
第五步	针对风险评估结果，发现控制环节的缺失，加上必要的步骤，完善后绘制业务流程图，使业务流程一目了然。应注意完善各环节控制措施，尤其是关键控制点。	流程图、各项控制措施、修改后的制度	各业务部门、内部控制领导小组	×月×日～×月×日
第六步	综合制度文件资料和单位实际情况，制定和完善单位层面和业务层面的相关制度，为有效执行提供保证	完善各项控制规范	内部控制领导小组	×月×日～×月×日
第七步	分类整理后编撰内部控制规范手册，并建立各种文件的汇编索引，递交内部控制领导小组讨论通过，公布实施，进行监督检查	内部控制规范手册	内部控制领导小组	×月×日～×月×日

1.5.5 内部控制持续改进和不断完善阶段

在持续改进过程中，要让适用于单位的内部控制体系真正运转起来，通过评估，达到提高效率、减少风险的效果后，再用信息化的手段"固化"下来，使其具有刚性和可持续性。

在不断完善的过程中，内部审计或相关部门应当通过在线测试、现场调查等方法，加强对各部门内部控制执行有效性的日常监督检查；应当注意加强信息与沟通，尤其应当建立重大风险信息沟通与报告路径、责任与处理机制，确保内部控制重大风险信息顺畅沟通和及时应对。

与时俱进的内部控制应当根据业务发展要求和内外部环境的变化，持续检验与评估各项管理制度的有效性，建立动态调整与改进机制，防止出现制度缺失、流程缺陷和执行不力等，并不断培育具有本单位特色的积极向上的内部控制文化。

专题讨论 1.2 | 分粥难题与内部控制思维

山上有座寺庙，里面住着 7 个和尚，他们每天分食一桶粥，但粥不够分，于是，他们采用了一系列方式试图解决分粥难题。

起初，方丈指定由一个小和尚负责分粥事宜。但大家很快就发现该小和尚碗里的粥最多、最稠，于是换了一个人，但结果总是主持分粥的人占便宜。权力容易导致腐败！

为了克服上述弊端，方丈决定将专人负责分粥改为大家轮流主持分粥，每天轮一个。这样一周下来，他们每个人只有一天是饱的，就是自己分粥的那一天，其余 6 天都是肚皮打鼓。

大家对这种状况不满意，于是又提议推选一个德高望重的长者来分粥。刚开始这位长者能做到基本公平，但不久他就开始为自己和挖空心思讨好他的人多分粥，使整个小团体乌烟瘴气。道德的约束力具有一定的局限性！

和尚们决定对分粥体制进行改革，决定组成“分粥委员会”和“监督委员会”。由于“监督委员会”提出多种议案，“分粥委员会”又屡屡据理力争，互相攻击扯皮，粥早就凉了，效率丧失了。

最后，他们总结经验教训，想出一个办法，就是每人轮流值日分粥，但分粥的那个人要等到其他人都挑完后拿最后剩下的一碗。令人惊奇的是，在这个制度安排下，7 只碗的粥每次几乎一样多，就像用仪器量过一样，这是因为每个主持分粥的人都认识到，如果 7 只碗里的粥不一样，他确定无疑将享用分量最少的那碗。从此，和尚们都能够均等地喝上热粥了。

将制度安排与人的执行力融为一体并成为一种习惯，控制文化就产生了。管理的真谛在于既“理”又“管”，先“理”后“管”，边“理”边“管”。管理者的主要职责是建立一个如“轮流分粥，分者后取”那样合理的游戏规则，让每个员工按照游戏规则通过自我管理，自律自强。游戏规则要兼顾单位利益和个人利益，并使两者有机统一。责任、权力和利益是管理平台的三根支柱，缺一不可。缺乏责任，就会产生腐败；缺乏权力，执行力就会形同虚设；缺乏利益，积极性就会下降。只有把“责”“权”“利”的平台搭建好，相关制度设计好，各级人员才能“八仙过海，各显其能”。

第 2 章　内部控制操作规范

通过梳理流程和识别风险，选择应对策略、编撰控制手册、健全各项制度，运用各种控制方法综合发力。

2.1　梳理流程与整合业务

2.1.1　梳理各种流程

流程，是指事物进行中的次序或顺序的布置和安排。

梳理单位各类业务活动流程、整合业务环节是设计与实施内部控制规范的基础。《规范试行》要求建立适合本单位实际情况的内部控制体系，并组织实施，具体工作包括梳理单位各类经济活动的业务流程，明确业务环节，系统分析经济活动风险，确定风险点，选择风险应对策略，在此基础上根据国家有关规定建立健全单位各项内部管理制度并督促相关工作人员认真执行。

各单位业务虽然不尽相同，但流程梳理与业务整合可参照以下方法进行：

一是通过职责梳理与岗位划分确定流程架构和目录。职责梳理既可以确定流程与职责的对应关系，又可以为之后的流程描述和流程优化打下基础。通过对照政策文本，还可以发现各部门在职责方面的问题（如制度缺失、过时、交叉等），弥补流程疏漏或不合适等情况。

二是通过工作访谈描述流程。这一阶段要求流程描述人员有较好的流程控制与风险管理意识，有较强的归纳总结能力。任何流程的梳理都应当从实际出发，并关注重点。例如，单位层面的梳理，重点可以放在组织架构、工作机制、岗位职责（关键岗位与关键人员）、会计系统、信息系统等方面；业务层面的梳理，重点可以放在预算管理、收支管理、政府采购管理、资产管理、建设项目管理和合同管理等方面。

三是通过流程诊断实现流程优化。各项规章制度是开展流程诊断与优化的重要依据，依据制度对流程进行审核，发现流程与制度的不一致，进而识别、改进或优化流程，充分发挥流程体系与制度管理体系之间的协同效应。

2.1.2 细分业务流程

流程梳理一般需要分类分级、界定主次，如此才能进一步实施风险分析和细化控制措施。

一级流程被称为“业务模块”或“域”。由于单位在部门设置时已经充分考虑了部门之间的职责界定，体现部门协作与分工的关系，因此，一级流程的确定较为简单，一般就是单位各部门负责的主要事项和职能模块。例如，财务部门主要负责收支相关事宜和预算管理事项，所以，可以将收支管理和预算管理列为一级流程。但一级流程往往过于概括，如收支管理，可能涵盖了费用报销、备用金暂借、采购付款等多种支出情况，所以，只对一级流程进行分析往往无法细化到具体的风险，还需要将一级流程再划分为若干个二级流程。

二级流程的界定和划分体现下级流程或流程图的顺序关系、循环关系和嵌套关系，其清晰与否直接影响各业务模块所承担职能工作的显性化程度。二级流程应体现每个业务模块具体的运营内容，划分方法有以下三种：一是按照性质进行划分，如一级流程是资产管理，根据资产性质可以划分出流动资产管理、固定资产管理和无形资产管理等若干二级流程；二是按照业务流程关键节点进行划分，如一级流程是建设项目管理，对此可以划分为工程立项、工程招标、工程建设和工程验收等若干二级流程；三是按照管理工作的模块进行划分，如一级流程是收支管理，对此可以划分为现金管理、银行账户管理、收款管理、费用报销管理、备用金暂借管理和采购付款管理等若干二级流程。

一级流程和二级流程的划分在不同的单位会存在一定的差异，这是由各单位的主要业务和工作内容不同，或部门设置和工作职责差异所造成的。

个别单位对个别特殊管理对象有特殊要求因而予以特别重视，可以将此划归一级流程。例如，某单位专设档案管理科室，对档案保密管理特别重视，档案管理在该单位可以列为一级流程。而另一些单位将档案管理的职责分设在会计部、信息部和办公室内的某一个岗位，则档案管理可以体现在相应的二级流程或三级流程中。

某单位规模较小、业务单一，其根据自身实际涉及的工作范围和内容特点，梳理后的有关流程及其定义如表 2.1 所示。

表 2.1　某单位流程设计框架与相应的流程定义

一级流程	二级流程	流程定义要点
组织架构	组织结构与岗位职责	主要涉及单位内部门及其职责的设置、调整、运行及评估等环节
	制度建设与工作机制	主要涉及单位内制度的拟定、会签、审批、发布、修订、评估等环节
	“三重一大”与决策机制	主要涉及“三重一大”事项范围、各事项的决策程序和议事规则以及相应的监督检查和责任追究等环节
行政事务	印章管理	主要涉及印章的刻制、使用、更换、销毁及其台账登记等环节
	档案管理	主要涉及档案的收集、归档、保管、借阅及销毁等环节
信息系统	信息系统开发	主要涉及信息系统的开发与维护、上线调试与使用、安全管理与风险控制等环节
	信息系统运行与维护	主要涉及信息系统的权限设定、日常管理、数据备份等环节
人力资源	招聘管理	主要涉及单位人员简历的筛选、笔(面)试、背景调查、录用、合同签订、档案管理等环节
	培训管理	主要涉及单位人员培训计划的制订与审核、培训实施、培训评估等环节
	薪酬管理	主要涉及单位人员薪资标准的制定,工资的计算、审核、发放等环节
	绩效管理	主要涉及单位绩效指标的设定、考核实施、考核评价、晋升评级等环节
全面预算	预算管理	主要涉及单位各项预算的编制、审批、执行、调整、决算、分析、考核等环节
收支业务	票据管理	主要涉及单位内各项票据的申领、启用、核销、销毁以及废旧票据管理等环节
	资金收入	主要涉及各项收入管理,包括政府非税收入的收取、开票、上缴等环节
	资金支付	主要涉及各项资金支付的申请、审核、支付、核算、归档等环节
	债务管理	主要涉及单位债务的对账、检查、债务清理、会计核算及归档等环节
政府采购	供应商管理	主要涉及供应商的选择、评比、再评价等环节
	采购管理	主要涉及采购计划的编制、采购申请与审批、采购实施与验收等环节

续表

一级流程	二级流程	流程定义要点
资产业务	银行账户	主要涉及单位银行账户开立、变更、撤销的申请、审批、执行、台账登记，以及银行账户的日常管理等环节
	货币资金	主要涉及现金的提取、保管、领用、盘点，以及银行存款余额、对账单、余额调节表等的日常管理环节
	实物资产	主要涉及实物资产的领用、调剂、租借、对外投资、处置等环节
	无形资产	主要涉及无形资产的调剂、租借、对外投资、处置、资产系统管理等环节
	对外投资	主要涉及对外投资的可行性研究、决策、执行、跟踪、评估、责任追究等环节
建设项目	项目前期	主要涉及项目的可行性研究与立项、设计、概预算制定与审批、工程招标等环节
	项目实施	主要涉及工程实施、工程变更、阶段性验收及工程结算等环节
	项目竣工	主要涉及项目验收、竣工决算、竣工审计、项目档案移交、项目后评估等环节
合同业务	合同管理	主要涉及合同的拟定、会签、审批、签订、履行、跟踪、归档等环节

2.1.3 细化控制目标

单位在开展内部控制活动时，一般是在梳理业务流程后，确定各项经济活动的业务目标，然后根据业务目标逐步分解，提出相应的控制目标。这些业务目标以及控制目标还应当与单位内部控制的整体目标(总目标)保持一致。

业务目标是通过业务流程所期望达到的水平，是实施控制措施的落脚点，也是决定内部控制运行方向的关键。控制目标既要保证业务目标得以实现，又要体现合规性等要求。业务流程往往是对业务目标和控制目标的整合(如图 2.1 所示)。

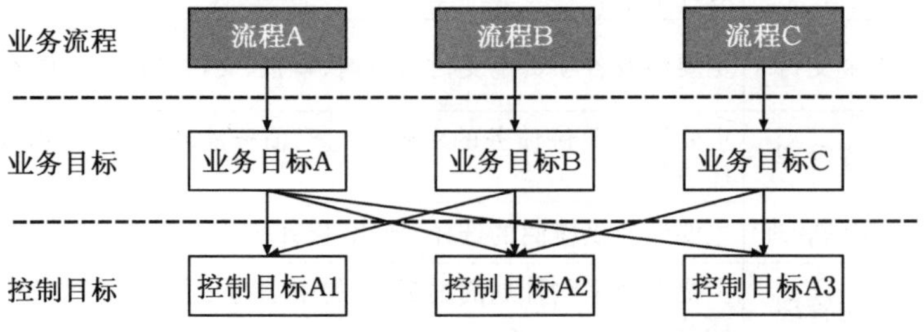

图 2.1 业务流程、业务目标和控制目标的关系

以政府采购业务流程为例，该流程的业务目标是确保采购到合适的物品。在实现业务目标的过程中包含需要关注的几个控制目标：价格合理，数量合适，质量上乘，供应及时等。如果采购无法保证控制目标的实现，那么，即使完成采购行为，也可能是无效的。

识别业务目标和控制目标的意义在于帮助各单位深入分析在各业务开展过程中可能面临的风险以及存在的缺陷。只有明确预期，才能发现在实现这一预期的过程中可能存在的不足。

2.1.4 整合业务环节与行为动作

任何一个流程都由若干动作组成，这些动作包括两类——效率性动作和控制性动作。效率性动作是指为了完成某项业务所必不可少的动作，控制性动作是指流程中加入的防范风险的动作。

实证分析 2.1 ｜ 采购业务中的效率性动作和控制性动作

采购业务一般存在以下几个行为动作：请购，核对库存，批准采购，询价、比价与核价，确定供应商，合同会签，签订合同，收货，验收，付款等，从而形成采购与付款流程。其中，请购、确定供应商、收货和付款这 4 个动作就能够完成采购业务，属于效率性动作，而其他动作是为了防止流程中可能出现的问题所采取的控制性动作。例如，核对库存和批准采购是为了防止多买货物，造成数量的积压；询价、比价与核价是为了保证采购价格的合理，防止买贵了；合同会签和签订合同是为了防止采购中出现法律纠纷；验收是为了防止采购中的品质问题；等等。

有时候由于某一控制性动作没有被设计进流程，或者由于某一控制性动作没有得到有效执行，从而导致风险发生的概率或产生的后果大大增加，我们就将这一控制性动作的不足称为缺陷，包括设计缺陷和运行缺陷。

人们常说“某单位没有进行供应商评价”“没有进行有效的到货验收”，表述的都是内部控制缺陷，其对应的风险是“供应商存在以次充好的可能，导致采购的物资在质量上无法满足需要等”。这些缺陷和风险影响的是采购中的质量目标。然而，如果某一单位采购的物资是国家免检产品或者其产品已经由独立第三方给出了专业保证，那么，这个时候单位不进行验收就不能列为缺陷。

建立内部控制体系的目的并不是一味地减少风险，而是在保证效率的前提下实现风险减少，即强调的是有序的、低风险的、安全的业务运营。

2.1.5 筛选业务流程

一个单位的工作纷繁复杂，对应的业务管理或操作流程千头万绪，如何在众多流程中快速选取并定位“关键”或“重要”流程需要有一定的判定依据。一般来说，对各单位的资金、实物、人员和信息可能产生影响的流程是重要流程。例如，政府采购中的招投标会影响单位的资金收支和实物购置等，因而是一个重要流程。

在具体梳理业务流程的过程中，一般应重点关注以下几个方面：

一是单位主要的资金来源，如行政拨款对于行政单位而言是主要的收入来源，那么预算资金必然成为其重要流程之一。

二是容易产生舞弊的活动，如采购业务，尤其对于经常需要进行大量采购的对象，可能会成为失控关注的重要流程。

三是出现问题最多或遭受投诉最多的活动，如党风廉政、信访接待、建设工程等，因而需要予以特别关注。

四是对单位形象或声誉有重大影响的活动，如公共部门接待的窗口、学校老师的教学、医院医生的问诊、城管执法的行为规范等。

五是政府不鼓励的活动，如行政事业单位的投资业务、担保业务、出租出借业务，应列入单位的重大事项予以关注。

六是监管部门关注的活动，如行政事业单位的非税收入、利用或处置国有资产的收入及其使用情况一直成为监管部门关注的重点。

对流程进行筛选分析的过程如图 2.2 所示。

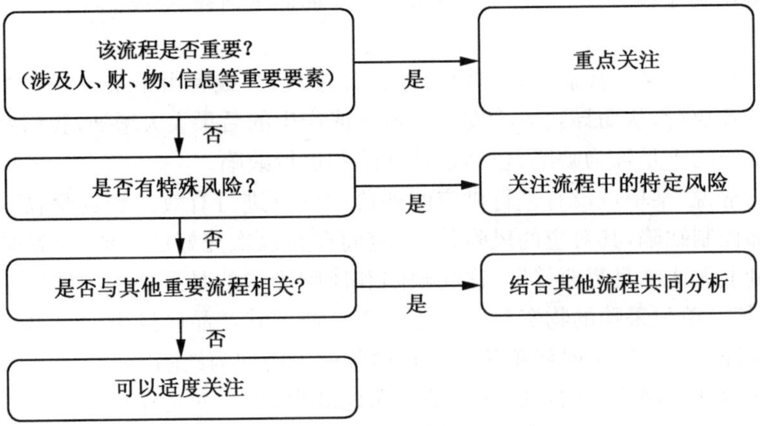

图 2.2 流程筛选过程应当关注的选项

2.1.6 刻画优秀流程

一个好的流程应该在设计完成后达成共识，这样的流程才是可以落地执行的。同时，流程需要不断优化、完善和再造。一个优秀的流程应当能够满足以下条件：

一是准确。每个流程都应该有准确的目标，这是流程最基本的条件。准确与流程的精细化程度相关。流程中的动作应细化到岗位或职能。精细化的流程具有操作指导性，能够明确指出每个动作该由谁来完成、如何完成等；精细化的流程能保证经验的传递，即使该岗位人员调动，接任的人员通过流程指示也能立马知道该岗位的日常工作该如何开展。

二是高效。任何一个流程并非步骤越多越好，而应该在保证风险可控的前提下实现便捷、高效。

三是闭合。流程管理应当满足计划、组织、领导、协调、控制、考评等各项管理职能。工作的有序开展离不开这些管理环节及其循环。在实际工作中，很多流程的设计只考虑流程每个正向步骤应该如何进行而忽略了督查、考核等控制环节，这样的流程是不能闭合的。

四是无缝衔接。一个单位设有很多流程，流程与流程之间应该无缝衔接、通顺紧密，而不应出现流程无法对接甚至自相矛盾之处。

2.1.7 落实管理部门与相应的岗位设置

通过梳理经济活动的工作流程，明确工作环节，查找风险点，然后根据找出的风险点采取控制措施，进行内部控制设计，进而完善单位的制度建设。

某单位梳理出六大业务活动后，明确管理部门与岗位设置的关系如表 2.2 所示。

表 2.2　　六大业务活动与管理部门内部控制之间的关系

业务活动	管理部门	岗位设置	不相容岗位
预算业务	决策机构：由单位领导班子、部门负责人组成 管理工作机构：财会部门 执行机构：各业务部门，执行审批下达的预算	设置预算编制、审批、执行监督、绩效评价等岗位，明确各岗位的职责权限	预算编制与预算审批，预算审批与预算执行，预算执行与分析评价，决算编制与审核
收支业务	财会部门为归口管理部门	设置收费、稽核、支出审批、审核、支付、核算和归档、票据、印章管理等关键岗位，明确各岗位的职责权限	收款与会计核算，支出申请与内部审批，付款审批与付款执行，业务经办与会计核算等

续表

业务活动	管理部门	岗位设置	不相容岗位
政府采购业务	决策机构：成立政府采购领导小组，由单位领导、政府采购归口部门，以及财会部门和业务部门负责人组成 实施机构：采购部门 监督机构：内部审计部门	设置政府采购预算编制、采购活动执行、采购活动监督等岗位，明确各岗位的职责权限	需求制定与内部审核，采购文件编制与复核，合同签订与验收，验收与保管，付款审批与付款执行，采购执行与监督检查等
资产业务	货币资金：财会部门为归口管理部门	设置会计、出纳、稽核等资金管理岗位，明确票据和印章管理责任人，其中，出纳不得兼任稽核、会计档案保管和收入、支出、费用、债权、债务账目的登记工作，出纳岗位不得由临时人员担任	货币资金支付的审批与执行，货币资金的保管与收支账目的会计核算，货币资金的保管与盘点清查，货币资金的会计记录与审计监督
	实物资产：资产管理部门为归口管理部门	设置资产预算编制、产权登记、资产记录、日常管理、统计分析等岗位，明确各岗位的职责权限	资产配置、使用、处置的决策、执行、监督“三权”分离
	对外投资：财会部门为归口管理部门	设置对外投资经办、审核、管理等岗位，明确各岗位的职责权限	对外投资的可行性研究与评估，对外投资决策与执行，对外投资处置审批与执行等
建设项目业务	成立专门的管理部门或指定归口管理部门	设置项目前期工作管理、技术管理、基本建设施工管理、监督管理、财务管理和建设档案管理等岗位，明确各岗位的职责权限	项目建议和可行性研究与项目决策，概预算编制与审核，项目实施与价款支付，竣工决算与竣工审计等
合同业务	法制部门或办公室为归口管理部门	设置合同拟定、审核、执行、监督、核算与归档等岗位，明确各岗位的职责权限	合同拟定与审核，合同审核与审批，合同审批与订立，合同执行与监督等

2.2 识别风险与应对策略

2.2.1 风险与风险管理

梳理流程与整合业务的过程应当是进行风险识别与评估的过程。

风险无处不在、无时不有，且不以人的意志为转移，所以，单位的大部分工作面临着不确定性。例如，单位层面的风险主要由组织架构、权责分配、决策机制和岗位设置等因素引发，表现为滥用公权力、舞弊、腐败等，导致公共资源浪费，最终影响资源的合理配置；业务层面的风险主要由业务活动和业务流程引发，包括预算管理风险、收支管理风险、政府采购管理风险、资产管理风险、建设项目管理风险和合同管理风险等。

实证分析 2.2　采购业务中的不确定性

某单位采购了一批办公用复印机，因采购员未能履行合格供应商资质的审查和采购验收等手续，导致采购质量不达标，并影响工作质量。在这个案例中，采购合格商品是采购业务需要达到的一个既定目标，因未能履行相关内部控制程序和手续而影响了目标的实现，造成了资金效益、办公效率等方面的不确定性（损失）。

不确定性是指风险对目标的影响。这其中至少透露了两个重要信息：一是影响性，即风险是对某一目标的实现有影响关系的，风险要与特定的目标相对应；二是可能性，风险既可能导致成功或收益，也可能导致失败或损失，即风险不一定导致目标的无法实现，只是存在一个偏离目标的概率。

风险有各种表现形式，图 2.3 列示了几种常见的风险分类方法。

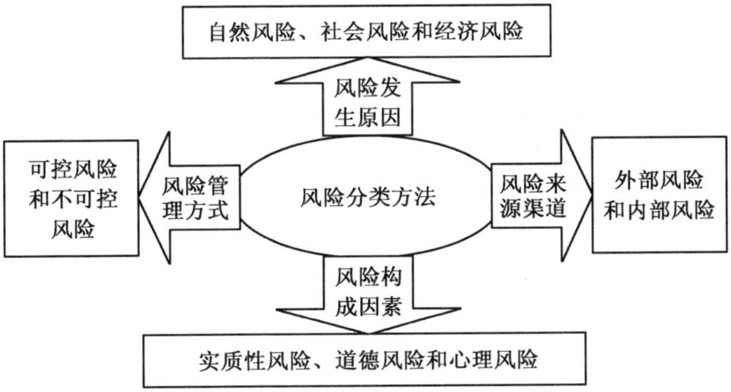

图 2.3　风险的各种表现形式

自然风险、社会风险和经济风险是根据风险发生原因的分类。自然风险是指自然因素所造成的风险；社会风险是指个人或团体在社会上的行为导致的风险；经济风险是指经济活动过程中，因市场因素影响或者经营管理不善导致经济损失的风险。公共部门在内部控制建设过程中需要重点关注经济风险。

外部风险是客观存在的，包括经济形势、行业政策、政治环境、同行业行动、资金供给等经济因素，法律法规、监管要求等法律因素，安全稳定、文化传统、社会信用、教育水平、消费者行为等社会因素，科学技术进步、装备改进等科学技术因素，自然灾害、环境状况等自然环境因素，以及其他有关外部风险因素。

内部因素变化带来的风险更应当予以关注，包括单位领导及高级管理人员的职业操守、员工的专业胜任能力等人力资源因素，组织机构、服务方式、资产管理、业务流程等管理因素，研究开发、投入、信息技术运用等自主创新因素，财务状况、管理服务成果、资金来源等财务因素，稳定安全、员工健康、环境保护等安全环保因素，以及其他有关内部风险因素。

对一个单位来说，内外部因素有的是不可控的，如经济与市场波动等；但有的是可控的，如内部管理失控等。

从研究风险损失的内在原因出发，单位本身存在风险因素，而后发生了风险事故却失去控制，两者结合，损失在所难免(利益丧失)。

风险因素是指引起或增加风险事故发生的机会或扩大损失的条件，是事故发生的潜在原因，包括实质性风险因素、道德风险因素和心理风险因素等。实质性风险因素是指增加某一标的风险事故发生的机会或损失严重程度的物质条件，是一种有形的风险因素，如汽车刹车系统失灵导致的交通事故、食物变质对人体的危害等。道德风险因素是指与人的不正当社会行为相联系的一种无形的风险因素，常常表现为由于恶意行为或不良企图，故意使风险事故发生或扩大，如制造虚假会计信息、进行业务欺诈、出卖情报、中饱私囊等。心理风险因素也是一种无形的风险因素，是指由于人主观上的疏忽或过失，导致增加风险事故发生的机会或损失的可能性，如侥幸思维、赌徒心理、从众习惯等。

坚持风险评估与问题导向是开展内部控制的正确方向。内部控制是手段，风险管理是目的，两者应当相辅相成。

风险管理是用以降低风险消极结果的决策过程，通过风险识别、风险估算、风险评价，选择与优化组合各种风险管理技术，对风险实施有效控制和妥善处理风险所致的后果，以最小的成本收获最大的安全保障。

内部控制的发展历程已经充分吸收了全面风险管理的理念和方法，强调了内部控制与风险管理的统一。内部控制的目标是防范和管控风险，促进单位实现资产的安全、保证经济活动过程的合规合法、财务信息的真实有效、内部舞弊的规避，以提高公共服务的效率。

专题讨论 2.1 | 风险可以被消灭吗?

风险是各单位在经济活动中面临的、客观存在的、影响目标实现的可能性,具有不可消失性。控制措施的意义并不是消灭风险,而是降低风险发生的概率或者减少风险可能带来的损失,即将风险控制在可承受水平(可容忍范围之内)。市场经济就是风险经济,单位即使采取了严格的控制措施,也不能保证风险一定不会发生。例如在采购中,即使采取了招投标、严格验收和定期供应商评价等措施,在某批次的采购上也可能会发生质量损失等。所以,提前识别风险和防范风险特别重要,这既是实施内部控制的依据,也是有效内部控制的目的。

2.2.2 内部控制的本质就是防范风险

防范风险是内部控制的神圣使命。只有坚持预防为主,才能体现风险控制的本质特征。设计内部控制制度时,将管控的关口前移,防患于未然,成本低、损失小、效益高。“明者远见于未萌,智者避危于无形;祸因多藏于隐微,而发于人之所忽。”(西汉·司马相如《谏猎书》)

防范,就是对经济活动的风险要防备、戒备。内部控制活动正是通过一系列政策与程序,在单位组织规划、管理办法,以及各种作业程序中,应用内部控制的原则、技术和方法,在贯彻实施既定政策的过程中,通过合理保证单位经济活动合法合规、资产安全和使用有效、财务信息真实完整,有效防范舞弊和预防腐败,提高公共服务的效率。各单位从事的工作应通过制衡机制、流程再造和信息化手段在日常管理中的运用,对单位管理活动的风险进行事前防范、事中控制、事后监督和纠正,及时堵塞制度漏洞、消除管理隐患,不给违法、违规、违纪人员以可乘之机。

内部控制的本质就是防范风险。综观国际上的几个内部控制框架,无论是美国科索委员会于1992年颁布的“五要素”框架,还是于2004年颁布的“八要素”框架,虽然用了“内部控制”和“全面风险管理”两个不同的概念,但体现的都是从“目标”到“风险”再到“控制”的管理思路。这种思路和框架可以融入单位所有的管理体系和管理制度。

世界审计组织从风险管理和内部审计两个方面细化和扩充了《公共部门内部控制准则指南》,发布了《公共部门风险管理指南》。该指南在分析现行风险管理理论、模式的基础上,统一了风险管理与内部控制的关系,解决了在引用风险管理模式后引发的内部控制与风险管理在理论上的争议;在操作层面上,细化了《公共部门内部控制准则指南》,解决了公共部门内部控制与风险管理的联系问题,并进一步强调了政府风险管理的重要性,提出公共部门风险管理包括政府宏观治理风险。

经验分享 2.1 | “1+8”内部控制制度体系

为贯彻落实依法治国基本方略，深入推进法治财政建设，提高财政管理水平，有效防控廉政风险及其他风险，攀枝花市财政局制定并印发了《攀枝花市财政局内部控制基本制度(试行)》及法律风险、政策制定风险、预算编制风险、预算执行风险、公共关系风险、机关运转风险、信息系统管理风险、岗位利益冲突风险8个专项风险内部控制办法，建立起以基本制度为核心、8个专项风险内部控制办法为主要内容的内部控制体系。

2.2.3 风险评估的内容与程序

风险评估是指在风险识别基础上的分析判断，要求在风险事故发生之前，运用各种分析方法，系统地、连续地认识所面临的各种风险以及诊断风险事故发生的潜在原因与可能性。

由于目标与风险相关，风险与问题相连，因此，以风险为导向、以目标为导向、以问题为导向的提法已经成为一些单位目前在内部控制过程中常见的行为理念和工作方针。

一个单位在管理过程中总会存在这样或那样的问题，有管理“短板”，也有管理“缝隙”，还有“长板”优势等，关键是这些问题被发现了没有。看不到问题本身就是问题。问题在不同的阶段有不同的表现。只有看清问题，才能解决问题。凸显问题导向，可以促使内部控制更具有针对性和实用性。

木桶原理(如图2.4所示)告诉人们，一只木桶想盛满水，必须所有木板齐平且无破损。如果木板不齐或有破损，这只木桶就无法盛满水。一只木桶能盛多少水取决于最短的那块木板，即管理中存在着“短板效应”；还取决于木桶有无缝隙，若有缝隙，水将逐渐从木桶中泄出。

图 2.4 木桶原理与问题导向

风险评估的重点是识别与分析内部控制流程和相应的措施是否有效，是否存在内部控制缺陷，并做出合理性或重要程度的判断，一般包括以下三个方面：

一是对风险本身的界定，包括风险发生的可能性、风险强度、风险持续时间、风险发生的区域及关键风险点等。

二是对风险作用方式的界定，包括风险对单位的影响是直接的还是间接的、是重大的还是一般的、是否会引发其他的相关风险、会不会有连锁反应、风险对组织的作用范围等。

三是对风险后果的界定。在损失方面，如果风险发生，对单位会造成多大的损失？如果避免或减少风险，组织需要付出多大的代价？在冒风险的利益方面，如果冒了风险，可能获得多大的利益？如果避免或减少风险，组织得到的利益又是多少？如此等等。

风险评估包括信息收集、信息筛选、风险监测、分析诊断等程序（如图 2.5 所示）。

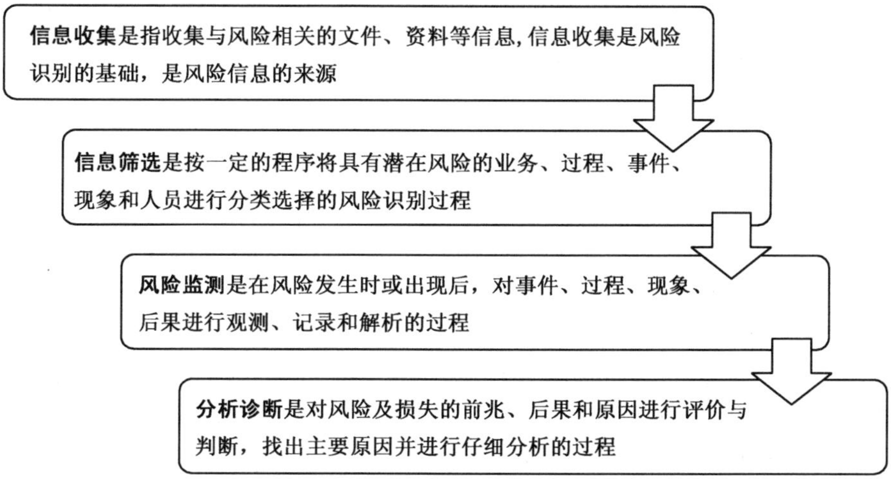

图 2.5 风险评估程序

2.2.4 风险分析与风险诊断

分析可以是诊断的基础，诊断应当是分析的结果。分析中有诊断，诊断过程不能没有分析，诊断就是风险分析基础上的判断，常见的有流程图分析法、情景分析法、专家讨论法、关键风险指标法、事件树分析法和统计推论法等。各单位应根据所分析风险的不同领域采用适当的分析诊断方法。

(1)流程图分析法

流程图分析法是对流程的每一个阶段、每一个环节逐一进行调查分析,从中发现潜在风险,找出导致风险发生的因素,分析风险可能造成的损失以及对整个组织可能造成的不利影响。

运用流程图绘制单位的运作管理业务流程,可以明确对单位各种活动有影响的关键点,结合这些关键点的实际情况和相关历史资料,就能明确单位的风险状况。

其实施步骤如下:根据单位实际绘制业务流程图;识别流程图中各业务节点的风险因素,并予以重点关注;针对风险及产生的原因,提出监控和预防的方法。

(2)情景分析法

情景分析法又称前景描述法,是假定某种现象或某种趋势将持续到未来,对预测对象可能出现的情况或引起的后果做出预测的方法。

其实施步骤如下:在建立了团队和相关沟通渠道、确定了需要处理的问题和事件的背景后,下一步就是确定可能出现变化的性质,并对主要趋势、趋势变化的可能时机以及对未来的预见进行研究。

(3)专家讨论法

专家讨论法是为了保证风险分析的全面性、科学性,集中所分析领域的专业人员组成专家讨论组,有组织、有条理地对风险的特性进行分析的方法。

其实施步骤如下:讨论前准备(参与人、主持人和课题任务落实要讨论的风险主题),开展风险主题讨论(突破思维惯性,大胆联想),力争在有限的时间内获得尽可能多的创意性设想,对意见进行分类与整理。

(4)关键风险指标法

一项风险事件的发生可能有多种成因,但关键成因往往只有几种。关键风险指标管理是对引起风险事件发生的关键成因指标进行管理的方法。

其实施步骤如下:分析风险成因,从中找出关键成因;将关键成因量化,确定其度量,分析确定风险事件发生(或极有可能发生)时该成因的具体数值;以该具体数值为基础,以发出风险预警信息为目的,加上或减去一定数值后形成新的数值,该数值即为关键风险指标;建立风险预警系统,当关键成因数值达到关键风险指标时,发出风险预警信息;制定出现风险预警信息时应采取的风险控制措施;跟踪监测关键成因数值的变化,一旦出现预警,即实施风险控制措施。

(5)事件树分析法

事件树分析是一种时序逻辑的分析方法,以一初始事件为起点,按照事件的发展顺序,逐步分析,每一事件可能的后续事件只能取完全对立的两种状态,逐步向结果方面发展。它既可以定性地了解整个事件的动态变化过程，又可以定量地计算各阶段出现的概率，最终了解事件发展过程中各种状态发生的概率。

其实施步骤如下：挑选初始事件；按序列出每条线上的危险源，通过专家判断或故障树分析法估算其概率。

(6)统计推论法

统计推论是进行项目风险评估和分析的一种十分有效的方法，可分为前推、后推和旁推三种类型。

前推法是从历史的经验和数据出发，向前推测未来事件可能发生的概率及后果，是采用最普遍而又行之有效的一种预测方法。

后推法是以未知的想象事件及后果为依据，从其与某一事件的联系来推断该事件的风险。也就是将未来事件归算到有数据可查的、造成这一事件的一些起始事件上，在时间序列上表现为由前向后推算。

旁推法就是利用类似项目的数据进行外推，用某一项目的历史记录对新的类似项目可能遇到的风险进行评估和分析，当然这还得充分考虑新环境的各种变化。

其实施步骤如下：收集并整理与风险相关的历史数据，选择合适的评估指标并给出数学模型，根据数学模型和历史数据预测未来风险发生的可能性和损失大小。

经验分享 2.2 | 某单位归纳五种风险作为管控重点

一是违法违规风险。单位的经济活动缺少必要的措施保证，出现了“真空点”或“失控点”，从而存在违法违规风险。

二是资产失控风险。单位在实物资产管理或采购过程中，因缺少相关过程的管理手段和约束，可能导致资产失实、失控或被盗等风险。

三是财务信息失真风险。因财务核算方法不规范、不可信或人为因素而导致事业单位财务信息质量不真实、不完整的风险。

四是监管缺位风险。由于“三权”分离没有落实到位等原因造成对事业单位各项经济活动的监督不到位，可能存在营私舞弊和腐败等方面的风险。

五是法律风险。因经济业务活动而可能引发事业单位涉诉方面的法律风险，以及后续引发的政府信誉方面的诚信风险。

2.2.5 风险评估的工作环节

(1)评估部门与人员配备

单位应当确立内部控制的牵头管理部门，明确此项工作的分管领导，并明确单位各职能部门在内部控制工作中的职能、定位，明确与业务活动有关的单位各业务归口部门的职责等。

为及时发现经济活动存在的风险，单位应定期对相关经济活动存在的风险进行全面、系统和客观的评估。风险评估工作分为单位层面的风险评估和业务层面的风险评估。内部控制归口管理部门(办公室)负责计划、组织和安排具体评估工作，组织财会、资产管理、采购、基本建设、内部审计、纪检监察等部门或岗位工作人员进行风险评估。评估部门或人员在梳理各类经济活动的业务流程、明确业务环节的基础上，系统分析经济活动风险，确定风险点，并据此选择控制方法和应对措施。

风险评估仅有内部控制建设人员参与是不够的，应该从领导到职员全员参与。因为单位面临的风险多种多样，从单位层面到业务层面都有风险存在的可能性，而不同的人员由于所处的地位和层次的不同，能够观察到的风险也有差异。

(2)评估要求及评估周期

单位首次进行风险评估要尽可能全面、细化，特别是业务层面的风险评估完成后，最好形成业务流程图，确定关键风险点，剖析存在的原因及导致损失的可能性。

后续风险评估工作可以定期进行，侧重于经济活动的变化部分。但如果单位的外部环境、经济活动或管理要求发生了重大变化，则需要对经济活动的风险进行重新评估。

事实上，作为内部控制的前置步骤，风险评估并不是一次就可以完成的，因为各单位的风险不是一成不变的。一方面，各单位面临的风险会随着外部环境的变化而增减；另一方面，单位的风险会随着内外部条件的改变而发生重要性水平的变化。所以，风险评估至少每年进行一次。

《规范试行》要求“单位应当建立经济活动风险定期评估机制，对经济活动存在的风险进行全面、系统和客观的评估。经济活动风险评估至少每年进行一次；外部环境、经济活动或管理要求等发生重大变化的，应及时对经济活动风险进行重估”。

内部控制目标可能随时间而发生变化，面临的风险组合及其相对重要性也可能发生变化，曾经有效的风险应对方式可能变得无关紧要或没有必要实施、控制活动基本无效或总体失效。为此，管理部门必须不断地监督机构风险管理制度的效果，以确定其是否仍旧合理和有效。所以，单位应每年定期进行风险评估，以确保新的风险得到及时有效的控制；同时，单位对预算、收支等高风险业务活动或高风险岗位应开展不定期评估，建立风险预警系统，有效防范和管控风险。

(3)风险评估的步骤与方法

风险评估的基本步骤：一是识别评估对象面临的各种风险；二是分析风险产生的原因和后果；三是评价风险的等级；四是确定组织承受风险的能力，并采取相应的风险应对措施；等等。

单位内部控制的风险分析一般采用定性与定量相结合的方式，从风险可能性、风险影响度等方面进行评估。

(4)可能性分析与测量

可能性是预测事物发展趋势的指标。风险预测一般是从风险发生的可能性分析入手。对风险发生的可能性的测量有定量与定性之分。定量方法是对风险发生可能性的大小做出数量描述，如用概率表示等。定性方法是直接用文字描述风险发生可能性的大小，如“极低”“低”“中等”“高”“极高”五级或“不太可能”“可能”“很可能”三级。

表 2.3 列出了某单位对风险发生可能性的定性、定量评估标准及其对应关系，供实际操作中参考。

表 2.3　　风险评估的五级评分举例

<table>
<tr><td>评分
可能性</td><td>1</td><td>2</td><td>3</td><td>4</td><td>5</td></tr>
<tr><td>可能性定量分析</td><td>10%以下</td><td>10%～30%</td><td>30%～70%</td><td>70%～90%</td><td>90%～100%</td></tr>
<tr><td>风险可能性测度</td><td colspan="2">不太可能：在多数情况下不太可能发生</td><td>可能：某些时候可能发生</td><td colspan="2">很可能：在多数情况下预期发生</td></tr>
<tr><td rowspan="3">风险可能性定性测度的文字描述</td><td>极低</td><td>较低</td><td>中等</td><td>较高</td><td>极高</td></tr>
<tr><td>一般情况下不会发生</td><td>在极少情况下会发生</td><td>会在某些情况下发生</td><td>会在较多情况下发生</td><td>经常发生</td></tr>
<tr><td>在之后 10 年内发生的可能性少于 1 次</td><td>在之后 5～10 年内可能发生 1 次</td><td>在之后 2～5 年内可能发生 1 次</td><td>在之后 1 年内可能发生 1 次</td><td>在之后 1 年内至少发生 1 次</td></tr>
</table>

(5)影响程度分析与测量

定量分析要对目标的影响程度用损失的金额表示；定性分析则往往采用“低”“中”“高”或“一般”“较大”“严重”等词语形容。某单位风险评估的影响程度举例如表 2.4 所示。

单位应当基于自身的定位和特色，利用专业的评估工具对内外部风险进行量化分析，对风险可能发生的频率和后果赋值，计量风险的严重程度；同时，设定单位对风险的容忍限度，对诊断出的所有风险进行排序，随后建立相应的风险数据库和风险分析排序表，制定正确的风险应对策略。

表 2.4　　风险评估的影响程度举例

评分 影响程度	1	2	3	4	5
风险影响程度定量分析	损失低于100元	造成损失100～2 000元	造成损失2 000～10 000元	造成损失10 000～1 000 000元	造成损失1 000 000元以上
风险影响程度测度	极低	较低	中等	较高	极高
财务影响	极低的财务损失	较低的财务损失	中等的财务损失	重大的财务损失	极大的财务损失
声誉影响	负面消息未使单位声誉受损	负面消息造成单位声誉轻微受损	负面消息造成单位声誉中等受损	负面消息造成单位声誉重大受损	负面消息造成单位声誉灾难性受损
风险影响程度描述	不会影响日常工作	对日常工作有轻度影响	对日常工作有中度影响	对日常工作影响重大	对日常工作造成灾难性影响

(6)风险排序

单位应当根据风险分析的结果,结合风险承受能力,对各层面的风险进行排序分析,形成风险识别排序表和风险识别矩阵。

风险识别排序表是先利用风险识别矩阵对各类风险进行区分,再根据风险评分自高到低排序(如表 2.5 所示),将风险列为三个等级。

表 2.5　　风险识别排序表(风险分析矩阵)

可能性程度 影响程度			低		中	高	
			极低	较低	中等	较高	极高
			0～1	1～2	2～3	3～4	4～5
高	极高	4～5	二级	二级	一级	一级	一级
	较高	3～4	三级	二级	二级	一级	一级
中	中等	2～3	三级	三级	二级	二级	一级
低	较低	1～2	三级	三级	三级	二级	二级
	极低	0～1	三级	三级	三级	三级	二级

风险评分是在依据风险对单位的影响程度及风险发生的可能性进行考量的基础上做出打分(划分),并据此对风险做出重要性的排序。

$$\text{风险发生的可能性}=\frac{\sum \text{每位调查者对风险发生的可能性的打分}}{\text{打分人数}}$$

$$风险的影响程度=\frac{\sum 每位调查者对风险影响程度的打分}{打分人数}$$

$$风险总分=风险发生的可能性\times 风险的影响程度$$

风险评估的结果表明，风险总分越高，风险排序越靠前，风险管理越重要。

(7)风险报告清单

单位在充分识别、分析和评价风险的基础上，可以将所有风险进行汇总，并将风险的评价结果进行记录，形成风险清单或者风险数据库。风险清单的构成要素一般包括风险所属的业务领域或流程、风险所处的管理环节、风险的具体描述、风险的可能性程度或影响程度、风险的重要性水平(如高、中、低)、风险的应对策略和责任部门等(如表 2.6 所示)。

表 2.6　　风险识别与风险报告清单

业务领域或所属流程：

管理环节	具体风险描述	可能性程度(1～5)	影响程度(1～5)	风险的重要性水平	风险应对策略	责任部门	备　注

编制人：　　　　　　　　　　　　　复核人：

在风险清单中，应当对每条列明的风险进行分析，评判其发生的频率和可能造成的后果等情况。在分析风险发生的频率和可能造成的后果时，通常采用赋分法，从 1 分到 5 分，风险发生的频率越高、造成的后果越严重，分值就越高。最终通过加权汇总，可以计算整个业务循环风险的大小。

如果暴露的风险在给定的风险偏好范围内不可接受，则该风险应当列为“最优先级”或“关键风险”，关键风险应当给予最经常的关注。

随着时间的推移，当目标发生变化、风险环境发生变化、关键风险发生变化时，具体风险的优先顺序也要发生变化。

风险容忍度是指与目标的实现相关的变量的可接受程度，通过行为指标度量。行为指标最好用与相关指标相同的计量单位度量。在风险容忍度范围内运营，可以为管理者提供机构风险偏好范围内的极大保障，并实现机构目标。

2.2.6　风险应对策略

风险应对是在风险识别和风险分析的基础上进行风险排序后制定的应对措施和应对方案，基本工作流程如图 2.6 所示。

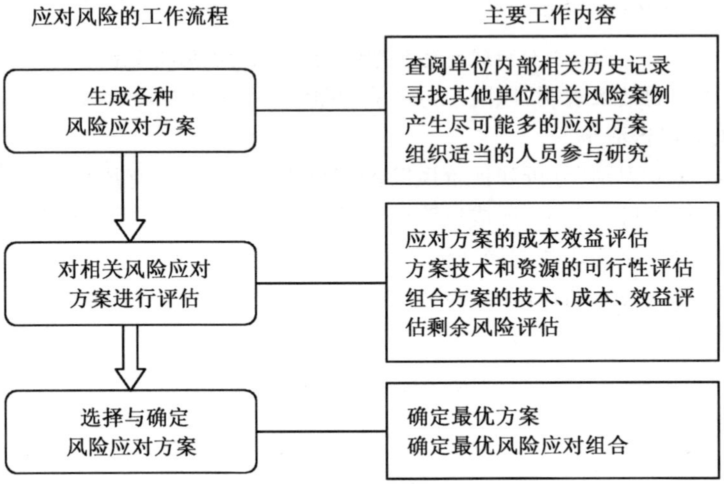

图 2.6　风险应对的基本流程

单位可以采用的风险应对策略包括以下四种：

策略 1:风险规避——单位采用适当的措施避免损失或风险。通常,完全规避风险是不现实的,只有终止某项业务才不会发生相应的风险。在考虑新的服务提供方式是否合理、具体项目是否继续进行时,可以采取规避方式应对风险。

策略 2:风险降低——包括两个方面,一是降低风险事件发生的概率,二是降低风险事件产生的损失,或者两者兼而有之。

策略 3:风险转移——通过签订协议、购买保险等方式,将风险转移给其他单位或个人。

策略 4:风险承担——单位在无法采取风险规避、风险降低、风险转移方式应对风险时,承担风险事项导致的损失。

有时,对于同一种风险可以同时采取几种应对策略。以采购为例,在采购中供应单位会要求先付款后发货,此时,采购单位会面临货物的质量和供货的时效是否出错的风险。面对不同的风险程度,采购单位可以采取以下不同的策略:如果采用风险规避策略,必须要求供货单位先发货,经验收合格后付款;如果采用风险承受策略,可以先付款,货到后验收入库;如果采用风险降低策略,可以先支付部分预付款,待货物验收合格后付清尾款;如果采用风险分担策略,可以将款项先支付给独立的第三方金融机构,待货物验收合格后转付给供货单位。

上述风险评估过程及其结果可以汇总反映在单位的风险评估报告中。编制风险评估报告有助于对风险评估从整体上进行深入考量,其基本格式如图 2.7 所示。

××单位风险评估报告（框架结构）

一、风险评估活动组织情况
　　1. 工作机制
　　2. 风险评估范围
　　3. 风险评估程序与方法
　　4. 收集的资料和证据等
二、风险评估活动发现的风险因素
　　1. 单位层面风险因素
　　2. 业务层面风险因素
三、风险分析
　　1. 单位总体风险分析
　　2. 重要风险和重大风险因素
四、关于应对风险的措施建议
　　……

图 2.7　风险评估报告基本格式示例

2.3　健全制度与编撰手册

2.3.1　管理制度与内部控制制度

管理制度是在管理实践中形成的、对人的行为具有强制性并能保障一定权利的各项规定。作为职工行为规范的模式性管理制度，可以促使个人活动得以合理进行，内外人际关系得以协调，员工的共同利益受到保护，从而使单位有序地组织起来为实现管理目标而努力。

但是，内部管理并不等于内部控制，管理制度也不等于内部控制制度。

内部管理的概念大于内部控制的概念。内部管理通常是指一个单位的管理主体有效组织并利用其要素（人、财、物、信息和时空），借助管理手段，完成组织目标的过程，而内部控制是内部管理中关键的一个方面。

从管理过程分析，内部管理包括管理规则的确定（如章程及制度等）、管理资源的配置（如人员、设备及工具、空间等资源配置）、目标的设立与分解（如预算与计划）、组织与实施、过程的控制（检查、监督与协调）、效果评价、总结与处理（奖惩）等。在这一过程中，内部控制是不可或缺的极为重要的一个方面。

从目标特性分析，管理目标大于并包含控制目标，控制应当是按管理的既定目标和标准对组织的活动进行监督、检查,发现偏差,采取纠正措施,使工作能按原定目标或计划进行的动态过程。在这一过程中,内部控制目标应当侧重于针对经济活动的风险进行防范和管控。所以,管理制度大于并包含内部控制制度,内部控制制度则侧重于实现其控制目标。

从管理控制流程分析,管理流程应当包含业务流程与控制流程,而控制流程一方面需要服务于业务流程,另一方面侧重于对权力的制衡与管束。

从应用手段分析,管理手段大于并包含控制手段,包括强制、交换、惩罚、激励、沟通与说服等;控制手段则集中于制衡或制约的效果与效率。

在实际操作中,以往的管理制度主要强调某项业务可做还是不可做,而不强调制度对流程的指导,所以,这些管理制度可能缺乏可操作性。而内部控制制度更强调对流程操作的指引,以及对控制要点与控制措施的指导,具有内部控制的特殊性要求。内部控制制度可以理解为各单位为了达到业务目的,在内部形成的一系列具有控制职能和操作职能的规范化、系统化的方法和程序。例如,为了保证政府采购这个流程目标的顺利实现,各单位根据国家相关法律法规制定了更加适合本单位的制度,将政府采购这个流程中的每个动作由谁来做、什么时候做、怎么做等规定清楚,从而形成了内部控制制度。

经验分享 2.3 | 某单位制定的内部控制制度重点

一是建立内部控制岗位授权制度。对内部控制所涉及的各岗位明确规定授权的对象、条件、范围和额度等,任何组织和个人不得超越授权做出风险性决定。

二是建立重要岗位权力制衡制度,明确规定不相容职责相互分离,主要包括授权批准、业务经办、会计记录、财产保管和稽核检查等职责。对内部控制所涉及的重要岗位可设置一岗双人、双职、双责,相互制约;明确该岗位的上级部门或人员对其应采取的监督措施和应负的监督责任;将该岗位作为内部审计的重点;等等。

三是建立内部控制批准制度。对内部控制所涉及的重要事项,明确规定批准的程序、条件、范围、额度、必备文件、有权批准的部门和人员及其相应的责任。

四是建立内部控制责任制度。按照权利、义务和责任相统一的原则,明确规定各有关部门和业务单位、岗位、人员应负的责任及奖惩制度。

五是建立内部控制审计检查制度。结合内部控制的有关要求、方法、标准与流程,明确规定审计检查的对象、内容、方式和负责审计检查的部门等。

六是建立内部控制考核评价制度。具备条件的企业应把各业务单位风险管理的执行情况与绩效薪酬挂钩。

七是建立重大风险预警制度。对重大风险进行持续不断的监测,及时发布预警信息,制定应急预案,并根据情况的变化调整控制措施。

八是建立内部控制报告制度。明确规定报告人与接受报告人,报告的时间、内容、频率、传递路线,以及负责处理报告的部门和人员等。

2.3.2 制度建设与法律依据

制度梳理是内部控制建设不可或缺的一个重要步骤。

为了保证制度对操作的指导性,制度建设一定要有法律依据,包括国家层面的、省市层面的、主管部门层面的和本单位层面的。例如,某年某单位在制定严禁"小金库"的规定时,主要依据《关于深入开展"小金库"治理工作的意见》(中办发〔2009〕18号)、《关于在党政机关和事业单位开展"小金库"专项治理工作的实施办法》(中纪发〔2009〕7号)、《"小金库"治理工作举报奖励办法》(财监〔2009〕26号)等文件;在考虑有关担保事项的制度建设时,主要依据《中华人民共和国担保法》《中华人民共和国商业银行法》以及国务院办公厅《关于严禁行政机关为经济活动提供担保的通知》(国办发〔1993〕11号)等文本,因而政策性很强。

表2.7提供了一份某年某行政机关在制定党风廉政建设责任制过程中收集汇总的主要法律文本的清单(部分摘录)。

表2.7　　党风廉政建设相关法律法规清单

序号	文件名称与文号
1	中华人民共和国公务员法(中华人民共和国主席令第35号)
2	中国共产党纪律处分条例(中发〔2003〕18号)
3	财政违法行为处罚处分条例(国务院令〔2005〕第427号)
4	中华人民共和国政府信息公开条例(国务院令第492号)
5	行政机关公务员处分条例(国务院令第495号)
6	中华人民共和国审计法(中华人民共和国主席令第48号)
7	关于实行党政领导干部问责的暂行规定(中办发〔2009〕25号)
8	中国共产党领导干部廉洁从政若干准则(中发〔2010〕3号)
9	关于实行党风廉政建设责任制的规定(中发〔2010〕19号)
10	中共中央八项规定(中共中央政治局2012年12月4日会议)
11	党政机关厉行节约反对浪费条例(2013年11月25日)
12	关于进一步规范党政干部在企业兼职(任职)问题的意见(中组发〔2013〕18号)

续表

序号	文件名称与文号
13	违规发放津贴补贴行为处分规定(监察部令第 31 号)
14	党政机关厉行节约反对浪费条例(中发〔2013〕13 号)
地方发布的法律法规(略)	
主管部门制定的有关管理办法和实施细则(略)	

2.3.3 制度层级的划分

在开展制度建设初期,需要对单位的整个制度体系进行层次构建。只有建立健全多层次的体系文件,使制度体系化,才能使单位所有的重要活动均能得以控制。

单位各层级制度一般均有制定依据和审批层级。某些单位构建了三个层次的制度体系,即基本制度、业务管理制度及其具体操作规范,如图 2.8 所示。

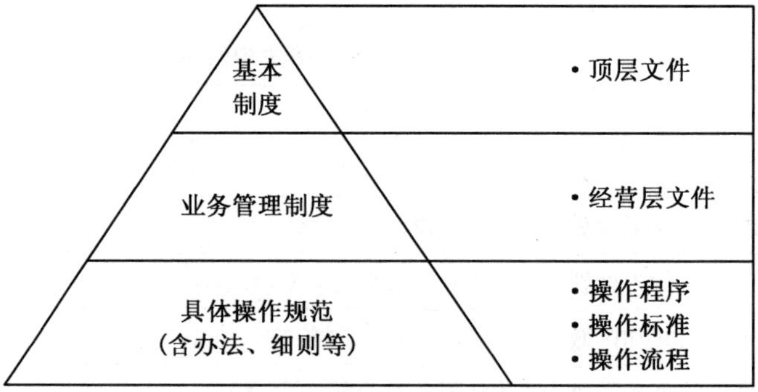

图 2.8 制度体系层级划分

基本制度:一般是由国家部委、地方政府、主管部门颁布的规范性文件,具有相关法律法规的要求。该层级制度属于顶层文件。

业务管理制度:一般是对单位各业务部门的重要职责以及各核心业务环节做出的规范,如预算、资产、收支、项目建设等业务的基础管理制度。该层级制度属于经营层文件,应由单位领导审批。

具体操作规范:一般是在核心业务环节的指导下,对某一具体流程的细节化操作步骤和具体操作标准做出规范,包括流程程序、技术文件、业务表单等。该层级文件可根据重要性原则，由单位领导或者分管领导审批。

2.3.4 内部控制手册

为便于理解和掌握内部控制原理，明确具体操作的实施路径和流程，引导相关部门顺利完成内部控制制度建立和完善工作，不少单位在归集、整理、修改、补充、完善的基础上，制定了内部控制手册(或称内部控制规范工作手册、内部控制制度汇编等)。

内部控制手册不是简单的管理制度汇编。从设计思想看，内部控制手册应当涵盖单位层面和业务层面，包括一套规范的、与业务流程相匹配的流程图、书面表单和职责履行情况等，通常由如表 2.8 所示的几个主要方面构成。

表 2.8　　内部控制手册中文件的构成要件

流程组成	主要内容	具体功能
流程综述及控制目标	提出流程整体描述和控制目标	明确流程对象、提出流程控制目标，后续流程分析及控制分析应对应该流程并围绕控制目标的实现
流程主要职责及对应岗位	明确职责与岗位	明确控制活动实施主体及控制责任承担主体
不相容职责分离要求	明确职责分离要求	针对本流程内的关键职务岗位，明确职责分离要求
明确控制要求的流程图	梳理流程图，标出关键控制环节	进一步明确流程，围绕控制目标标明关键控制点
内部控制矩阵与相关控制要点说明	针对各类风险给出关键控制活动	控制活动、控制要点、分析说明

内部控制手册与规章制度最大的区别就是把流程和制度中的控制性动作提炼出来，告诉流程执行者和单位领导哪些是关键控制活动、为什么要控制这些风险，以及控制这些风险的关键点在哪里。

内部控制手册本质上是与单位的业务流程、规章制度相对应的。流程和制度可能描述了单位的所有动作过程，而内部控制手册侧重于控制性动作并加以总结。以采购流程为例，采购流程包括请购，核对库存，批准采购，询价、比价与核价，确定供应商，合同会签，签订合同，收货，验收，付款 10 个动作。制度和流程表述了这 10 个动作的完整过程，而内部控制手册可能只是把其中的几个针对风险的控制性动作进行了重点提炼并加以详细说明。

风险清单和内部控制手册都是从流程出发进行的要点识别和汇总。风险清单罗列的是流程中所面临的影响目标的可能性事件，即风险；而内部控制手册罗列的是单位在风险防范过程中所采取的主观认定的控制措施，即控制要点，主要是控制性动作等。从方便实用的角度出发，不少单位编制的内部控制手册包括风险清单、目标清单、制度文本、控制流程与表单说明等。

2.3.5　绘制流程图

设计内部控制制度是为了达到一定的目的，针对业务中的风险采取相应的措施，从而形成一个规范化的程序，核心是要有清晰的控制要点和明确的流程规范。所以，内部控制制度的核心要素除了必要的文字说明外，还需具备明确控制要点的流程图、清晰的权责表以及规范的业务流转表单。流程图是流经一个系统的信息流、观点流或部件流的图示，用于指导具体的业务操作，明确岗位分工并且告诉操作人员哪些是控制要点。权责表表明事项的审批层级。业务表单指导具体操作人员如何进行业务记录以及这些记录和信息怎么流转和归档等。

内部控制制度的梳理可以流程为出发点。首先，各部门比照流程“领取”各自的职责；然后，对照识别的风险与缺陷，看是否存在现有的制度要求，如果没有则进行相应的增加，如果有但不明确则进行相应的修改，尤其要增加与制度相对应的流程图、权责表和业务表单；接着，组织相关业务部门评议；最后，对修改后的制度进行汇总，并经领导批准后实施。

编制流程的方式主要有以下三种：

一是文字编制。方法一：通过制度将流程目的、适用范围、各部门的职责范围、术语定义、生效时间、奖惩等要素予以体现，同时将流程图作为附件置于制度中，增强制度的可读性。方法二：对流程图做出详细说明，相对于制度而言，流程说明显得更为精简，对流程图中每个动作需要注意的地方，如时效性、频率等予以阐述，而流程目的、适用范围、职责等在流程说明中一般不予体现。

二是图形编制。将流程用图形的方式予以体现更便于阅读者理解。流程图的表现形式多种多样，但几个要素不可或缺，即流程图的名称、流程图的编号、流程动作以及流程中产生的记录。这里所说的记录指的是诸如报告、表单、会议纪要等以书面形式体现的文字内容。

三是表格编制。将流程中的所有动作在表格中予以体现，即从流程开始到流程结束用表格配以文字表示。这种方式在一定程度上可以理解为制度与流程图的折中表现形式。

2.3.6　内部控制制度写作规范

内部控制制度文本属于规范性文件，在标题上可以使用“制度”“规定”“规程”

"规则""办法"等，属于应用文的写作范畴。

制度文本一般具有写作对象明确性、专业内容适应性、政策针对具体性、格式规范稳定性、语言表达简朴性等特点。写作过程要求主题思想清楚、逻辑思维严谨、结构安排明晰、遣词造句准确，不能模棱两可，避免产生歧义。①

在编写制度的过程中，应当防止出现以下几种倾向：一是形而上学，即采用一种孤立、静止、片面的思维方式来对待制度编写工作，只将以前的规章制度拼凑一下应付了事；二是形如枯槁，对编写制度的态度不认真，致使手册内容单薄、死板；三是形同虚设，即形式上虽有一本制度，却不起作用。

从大部分单位内部控制手册的设计情况分析，以下几点应当予以关注：

一是内部控制手册主要是围绕单位层面和业务层面，从内部控制机制和主要经济业务方面制定的制度文本。随着环境、业务与要求等的变化，内部控制手册应当与时俱进。所以，内部控制手册应当有版本号，如"2017 年版"，以便日后修订。

二是内部控制手册主要是按照内部控制规范的要求对单位经济活动中的风险进行防范和管控的制度汇编，其他业务活动可以适当借鉴。

三是对规模较小、经济业务较简单的单位，在控制有效、保证经济活动安全的情况下，在机构设置、工作环节、制度建设上可适度简化。

四是对规模较大、经济业务复杂的单位，在认真执行内部控制规范的基础上，鼓励根据实际需要不断修订内部控制措施，不断提高内部控制管理水平。

对于初次开展内部控制建设的单位来说，首次制度建设的周期需要几个月，规模较大或基础较差的单位所需的时间更长。

虽然内部控制建设的主要成果展现在内部控制制度或内部控制手册上，但并不意味着完成了这些成果的编制就等于完成了内部控制体系的建设，因为内部控制包括设计和执行两个方面，手册的编制只是在特定阶段完成了内部控制的设计工作，内部控制体系运行的重要任务是内部控制的执行。

2.4 综合运用各种控制方法

内部控制不但具有社会性，而且具有技术性。讲究方式方法对于完成控制任务相当重要，方法是过河的"桥"，是完成任务的工具和手段。

广义的内部控制方法包括可以用于控制的所有手段、措施和程序等。狭义的内部控制方法是指确保内部控制目标得以实现的手段。

无论是广义的还是狭义的内部控制方法，都要求根据内部环境和风险评估结

① 具体内容请参见李敏：《财经应用文写作》，上海财经大学出版社 2013 年版。

果做出，都要结合采取风险应对策略（规避/降低/转移/分担），都力图将经济活动风险控制在可承受的范围之内，都是为了合理保障内部控制目标的实现。

企业内部控制的方法一般包括不相容职务分离控制、授权审批控制、会计系统控制、财产保护控制、预算控制、运营分析控制和绩效考评控制等。

行政事业单位内部控制的方法一般包括不相容岗位（职务）相互分离、授权审批控制、归口管理、预算控制、财产保护控制、会计控制、单据控制和信息内部公开。本书以上述 8 个方面的控制方法为基础，结合公共部门的特点与当前内部控制的规范要求，进行理论联系实际的阐述。

2.4.1 不相容岗位(职务)相互分离

不相容岗位（职务）是指那些如果由一个人担任，既可能弄虚作假，又能够掩盖其错弊行为的职务。如授权与执行、执行与审核、执行与记录、保管与记录、保管与清查等由一个人担任，既可以弄虚作假，又能够加以掩盖，从而容易导致差错和舞弊。所以，在各岗位职责定位和分工的过程中，只有充分体现“不相容岗位相互分离”的控制要求，才能形成相互协作、相互制衡、相互监督的机制，从而避免在管理过程中可能出现的差错和舞弊。

两个或两个以上人员无意识地犯同样错误的可能性很小，有意识地合伙舞弊的可能性也小于一个人舞弊的可能性。从相互牵制的角度出发，不相容岗位（职务）就是指不能由一个人兼任的岗位（职务）。

实施不相容岗位（职务）分离的基本要求与步骤如图 2.9 所示。

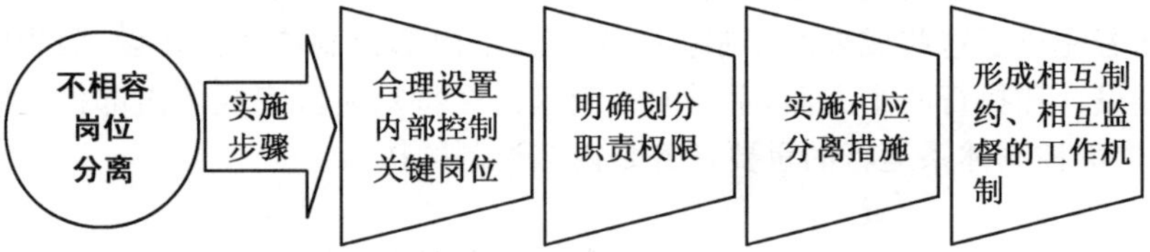

图 2.9　不相容岗位(职务)分离的基本要求与步骤

不相容职务分离的对象主要是指岗位而不是部门。大部分管理的组织架构采用的是从部门到岗位的两层次划分，即先明确部门的定位和功能，再设定部门内岗位的职责和操作要求。不相容职务相互分离作为具体事项操作动作的制约机制，针对的是岗位职责而不是部门权责。也就是说，即使一个流程的所有动作都在一个部门内完成，只要这个部门内不相容职责交由不同岗位的人员操作，也就遵循了内部控制中的制约原则。例如，有些单位的采购流程中，采购申请、询价比价、供应商选择和确定、采购合同拟定和签署、采购价格商谈和确定等都是在采购部门完成的，只要采购中的执行、审批、记录、监督由部门内不同的人来执行，就可以认为不相容职务是分离的，至于采购部门是否由于部门职责过大而出现系统性舞弊，或由于没有其他部门的权力制约和信息制衡而不易发现问题等，则属于组织架构和职责设置是否合理的问题。

不相容职务岗位(职务)分离主要针对5种岗位(职务)，即授权批准、业务经办、信息记录、财产保管和稽核检查，要求做到互相之间两两分离，由不同的人来实施，从而相互制约。如果单位的财务、采购、仓储3个部门都是由同一个副主任分管审批的，只要这个副主任并不是负责具体业务操作和账务记录的，也不是不相容职务未分离，而是这个副主任的权力过于集中，这时，内部控制应当考虑授权的合理性问题。

不相容职务分离不仅是形式上的"内部制约"，而且是信息跨岗位传递与核对。内部某些岗位之所以容易产生舞弊，就是因为有些信息只传递和沉淀到一个岗位，其他岗位无法获取对照的数据和信息，使得舞弊难以发现。而一旦内部信息能够实现跨部门的流转与核对，舞弊就很难发生。信息的跨岗位传递与核对保证了重要信息的内外部一致性，体现了内部控制的本质特征。

有些单位规模较小，分离不相容职务需要增加人手，成本较高或暂时不具备条件等，这时，替代性措施就很重要，如轮岗、带薪休假、抽查、稽核、诫勉谈话等。

对于不相容职务未分离的岗位，应当进行定期评估和监督。一旦发现环境和原因发生改变，就要及时调整措施，尤其是对于关键岗位的人员，应定期轮岗或更换，避免员工长时间负责同一业务；同时，关键岗位的人员应具备良好的业务知识和职业道德，遵纪守法，客观公正，应通过培训不断提高他们的业务素质和职业道德水准。

2.4.2 授权审批控制

(1)授权管理的基本要求

"授权"表明各项决策和业务必须由具备适当权限的人员办理，"审批"表明有关预算、计划或者决议等必须有利于经营效果和效率的提高。

为了完善单位的权责分配，规范科学用权，达到集中决策与适当分权相结合的平衡目的，应当科学制定授权审批管理制度。

任何单位都应当根据业务特点和经济事项的规模，明确授权批准的范围、权限、程序、责任等。只有经过授权批准的人员才能对有关的经济业务进行处理，未经授权和批准，任何人员不允许接触和处理这些业务，这是内部控制的"惯例"和"铁律"。

授权审批控制是在职务分工控制的基础上，由权力机构或上级管理者明确规定有关业务经办人员的职责范围、业务处理权限与责任，使所有业务经办人员在办理每项经济业务时都能事先得到适当的授权，并在授权范围内办理有关经济业务，承担相应的经济责任和法律责任。

(2)授权审批形式

一是常规授权。常规授权是指单位在日常管理活动中按照既定的职责和程序进行的授权，用以规范经济业务的权利、条件和有关责任者。

常规职责权限一般以规章制度为基本载体，主要体现在单位规章制度的相关条款中。常规职责权限包括岗位职责权限和机构职责权限两个部分。

为了便于各机构和业务岗位履行常规职责权限，依据单位制度体系，可以建立《常规职责权限指引》(如表2.9所示)以进一步规范单位各部门的常规职责权限，指导各个业务岗位责任人(权力事项主体)对常规职责权限的正常、有效履行。

表2.9　　常规职责权限指引(业务授权审批表)举例　　单位:元

责任人 事项	业务部门负责人	财务负责人	单位分管领导	单位法人	集体决策机构
支出报销	$X<5\,000$	$X<5\,000$	$5\,000<X<30\,000$	$30\,000<X<50\,000$	$50\,000<X$
资产请购	$X<3\,000$	$X<3\,000$	$5\,000<X<30\,000$	$30\,000<X<100\,000$	$100\,000<X$
……	……	……	……	……	……
资产处置	$0<X$	$0<X<1\,000$	$1\,000<X<5\,000$	$5\,000<X<10\,000$	$100\,000<X$

注:X代表交易或事项的金额，各级授权审批权限因单位的具体情况而定。

二是特别授权。特别授权是指单位在特殊情况、特定条件下进行的授权，如法人代表的特别授权、主管领导的临时离岗工作授权等。对此，应事先规范好特别授权的范围、权限、程序、责任和相关的记录措施，必须有事项和期限的限制，还应在特别授权书中注明。

有条件的单位或部门应当采用远程办公、网络会议等方式逐步减少临时授权。对于应当实行集体决策审批制度的事项，要慎重使用特别授权。对于重大的业务和事项，应当实行集体决策审批或者联签制度，任何个人不得单独进行决策或者擅自改变集体决策。

授权原则上采用授权委托书的形式，对于临时性、非重大事项，可口头授权。

授权委托书是单位法定代表人授权委托被授权人在授权范围内办理有关事务的法律文件，是被授权人的权力证明。授权委托书包括综合和单项两类。常规授权根据需要可办理法人综合授权委托书。单项授权一般需办理法人单项授权委托书，由法定代表人和综合被授权人按相应权限审批。授权委托书从形式上分为标准授权书和指定格式授权书。

(3)审批方式与审批程序

审批控制是指支出行为经过相应授权人的授权批准后才能开展的控制方式。审批方式分为额度审批、逐项审批和分级审批三种。

额度审批是指按照经济行为的发生额度，分别明确归属不同审批权限人审批的控制方式。如表2.9中的业务授权审批就是一种典型的额度审批安排。

逐项审批是指按照经济行为的性质，由审批人逐项审批的控制方式。该方式主要适用于对项目支出事项及其他特殊性质事项的审批，如出国(境)经费统一由单位领导逐项审批。

分级审批是指发生某项经济行为时需要报上级单位审批的控制方式。该方式适用于对支出有统一规范的事项。

依据单位具体情况和权限层级所设置的阶梯式授权批准权限流程是最常见的授权批准模型(如图2.10所示)。

授权审批所赋予的权限在制度文本中可分别表述为复核、审核、审批、审议等专门用语。复核通常是指对某类事项或款项从单据或金额方面进行核对或核准；审核是指相关负责人对某类事项的存在或发生及其合理性提出初步意见；审批通常是指对审核或审议意见的批准；审议就是对各项议案和报告经过阅读、讨论、研究和审查后给予肯定、否定或提出修改意见。各相关人员应当在复核、审核、审批、审议的授权范围内行使职权、办理业务。

单位各个业务环节的岗位责任人必须在各自岗位职责权限的特定范围内开展工作，不得越权或不作为。经办人应在职责范围内，按照审批人的批准意见办理业务。对于审批人超越权限范围审批的业务，经办人有权拒绝办理，并及时向审批人的上级授权部门报告。

(4)授权审批基本步骤

第一，明确授权审批体系的意义和实施理念。各单位在建设授权审批体系之初，必须自上至下树立关于授权审批的正确理念。

第二，组建或指定授权审批体系的相关机构。一方面，授权审批体系建设不是简单地形成一份权限审批表或者审核流程图，而是应当包括建立、维护、监督和完善的整个过程；另一方面，授权审批体系建设绝不是一项独立的工作，而是涉及各项流程中的审批过程，梳理授权审批在某种程度上就是对整个管理流程的再造。从这两个方面出发，需要有相应的机构来负责授权审批体系的建设过程。

第三，梳理授权审批事项的范围，包括授权的类别、金额和范围等。在梳理授权审批事项的范围时，应体现全面性和重要性的原则，一方面尽可能地覆盖单位经营的各个主要业务流程，另一方面要抓大放小，把精力花在影响大和风险高的事项

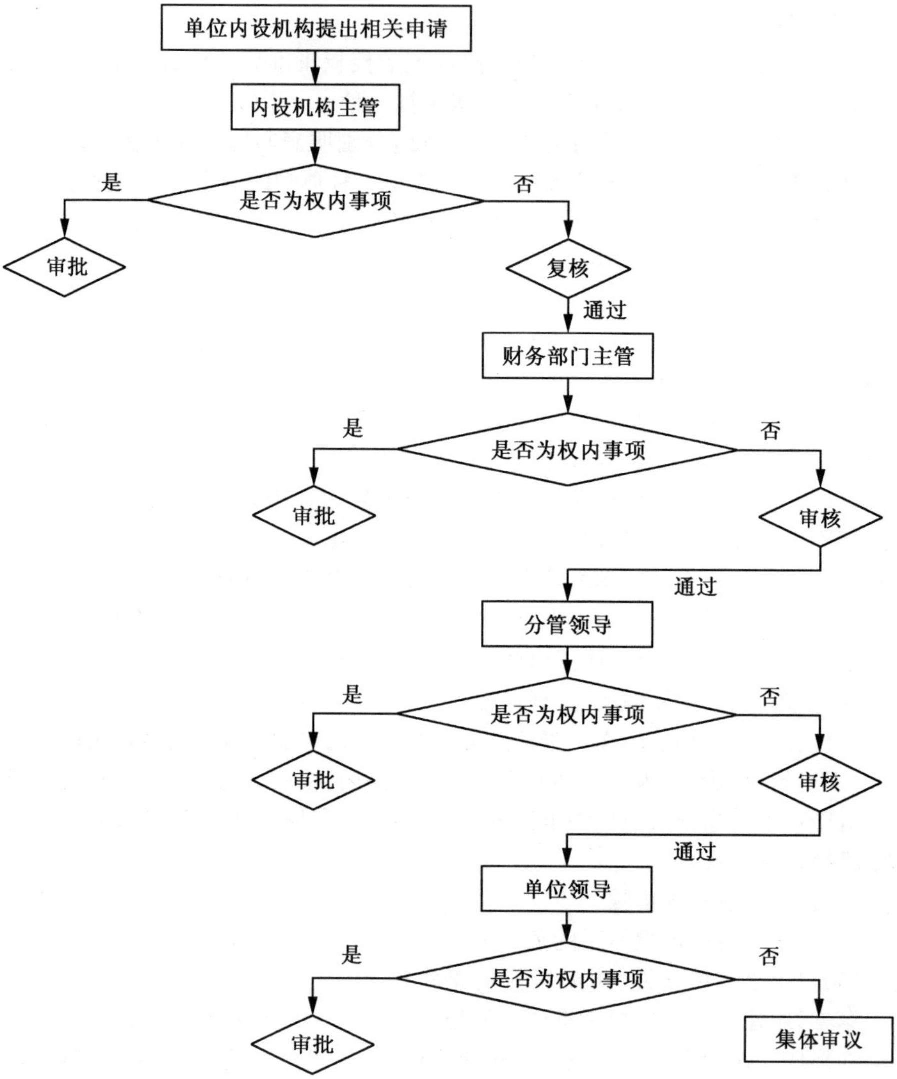

图 2.10　授权审批的办事流程

上，避免形成一份过度强调“大而全”的授权审批清单而忽视了对关键环节风险的实际分析和控制。

第四，确定各事项的申请、审核和批准过程。在完成了事项范围的梳理后，单位可根据不同的事项确定该事项经过申请、审核和批准而生效的程序。这里的申请、审核和批准都需落实到明确的岗位和层次，尽可能避免落到个人。

整个梳理过程要考虑成本效益问题。通常，复杂、重大的事项应加强审核，一般、日常的事项应简化程序。对于影响极小的日常事项，可通过总额限制或事后绩效考核来控制。例如，零星办公用品的领用可取消审批，直接设置每个岗位领用的总量限制；而重大投资就要分别从经济、技术、市场等多个层面进行全面审核。

授权之前一定要进行统筹分析。涉及同一事项不同阶段的权限应当统筹分析，统一进行梳理。如以采购为例，某个采购事项的审批可能涉及预算和计划、事项决策、合同和用印、验收和付款，这几个阶段都会有授权审批。对于重大采购，整个过程都应由领导审核并批准；而对于一般采购，只需要领导批准合同和付款两个环节，其他环节由部门负责人审核和批准即可。

第五，建立授权审批体系的持续跟踪和反馈机制。正确的授权不是放任，而是要明确下属的责任，交代清楚授权的范围。这样做不仅有利于下属正确运用职权，而且可以防止权力的滥用，因而在授权后应该予以适当的监督。所以，单位应当定期或不定期地对被授权岗位责任人行使特别授权权限的情况进行检查和监督，并形成检查监督记录和报告。

一些单位的授权审批体系往往运行一段时间后便无人提及，往往是由于缺乏跟踪和反馈机制所致。例如，某事情紧急突发，先做后批却没有再做事后处理，随后就会有更多的职员倾向于采取这种“高效”的方式。再如，部门或岗位变化，原授权审批体系没有对应的部门和岗位却无人调整，大家逐渐会迷惑究竟该走哪个授权审批程序，最终造成授权审批体系无人问津。因此，单位应当指定专门的部门对授权审批体系进行持续跟踪、监督和评价，纠正和处理授权审批体系中的违规行为，追究违规审批所造成的损失，对不合理的权限设置进行及时调整和再发布。

第六，建立授权审批体系的追责机制。一些单位出现“拍脑袋”（审核缺位）、“拍胸脯”（批准草率）和“拍屁股”（追责缺位）的现象，最终给单位造成重大损失却未能充分吸取教训。追责机制不仅针对具有决策过失的个人进行惩罚，更重要的是一种健康的组织学习机制，强调对决策失误的分析并提出未来防范类似问题的方案。良好的追责机制能够协助单位不断优化决策体系，促进管理的健康发展。

综上所述，有效的授权批准制度应当满足以下条件：一是所有事项在发生之前都经过授权批准；二是授权依事不依人；三是授权批准责任明确、具体，不可越权授权，对于越权行为一定要有相应的惩罚制度；四是所有过程都必须有书面证明；五是授权有“度”，包括授权有限度——不可越权审批，审批有原则——不得随意，实施有保障——存在事后的监督检查。

2.4.3 归口管理

归口控制是指单位按照管控事项的性质和管理要求，结合单位组织机构和岗位设置，在不相容职务相分离和内部授权审批控制的原则下，明确单位各项业务的归口控制责任单位的控制方式。

归口控制包括归口管理和归口审核，是一种智能型的集中管理方式，体现了集中性、规范性和专业性。集中性体现在归口控制按照单位各项业务的属性，结合不同事项的性质，将同类业务或事项由一个部门、机构或岗位管理，也将授权审批和内部管理集中起来，便于单位业务的集中展开。规范性体现在归口控制将同类业务或支出事项用同一种或相似的方式进行控制，可以设计规范而细致的管理制度和实施细则，实现控制流程化。专业性体现在归口控制由一个部门、机构或岗位负责同类业务或支出事项，必须掌握同类业务的属性和特点，具备一定的专业性基础，以提高管理效率。

归口管理要求根据本单位的实际情况，按照权责对等的原则，采取成立联合工作小组并确定牵头部门或牵头人员等方式，对有关经济活动实行统一管理，如预算业务、固定资产管理业务等。

2.4.4 预算控制

预算是根据单位的发展目标和计划编制的年度财务收支计划，是单位业务活动的财力支持和经济活动的基本依据。很多单位的业务最终要通过预算管理衔接起来，从而实现预算管理的全过程控制。

预算控制是单位根据单位的职能、任务和业务发展计划编制的年度财务收支计划，也是单位开展财务工作的基本依据。单位应当建立“以预算管理为主线，以资金管控为核心”的预算管理体系。预算管理体系的控制活动主要是预算控制，预算控制是公共部门重要的控制活动。

预算控制要求强化对经济活动的预算约束，使预算管理贯穿于单位经济活动的全过程。预算控制不同于预算业务控制。预算业务控制是对预算具体业务的管控，包括对预算编制、审批、执行、决算和绩效评价等环节实施有效控制。预算业务控制的设计可以选择不相容岗位相互分离等各种控制方法。预算控制本身是一种方法，在单位的经济活动中发挥着事前计划、事中控制、事后反馈的作用。所以，对收支业务、政府采购业务、建设项目等各项经济活动，都需要强化预算约束，以规范和制约单位的经济行为。例如，行政事业单位应当按照预算批复的额度和规定的开支范围办理资金支付业务，这就对资金的使用形成了预算约束。又如，政府采购业务必须经过先预算、后计划、再采购的流程，这就形成了预算对单位资产购置行为的约束。

2.4.5 财产保护控制

财产保护控制要求单位建立财产日常管理制度和定期清查制度，采取财产记录、实物保管、定期盘点、账实核对等措施，确保财产安全。

单位应根据相关法律法规和实际情况对资产类型进行区分，建立资产控制制度和岗位责任制，强化检查和绩效考评，加强对资产安全和有效使用的控制。

财产保护措施主要有以下两个方面：

一是资产的日常管理制度，包括资产记录、实物保管和处置报批等。其中，资产记录控制要求单位建立资产档案，对各类资产的信息进行登记、分类、汇总，为资产管理提供信息支持，并且妥善保管资产的各种资料，避免记录受损、被盗、被毁。实物保管控制要求单位明确和落实资产保管及使用责任，并对特定资产规定严格的借出限制条件，单位还可以根据实际情况对重要或特殊的资产投保，在意外发生时减轻损失。处置报批控制要求单位根据国家安全局有关资产管理的规定对资产的调剂、租借、处置等明确报批程序、审批权限和相关责任，防止未经审批随意处置资产。

二是资产的定期清查机制，包括定期盘点、账实核对，定期核实各类资产的实际数量，将盘点结果与资产台账和会计账簿进行比对，发现不符的，及时查明原因，并按照国家相关规定进行处理。

2.4.6 会计控制

由于会计控制具有综合性，其资金运营的触角渗透管理活动的每一个环节，其核算信息囊括业务过程的方方面面，因此，随着市场经济的不断发展和竞争的不断加剧，任何单位的内部控制都应当以会计控制为核心，以风险管理为导向。

源远流长的会计发展史证实了会计方法是会计控制思想的具体表现，而会计控制思想贯穿于整个会计核算过程，是会计管理工作的“灵魂”，在内部监督管理中起着关键作用。人们常说“经济越发展，会计越重要”，就是指会计控制在经济发展中越来越重要的本质作用，即会计管理最关键、最本质的特征就是会计控制。①

会计控制是指利用记账、核对、岗位职责落实和职责分离、档案管理、工作交接程序等控制方法，确保单位会计信息真实、准确、完整。会计控制对提高会计信息质量、保护资产的安全完整、确保法律法规和规章制度的贯彻执行具有重要意义。

---

① 李敏：《会计控制与风险管理》，上海财经大学出版社 2015 年版。

实证分析 2.3 | 会计失控的严重后果

某财政局会计杨立强于 2007 年 2 月至 2008 年 1 月，利用负责专款支付以及银行票据交换工作的职务便利，采取在预算拨款凭证、转账支票等转款凭证上加盖区财政局国库专用章和人名章的手段，挪用本单位公款共计 210 万元用于归还赌债。2008 年 2 月至 2009 年 12 月，杨立强又利用相同的手段，贪污本单位公款共计 4 906.83 万元用于归还赌债。

杨立强案暴露了该单位由于不相容岗位未分离、印章管理不规范、未建立完善的监督机制等而出现的会计控制漏洞。经该区检察院反渎局调查，造成杨立强特大贪污、挪用公款案的原因之一，是其顶头上司——某财政局国库科科长涉嫌玩忽职守，如未按规定管理财政拨付印章、不设置稽核岗位、不按规定安排工作人员岗位职责、违反市劳动和社会保障局文件及主管领导指示擅自决定暂不对设立在工商银行的农村养老保险基金专户进行清户处理等。

会计信息是单位内部信息的重要组成部分。会计部门应加强内部信息传递的管理，明确内部信息传递的内容、保密要求、传递方式、传递范围以及各管理层级的职责权限等。内部控制发展历程的一条主线就是保证会计信息的真实、可靠。会计工作的产生与发展、会计工作的核心地位、会计人员的专业技能以及对经济信息的拥有量决定了会计人员是内部控制制度的最佳执行者。

行政管理和会计系统融为一体的制度（政策）、程序和措施是单位为履行职能、实现总体目标而应对风险的自我约束和规范过程。其中，会计控制既指对日常会计核算与会计信息的控制，也包括利用会计控制的思想和方法对各项业务进行管控。事实上，各个业务层面的控制过程离不开会计控制，包括原始凭证的取得和审核、会计凭证的填制和传递、会计账簿登记、财务报表编审和披露等。

2.4.7 单据控制

内部控制要求单位根据国家有关规定和单位的经济活动业务流程，在内部管理制度中明确界定各项经济活动所涉及的表单和票据，要求相关工作人员按照规定填制、审核、归档、保管单据。

表单和票据是单位发生经济行为的“留痕”，能够反映单位经济活动是否合法、合规、真实。

单据控制从种类上看，可以分为表单控制和票据控制。表单通常是指行政事业单位发生经济行为所涉及的内部凭证。例如，业务部门召开会议，需要向领导及财务部门报送签报，说明会议议题、议程、地点、会期、与会人数以及预算安排等。票据通常是指行政事业单位发生经济行为在报销环节使用的外部凭证，以证实经济事项的真实性及具体金额。单据控制实际上就是把支出事项的外部票据控制与支出事项的内部表单控制相结合，建立对表单的总体控制体系。

单位加强单据控制主要包括以下两个方面：一是将经济活动所涉及的单据制度化。单据控制要求单位按照国家规定，并结合管理需要和自身实际情况，明确能够全面、真实反映各类经济活动内容及其流转过程的表单与票据。例如，有些单位的出差报销制度规定，工作人员出差必须要提交出差审批单，差旅费报销单据必须是政府采购指定的接待单位开具的住宿发票、飞机票或火车票，不接受旅行社开具的发票和景点门票，必须附公务卡支付结算凭证等。二是使用和管理单据规范化。相关工作人员必须按照规定使用并管理表单和票据，具体包括填制、审核、归档、保管单据的全环节和全过程，避免单据使用不当、管理不善等情况的发生。

实证分析 2.4 | 单据失控的恶果

某市中级人民法院公开审理了某单位会计张某涉嫌贪污、挪用公款一案。张某在案发前7年内累计贪污公款1 000余万元、挪用公款2亿多元。法院依法判处张某死刑，缓期两年执行。

某单位财务处除了负责本单位的财务管理和会计核算外，还承担下属单位的经费管理等工作。财务处共有3名工作人员，分别是陈某、张某和朱某。其中，陈某主持处内工作，并负责审核凭证、登记银行账、保管财务局长个人名章；张某是会计，负责登记明细账和总账；朱某负责会计电算化制单和保管支票。由于经费拨付工作十分频繁，而处内人手又比较紧张，在有人出差、休假等的时候，为保证工作正常运转，3人相互之间经常替对方做一些工作，有关票据和银行印鉴实际上也经常是共用共管。

1996年8月，张某受人请托，采取不记账和私盖公章等手段，私自将公款1 000万元拆借给某公司，先后从中获取好处费294万元。这笔借款4年后才归还，但单位毫不知情。从1996年8月至2003年1月案发前，张某利用职务便利，多次以向接受拨款单位支付退汇、重拨项目款为名，分别采取伪造银行信用凭证、电汇凭证、进账单等手段贪污公款1 262万余元，采取伪造银行进账单、编造银行对账单和编造支票购买记录等手段，单独或伙同他人将公款2亿多元挪用给他人从事经营活动，给单位和国家造成了重大财产损失。

据检察官介绍，他们去张某的办公室查看时十分震惊。抽屉一打开，支票、废支票到处都是。张某所在的单位每年都搞内部审计，但只是简单看看报表平不平，从未深究，也从未去银行对过账。张某所在单位的领导坦言，由于单位领导基本上是科技领域的专家，对财务会计工作重视不够、了解不深，在一定程度上助长了财务管理的混乱状况。由于不相容职务未分离、授权批准失控、印章管理不规范、未建立完善的监督检查机制等，舞弊者也就有机可乘。

2.4.8 信息内部公开与绩效考评

内部控制要求建立健全相关信息内部公开制度，因为“阳光”是最好的“杀毒剂”。

信息内部公开是指对某些与经济活动相关的信息在单位内部的一定范围内，按照既定的方法和程序进行公开，从而达到加强内部监督，促进部门间沟通协调以及督促相关部门自觉提升工作效率的有效方法。例如，定期通报各部门的预算执行情况，召开预算执行分析会议，有利于督促相关部门合理安排工作进度，自觉提高预算执行的有效性。

信息内部公开的形式多样，包括例行报告、实时报告、专题报告、综合报告、内部报告等。信息内部公开要求单位健全与经济活动相关的信息内部公开制度，根据国家有关规定和单位的实际情况，确定信息内部公开的内容、范围、方式和程序等。

建立举报投诉制度就是有效的“防腐剂”。内部控制的有效实施离不开群众的积极参与。要畅通群众监督的途径，为充分发挥群众监督作用创造条件。

信息内部公开与绩效考评还要求单位建立运营情况分析制度，综合运用管理、服务、投融资、财务等方面的信息，通过因素分析、对比分析、趋势分析等方法，定期开展管理服务运行情况分析，发现存在的问题，及时查明原因并加以改进。

绩效考评控制要求单位建立和实施绩效考评制度，科学设置考核指标体系，对单位内部各责任部门和全体员工的业绩进行定期考核和客观评价，将考评结果作为确定员工薪酬以及职务晋升、评优、降级、调岗、辞退等的依据。

单位应当搭建信息公开平台、建立健全工作机制、规范信息公开流程、深化信息公开内容、完善信息公开基础工作等，建立信息公开责任机制，完善信息公开制度，规范和细化信息公开内容，及时收集各方的反馈意见，构筑单位与其工作人员的互动机制；要进一步提高信息公开的主动性、自觉性和规范性，使信息公开工作做到主体明确、程序规范、方式灵活、反馈顺畅、回应及时。

专题讨论 2.2 | 控制方法与防范风险的关系

控制措施与防范风险并不是一一对应的，而是交错对应的关系。有时候一种措施可能同时控制了好几种风险，有时候几种措施只能控制一种风险。

例如，采购中单位要求各部门对采购合同进行会审，要有财务人员、法务人员、专业人员对采购事项发表意见，这既防范了采购中价格过高的风险，又防范了合同条款的质量风险，还防范了供应商是否具备资质的风险。这是一种措施防范多种风险的情况。

再如，在资金安全方面，单位要求运用出纳不复核（不相容职务分离）、银行印鉴分开保管（不相容职务分离）、所有付款必须经过内部审批流程（授权批准），以及定期盘点货币资金（资产保护）等几种措施防范资金的监守自盗。这就是针对高风险事项所表现的多种措施控制的情况。

当发现某种控制措施无效时，并不表示该措施对应的风险一定会变大，此时，需要与相关人员讨论是否存在替代性的控制措施。

2.4.9 控制方法与控制路径

(1)控制方法

从控制过程看，内部控制应当实现事前、事中、事后的全过程控制。

事前控制也称前馈控制，是在行动之前对可能发生的情况进行预测并提前做好准备的控制形式，如财务收支活动发生之前的内部牵制制度、授权审批制度、费用报销规定等。前馈控制可以克服事后控制的时滞，具有防患于未然的作用。

事中控制也称过程控制，是在执行计划的过程中对偏差实施控制，是即时性行为，重在防错纠偏，如按财务预算要求监督预算的执行过程，对各项收入的去向和支出的用途进行监督，对费用的形成进行限额约束等。

事后控制也称反馈控制，是在计划完成后，经过与目标对照，查找偏差再实施矫正的控制行为，重在惩前毖后、承上启下，如按财务预算的要求对各责任中心的财务收支结果进行评价并依此实施奖罚，在产品成本形成后进行综合分析与考核以确定各责任中心和企业的成本责任等。

(2)方法的运用

内部控制在风险管理背景下应当注重以下四类方法的灵活运用与综合应用：

预防性控制，是为了限制风险产生的可能性和非意愿结果的出现。影响目标实现的风险越大，采取适当预防性控制措施越重要。

指示性控制，是为了确保特定结果的出现。当非意愿事件（如安全漏洞）的规避非常关键时，指示性控制就非常重要，它通常用于支撑遵循性目标的实现。

检查性控制，是为了确认是否事项发生后产生了不良后果。适当的检查性控制的存在具有威慑作用，能够降低出现不良后果的风险。

纠错性控制，是为了纠正已经产生的不良后果，还可以作为应急性措施，以实现可靠性的恢复，预防损失或浪费。

(3)控制路径

控制的路径多种多样，实务操作中可以综合运用，还可以创新发现。例如，举报就是预防性控制与监测性控制的基本工具，由于举报行为的敏感性，如果接受举报的部门在举报者心目中具有权威性，则对发现问题的帮助很大；反之，如果抑制举报行为，知情者就会犹豫是否举报。所以，通过创造诚实、开放的氛围来预防和发现舞弊是非常重要的。实现公共部门内部控制的路径相当多，应在实践中不断总结与完善。

一些单位在把内部控制建设的任务交给相应的部门或者小组后，其他部门便不再参与，认为只要建设者把流程设定好，相关部门遵照执行就行。在这种情况下，由于建设者并不完全了解所有业务，因此，可能会导致部分流程设计在可执行性上存在不足，甚至有些部门为了自己的利益而寻找各种理由抵制流程的执行。所以，在内部控制体系的建设过程中，内部控制牵头部门应当要求各部门派人共同参与内部控制措施的讨论和修订，并且各部门的负责人也要对内部控制措施的可行性发表意见和签署认可的结论，这样才能保证制定出来的内部控制体系和控制措施具有可接受性和可行性。

2.4.10 提炼关键性控制措施很重要

控制措施根据其重要性水平可以分为一般控制和关键控制。各单位在开展内部控制建设时，一定要重点把握好关键控制。一般来说，当一项控制可以控制多个风险时，或者一个风险只有某项控制能够控制时，该项控制应当被认定为关键控制，除此之外，则被认定为一般控制。经验数据表明，在所有业务层面的控制中，关键控制一般占20%左右。表2.10为认定关键控制提供了一种可供参考的方法。

表2.10　　提炼关键性控制措施

可能面临的风险	措施1	措施2	措施3	措施4	措施5
风险1	×			×	
风险2	×		×	×	×
风险3	×		×		
风险4		×			
风险5	×				

表2.10中，措施1可以涵盖风险事项1、2、3和5，即一项措施可以涵盖多个可能出错事项，因此，措施1可被认定为关键控制；而对于风险4，只有措施2能够涵

盖,即一个可能出错事项只有一项控制能够涵盖,因此,措施2可被认定为关键控制。而措施3、4和5相对于措施1和2,应为一般控制。

2.4.11 防错纠偏方案的不断优化

纠偏所采取的方法应当针对偏差产生的原因:对于由工作失误而引发的问题,控制工作主要是加强管理、监督,确保工作与目标接近或吻合;由于目标不切合实际,控制工作主要是按实际情况修改计划或目标;如果组织的运行环境发生重大变化,使计划失去客观依据,控制工作则主要是启动备用计划或重新制订计划等。

管理人员可以运用组织职能重新分派任务来纠正偏差,还可以采用增加人员、更好地选拔和培训下属人员,或解雇、重新配备人员等办法来纠正偏差。管理人员还可以对工作做出更全面的说明和采用更为有效的领导方法来纠正偏差。

具体的纠偏措施有两种:一种是立即执行的临时性应急措施,另一种是永久性的根治措施。对于那些迅速、直接影响组织正常活动的急迫问题,多数应立即采取补救措施。管理者可以凭借手中的权力,采取加班加点、突击检查、派专人负责指导完成等手段。待危机缓解后,可转向永久性的根治措施,如更换管理人员、变更工作流程、重新设计等。但现实中,不少管理者在控制工作中常常局限于充当"救火员"的角色,没有认真探究"失火"的原因,没有采取根治措施消除偏差产生的根源和隐患,长此以往,将置于被动的境地。

由于客观环境发生变化而引起的纠偏需要,可能会导致对部分原计划甚至全部计划的否定,因此,要求对控制活动的方向和内容进行重大调控,这种调整类似于"追踪决策"。在选择追踪决策方案时,要充分考虑伴随着初始决策的实施而已经消耗的资源,以及这种消耗对客观环境造成的影响和人员思想观念的转变等。

要注意使纠偏方案双重优化。第一重优化是指考虑纠偏工作的经济性。如果管理人员发现纠偏工作的成本大于偏差可能带来的损失,应放弃纠偏行动。若要纠偏,应使纠偏的成本小于偏差可能带来的损失。第二重优化是在此基础上,通过对各种纠偏方案的比较,找出其中追加投入最少、成本最小、解决偏差效果最好的方案来组织实施。

要注意消除组织成员对纠偏措施的疑虑。控制人员应充分考虑组织成员对纠偏措施的不同态度,特别要注意消除执行者的疑虑,争取更多人的理解、赞同和支持,以避免在纠偏方案实施过程中可能出现的人为障碍。反控制力是一种"恶习",但在单位管理过程中确实存在,只有倡导积极的控制文化,才能予以有效的防范。

第 3 章　单位层面控制规范

完善组织架构、运行机制、岗位职责、制度体系与信息系统，推动单位层面内部控制规范化。

3.1　组织架构控制规范

3.1.1　组织架构的规范要求

组织架构是表明一个组织各部分排列顺序、空间位置、聚散状态、联系方式以及各要素之间相互关系的一种模式，是整个管理系统的“框架”，是组织的全体成员为实现组织目标，在管理工作中进行分工协作，在职务范围、责任、权利方面所形成的结构体系。

组织架构有职能结构、层次结构、部门结构、职权结构之分。职能结构是指实现组织目标所需的各项业务工作以及比例关系；层次结构是指管理层次的构成及管理者所管理的人数（纵向结构）；部门结构是指各管理部门的构成（横向结构）；职权结构是指各层次、各部门在权力和责任方面的分工及相互关系。

某单位组织架构（体制）如图 3.1 所示。

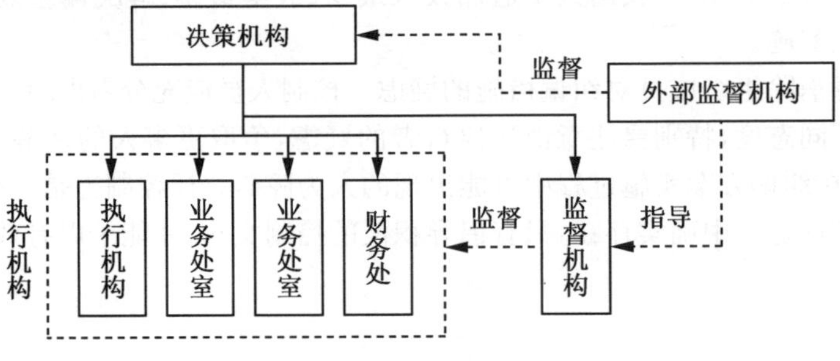

图 3.1　组织架构的规范体系

在图3.1中，决策层(机构)负责制定单位的重大经济事项；业务层(机构)执行决策层制定的各项决策，在本部门的职责范围内开展工作；内外监督层(机构)负责监督检查与评价。

决策机构是指公共部门内具有法定决策权的部门，主要是单位的党政领导及决策层的议事机构，如各级政府部门的预算委员会和领导办公会议、非营利组织中的执行委员会等。在政府部门中，预算委员会由各级政府部门的主要领导和各职能部门的负责人构成，主要负责对预算的制定和财政资金的配置进行决策；领导办公会议由主要领导构成，负责对预算和资金使用以外的其他事项的决策。

执行机构是贯彻决策指示、具体实施的工作部门或岗位，如单位的职能处室等。公共部门应根据工作性质、业务范围、部门编制要求等，设立内部机构，明确岗位职责和业务流程，开展业务活动，不断提高执行力。执行力包含完成任务的意愿、完成任务的能力和完成任务的程度，是把战略规划转化为效益、成果的关键。执行力集中体现在“严”“实”“快”“新”四个方面：“严”就是要积极进取，增强责任意识；“实”就是要脚踏实地，树立实干作风；“快”就是要只争朝夕，提高办事效率；“新”就是要开拓创新，改进工作方法。

监督机构包括立法监督、司法监督、行政监督、社会监督、人民团体监督和舆论监督等。单位对于决策层面和业务层面的监督机构包括审计委员会、党委纪检和监察机构等。如果对权力缺乏行之有效的监督机制，难免埋下寻租的“种子”。以监督制约权力不可忽视。

实践证明，领导重视、积极运行、持续监督是实施内部控制、创建内部控制文化的“三股动力”，只有“三股动力”形成“合力”，内部控制才能持之以恒。内部控制涉及单位层面和业务层面的各项活动，需要单位内部的各有关部门和岗位加强沟通、相互协调，形成联动机制与监督机制，从而进一步增强责任感和使命感，实现从“要我内部控制”到“我要内部控制”的理念转变，在单位内部营造起良好的内部控制氛围，确保内部控制工作顺利推进。

3.1.2 权力运行与监督管理

对权力的行使一旦失去监督就会导致失控。权力越大，失控的可能性就越大。历史的经验告知人们：握有权力的人容易滥用权力，直到遇到某种外在限制为止。想要防止掌权者滥用权力，必须想方设法制约权力。尤其是公共部门，既没有所有者“用手投票”的机制，也没有社会股东“用脚投票”的压力。由于先天“所有者缺位”或“产权模糊”，缺少强有力的内部控制内生动力和外部监督机制，尤其是非营利组织，虽然是以使命为先，以社会需求为工作的驱动力，但也会受到各种诱惑的影响和侵蚀，假如不通过法律制度、内部控制规范来约束组织的权力行为，将难以保证其有序、健康发展。

“你好，我好，大家好”，一团和气既可能造成你不管我、我不管你、互不相干、缺乏监督的局面，也可能演变成“小团体”，徇私舞弊就在其中了。

所以，还是“你控制我，我控制你”，形成文明的控制文化氛围比较好。在这样的氛围中，岗位分离、职务分开，分工协作、互相牵制，你监督我、我监督你，既有“自律”，又有“他律”，互相之间形成一种友善助人的“互律机制”，在这样的环境中，人们在理智的权衡中会放弃那些不理智的动机，选择正确的行为方式。

以权力制约权力是防止权力腐败的重要路径之一。组织架构中的决策机构、执行机构、监督机构的职责分工与权限划分等设计安排，在内部环境中处于基础地位。基础不牢，地动山摇。

①有效控制决策权。单位应当建立健全单位内部重大经济活动议事决策机制，完善经济活动的决策、执行、监督相分离的工作机制，明确划分职责范围、审批程序和相关职责，按照规定程序办理授权批准。

②有效控制执行权。重大经济活动事项的决议经审定后由单位分管领导负责实施，由会议确定的责任部门具体执行。各责任部门按照“谁主管、谁负责”的原则，对决策执行实施责任分解，将责任落实到人，实施有效的业务经办。

③有效控制监督权。监督权是指公民直接行使的监督权和公民通过自己选举的国家代表机关代表行使的监督权，包括批评权、建议权、申诉权、控告权和检举权等。宪法和法律赋予人民代表大会及其常务委员会对“一府两院”(政府、法院、检察院)进行监督的权力，以保障国家行政机关、审判机关、检察机关对国家权力机关负责，保障行政和司法权力的有效行使。单位的内部监督还包括分管单位领导定期检查、办公室督办、审计处和监察室的检查及其信息公开等。

3.1.3 权力寻租与反腐倡廉

腐败与权力相伴随，失去监督的权力最容易产生腐败。公共部门，尤其是行政机关掌握着巨大的公权力，一旦制度失控和道德失范，极易造成权力寻租，导致腐败发生。那么，如何优化权力运行结构？应当以制约和监督权力运行为核心，以岗位风险防控为基础，以加强制度建设为重点，以现代信息技术为支撑，构建权责清晰、流程规范、风险明确、措施有力、制度管用、预警及时的廉政风险防控机制，不断提高预防腐败工作的科学化、制度化和规范化水平，这是当前反腐倡廉的新要求。

中共中央纪委、监察部颁发的《关于加强廉政风险防控的指导意见》(中纪发〔2011〕42 号)要求对权力进行科学分解和配置，重点在行政审批、行政处罚、行政给付、政府投资项目、公共资源交易、财政专项资金管理和使用等领域，建立健全决策权、执行权、监督权既相互制约又相互协调的权力结构和运行机制。围绕重大问题决策、重要干部任免、重大项目安排和大额度资金的使用(简称“三重一大”事项①),健全议事规则和工作规则,规范领导班子及其主要负责人的决策权限、决策内容及决策程序,完善“三重一大”决策事项的风险防控措施。

在经济学领域,腐败被定义为一种寻租活动。租金来自对某种生产要素的需求提高,供给却因种种原因难以增加而产生的差价。寻租是指在没有从事生产的情况下,为垄断社会资源或维持垄断地位从而得到垄断利润(即经济租)所从事的一种非生产性寻利活动,即利用资源通过政治过程获得特权(如为了取得许可证和配额)以获得额外收益而进行的疏通活动。政府价格管制、政府特许权、优惠政策、公共投资和公共支出活动等领域容易产生“寻租性腐败”。

专题讨论3.1 监管不力滋生权力寻租

权力寻租一般是指政府的各级官员或企业的高层领导利用手中的权力,避开各种控制、法规、审查,从而寻求或维护既得利益的一种活动。“权力寻租”具有必然性,只要有权力的存在,只要这种权力缺乏制衡或制约,就必定会有寻租的可能。监督不力是滋生寻租的土壤,只要监督机制发挥作用,扎牢管束权力的篱笆,就能防患于未然。

抚顺市国土资源局顺城分局原局长罗亚平利用职务之便涉嫌贪污、受贿3 000余万元人民币,另有2 800余万元人民币、69余万美元财产不能说明其合法来源,涉案金额共计6 000余万元人民币,并在单位私设“小金库”,掌控赃款多达1.45亿元人民币。

1997年后,罗亚平开始骗取动迁补偿款,但直到2007年才被调查。这种纵容是基于城市“土地财政”的潜规则,背后是国土系统内部的腐败。土地供给权由政府垄断,政府权力由国土、规划部门垄断,部门权力又由主要官员垄断,这种垄断的权力既不透明,也不受监督。在这种情况下,不仅是“土”,任何公共资源都可化为“金”。

腐败是一种以公权力为依托的犯罪,是有权者的“专利”。如果把资源配置权从官员手中还给市场,消除“钱权交易”的权力来源,切断权力寻租的链条,对于打击腐败可能比单纯约束权力更为有效,也更为彻底。用市场分配取代行政分配,可以弱化权力寻租。

细心查找廉政风险。单位通过自己查找、群众评议、专家建议、案例分析和组织审定等方式,重点查找权力行使、制度机制和思想道德等方面存在的廉政风险。

① 源于1996年第十四届中央纪委第六次全会公报的表述:“认真贯彻民主集中制原则,凡属重大决策、重要干部任免、重要项目安排和大额度资金的使用,必须经集体讨论做出决定。”

权力行使方面,重点查找由于权力过于集中、运行程序不规范和自由裁量幅度过大,可能造成权力滥用的风险;制度机制方面,重点查找由于规章制度不健全、监督制约机制不完善,可能导致权力失控的风险;思想道德方面,重点查找由于理想信念不坚定、工作作风不扎实、职业道德不规范,以及外部环境对正确行使权力的影响,可能诱发行为失范的风险。

分析评定风险等级。单位可根据权力的重要程度、自由裁量权的大小、腐败现象发生的概率及危害程度等因素,按照"高""中""低"三个等级进行评定,并经单位领导班子集体审定。对不同等级的廉政风险实行分级管理、分级负责、责任到人。

经验分享 3.1 │ 某单位落实党风廉政建设监督制度的具体规定

第一,实行重要情况通报制度。凡是领导班子做出的决议、决定,要向下属部门和员工通报;对事关全局和社会稳定的重要情况、重大问题,要按规定时限和程序向上级报告或请示;领导班子成员要按照规定向上级部门报告个人重大事项。

第二,实行述职述廉制度。领导班子成员每年在规定范围内述职述廉一次,各党支部负责人每年在本人所在党支部民主生活会上述职述廉一次。

第三,落实谈话和诫勉制度。领导班子成员要不定期与分管部门负责人及职工谈话,了解其党风廉政情况。发现其在政治思想、履行职责、工作作风、道德品质、党风廉政等方面的苗头性问题,要及时提醒和诫勉;发现重大问题要及时向党组织报告。

第四,纳入责任考核制度。党风廉政建设列入领导干部任期目标和年度工作计划,每年考核一次。考核、评议结果作为对干部业绩评定和奖惩的重要依据,凡党风廉政建设责任制考核不合格的,不得参加评先、选优、晋级,不得提拔重用。

3.2 运行机制控制规范

3.2.1 决策、执行、监督"三权"分离

人类社会对权力的监督演进是从专制或集权时代走向民主或分权时代。毛泽东于 1945 年在回答黄炎培提出的"历史周期率"难题时,给出的答案是:"我们已经找到了新路,我们能跳出这周期率。这条新路,就是民主。只有让人民来监督政府,政府才不敢松懈。只有人人起来负责,才不会人亡政息。"

设计公共部门内部控制的重要指导思想之一就是要加强对权力运行的制约与监督,把权力关进制度的"笼子",以形成不敢腐的惩戒机制、不能腐的防范机制和

不易腐的保障机制。所以，单位应当科学运用内部控制机制与原理，结合自身的业务性质、业务范围、管理架构，合理界定岗位职责、业务流程和内部权力运行结构，依托制度规范和信息系统，将制约内部权力运行嵌入内部控制的各个层级、各个方面、各个环节，全面建立、有效实施内部控制，确保内部控制覆盖单位经济和业务活动的全范围，贯穿内部权力运行的决策、执行和监督全过程，规范单位内部各层级的全体人员。

分权可以制约权力，包括纵向分权（中央和地方分权）、横向分权（政府部门内部分权，如立法、行政和司法的分权），以及对权力的各种制衡措施。

建立健全决策权、执行权、监督权既相互制约又相互协调的权力结构和运行机制（即“三权”分离）是我国完善权力结构、规范权力运行、防止权力滥用的客观需要。这种创新模式具有以下三个方面的优势：

一是符合内部控制发展规律。从集权到分权是实现权力有效监督的规律性要求，而决策权、执行权、监督权的制约与协调理论模式也遵循了这个规律。该模式将权力划分为决策权、执行权和监督权，是一种更具一般性意义的分权模式。

二是分解合理。从人类长期的实践来看，根据决策、执行、监督职能来划分权力一直是一种具有相当代表性的做法。西方国家的“三权分立”也具有类似特征：立法权侧重于决策、行政权侧重于执行、司法权侧重于监督，三权分别由三个机关独立行使并相互制衡。

三是目标更优。权力运行监控机制应当同时兼顾权力制约有效和权力运行高效双重目标，两者不可分割又相互促进。决策权、执行权、监督权制约与协调理论兼顾了制约和协调两个方面，因而是一种目标更优的模式。

“三权”分离首先是岗位分离。决策、执行、监督不仅应当各司其职，而且应当实施不相容职务分离，即决策的不能执行、执行的不能监督、监督的不能决策，以发挥相互牵制的作用，符合制衡机制的要求，避免既当“运动员”，又当“裁判员”的情况发生，降低舞弊和腐败的风险。

“三权”分离还要求过程分离。决策是执行的前提和依据，执行是对决策的具体落实，监督是保障决策正确、执行有效必不可少的条件，并影响和制约着决策与执行，这三个过程应当既相互分离又相互制约。决策过程主要表现为授权批准过程，在办理经济业务之前，应当经过适当的授权审批，重大事项还需要经过集体决策和会签（会审）制度。单位的任何个人不得违规单独进行决策或擅自改变决策意见。执行过程是按照审批的结果和适当的权限办理业务的过程。监督过程主要对决策过程、执行过程的合规性以及执行的效果进行检查和评价，通过内部监督和外部监督，对单位决策过程、业务活动过程的合规性和相关工作效果进行检查评价，以确保经济活动的各业务和事项都经过了适当的授权审批，确保经办人按照授权的要求办理业务。

实证分析 3.1　擅自委托贷款被骗，医院院长锒铛入狱

某医院可院长在没有召开院长办公会集体讨论，也没有对借款方的相关资质及偿还能力进行充分核实的情况下，擅自将 1 000 万元公款出借。按照该医院的规定，动用 1 万元以上资金必须召开院长办公会，召集院领导班子成员进行集体讨论，可院长却绕开“三权”分离的限制，既没有召开院长办公会，也没有向其他院领导提出此事，便自主决定出借这笔钱。不料借款人竟是骗子，根本无法偿还。

可院长作为事业单位的直接主管人员，在签订、履行合同的过程中因严重不负责任而遭诈骗，致使国家经济利益遭受特别重大的损失。由于未严格执行“三权”分离的有关规定，未充分核实借款方工商注册情况及贷款用途、偿还能力，也没有充分核实担保方的相关情况，就擅自代表医院签订有关合同，其行为已经构成签订、履行合同失职被骗罪，被判处有期徒刑 3 年，缓刑 4 年。

3.2.2　重大事项决策机制

决策者的行为由利益推动，由责任约束，由权力保证。在重大事项决策方面，多人决策优于一人决策，议事决策胜于“拍板”决策。为减少决策失误，充分发挥集体智慧和贯彻民主集中制，应当实施重大事项决策方面的科学化和民主化。

为了保证决策行为合法、合理，要建立与权力结构相适应的利益结构，正确处理责、权、利关系，完善重大事项决策机制，包括决策成员、决策范围、决策原则和表决程序等（如表 3.1 所示）。

表 3.1　　重大事项议事决策机制的主要内容

基本步骤		主要内容
决策成员		一般由单位领导小组成员组成；针对不同的决策事项，与具体决策事项相关的分管领导或专家可机动加入决策小组
决策范围		“三重一大”事项
决策原则	民主集中原则	集体领导、民主集中、个别提案、专业咨询、会议决定等
	科学高效原则	在集体决策之前必须经过民主程序，加强调查研究，广泛听取意见，充分论证，实行科学决策，提高决策效率
	责任追究原则	坚持谁决策、谁负责，责任与过错相适应，确保权力正确行使、决策正确执行，防止权力失控、决策失误、行为失范
表决程序	口头、举手、记名或无记名投票；少数服从多数原则；经出席会议成员半数以上同意；等等	

设计决策程序是履行重大事项议事机制的关键。重大事项议事的决策程序一般应当经过如图 3.2 所示的几个步骤。

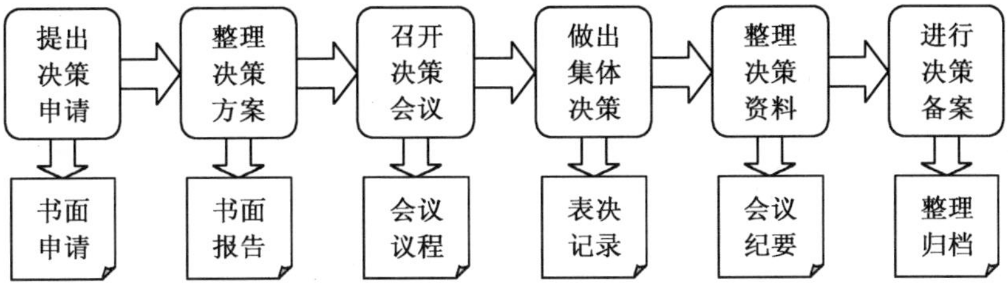

图 3.2　重大事项议事的决策程序

重大事项议事机制包括但不限于以下几种方式：

一是集体讨论。单位“三重一大”应当按照规定的权限和程序实行集体决策审批或联签制度，任何个人不得单独进行决策或擅自改变集体决策意见。尤其是大额资金使用、大宗资产采购、基本建设项目、重大外包业务、重要资产处置、信息化建设以及预算编制调整等重大经济事项，均应由领导班子集体研究决定。讨论过程中可以征求相关职能部门负责人、经办人的意见。

二是民主集中。在本单位领导会议决议前，相关经济活动事项应实现内部信息公开，相关工作方案（或决策建议）应在规定的范围内事先讨论、充分酝酿，让单位的党政领导能够充分行使职权、发表意见；如有不同意见，应实行少数服从多数的决策原则。

三是专业咨询。单位对经济活动事项进行决策，可以采取专家论证、技术咨询与群众意见相结合的方式。在做出重大经济活动事项部署时，对于一些专业性强的事项，可以适当听取专家的意见，必要时可以组织专业技术咨询；对于关系到群众切身利益的事项，要通过征求意见等方式充分听取群众的意见和建议。专家成员构成及其论证制度的主要内容如表 3.2 所示。

表 3.2　　专家论证制度的主要内容

基本步骤		主要内容
确定专家成员	成员来源	根据具体情况选择从单位内自行调配有关人员组成专家组或设立专职机构或委托单位外专业机构
	成员结构	在知识结构方面，必须考虑为了解决问题而需要的多重知识，同时必须考虑不同专家的立场，尽可能使决策影响的各个方面都有专家参与，从而通过相互制约获得平衡

续表

<table>
<tr><th colspan="2">基本步骤</th><th>主要内容</th></tr>
<tr><td rowspan="3">专家论证制度的主要原则</td><td>独立性</td><td>对某业务或项目进行专家论证时应当保持客观，就业务或项目本身进行可行性论证，不受其他因素的干扰；专家应独立于决策者和执行者，增强论证结果的科学性</td></tr>
<tr><td>有效性</td><td>为避免专家论证流于形式，应当通过程序的规范来抑制专家结果被吸收的随意性，即要求决策机构慎重处理论证专家的意见，除非特别且合理的理由，否则不得违反专家论证结果。决策机构在最后决策过程中，不采纳专家意见的，必须说明理由，并允许论证专家陈述申辩；发生争议的，该争议必须向公众公开</td></tr>
<tr><td>责任性</td><td>专家论证对决策的最终确定有着重要影响，专家应对论证结果的合理性承担责任，避免无责论证引起的敷衍了事</td></tr>
</table>

3.2.3 “三重一大”集体决议规则

议事规则是指规范某种议事方法、范围和程序，保证商议效率，提高决策的科学性和正确性的行为准则。

积极推进“三重一大”集体决议规则，对于完善科学决策、民主决策、依法决策，不断提高依法行政、依法管理的水平具有重要意义。

(1)“三重一大”决策程序

按照“三重一大”集体决策制度所设定的党政领导班子的权限，在决策过程中一般应规范以下程序：①“三重一大”事项提交会议集体决策前，应当认真调查研究，经过必要的研究论证程序后提出议题；②通过领导班子碰头会或专题会等形式对议题进行准备和酝酿，但不得做出决定或影响班子集体决策；③提交讨论的“三重一大”事项，按职责权限，属于行政领导班子职权范围的，应先由行政领导班子会议讨论，并提出意见和建议；④党组会议应对职责权限内的“三重一大”事项做出集体决策。

提交讨论的“三重一大”事项一般应具备以下要素：一是明确的议题，二是提议的科室，三是详尽的内容，四是具体要求，五是需要达到的目标，六是完成的时间要求，七是建议执行科室和执行方案(措施)。

决策时必须确保班子成员出席率达到 2/3 以上。与会班子成员要认真履行职责、充分发表意见。研究多个事项时，要逐项发表意见。对“三重一大”事项必须充分讨论和逐一表决，并将讨论表决情况做详细记录。

紧急情况下，可由班子成员当机处置，但必须在事后按照权限向行政班子会议或党组会议报告情况。临时决定人应当对决策情况负责，党组会议应当在事后按程序予以追认。

(2)“三重一大”执行程序

“三重一大”集体决策事项经讨论决定后,应采用“三重一大”事项执行单的方式,确保决策事项的有效执行。

执行单由办公室负责管理,在领导班子会议做出决策后,办公室在规定的时限内开出执行单,相关职能部门根据执行单的内容落实工作要求。

执行过程中,如发生情况变化,需对决策进行重大调整或变更,必须经班子会议进行审议,重新决定。

“三重一大”集体决策事项在执行完毕后的 1 个月内由办公室牵头职能部门向局班子成员报告决策执行结果。

“三重一大”集体决策事项中符合必须上报备案的,按照“决策事项,逐项上报”原则及时上报备案,其内容应当规范、真实、准确、完整。

(3)“三重一大”考核监督

“三重一大”集体决策制度的执行情况纳入单位年度考核目标,属于民主生活会、述职述廉的重要内容,同时作为对领导干部经济责任审计的重点事项。

对执行过程中违反相关规定,造成一定后果的,将视性质、情节及后果,对相关责任人予以追究。

执行情况定期以适当的形式向本部门干部、群众通报,推行内部监督,并主动接受外部监督。

经验分享 3.2 | 某局“三重一大”集体决议内容摘要

1. 局党组会议决策事项

(1)经区委常委会、区长办公会议、区有关专题会议等通过的重大决策、重要项目和大额资金,在本局中具体的执行情况,以及市审计局交办的重大事项。

(2)研究本局审计工作及队伍建设中的长期规划。

(3)本局“三重一大”制度设定的党、政、工、团、科级及以下人员的人事任免情况,以及局内人员重要的考核意见和奖惩情况。

(4)本局“三重一大”制度设定的大额资金使用中在 3 万元(含 3 万元)以上的,以及改变预算设定的情况。

(5)本局“三重一大”制度设定的重要项目金额为 20 万元(含 20 万元)以上的,主要为委托审计专项、信息化建设专项、其他需要进行决策的重大项目支出,以及在实施过程中发生的各类变更、追加资金等情况。

(6)本局“三重一大”制度设定的重大决策事项:①研究本局领导班子成员的分工与调整;②公务员的录用、调动,研究后备干部队伍建设,党外干部队伍建设和知识分子队伍建设;③研究通过并上报区政府本局年度审计项目的安排、局工作计划和总结;④研究通过本局年度财务预(决)算;⑤研究落实区经济责任审计联席会议相关工作及领导小组交办的经济责任审计事项;⑥其他需要研究解决的事项。

2. 行政领导班子会议决策事项

(1)本局"三重一大"制度设定的大额资金使用中1万～3万元的,以及改变预算设定的情况。

(2)本局"三重一大"制度设定的重要项目金额为20万元以下的,主要为委托审计专项、信息化建设专项、其他需要进行决策的重大项目支出,以及在实施过程中发生的各类变更、追加资金等情况。

(3)研究本局审计工作及队伍建设中的长期规划。

(4)本局"三重一大"制度设定的党、政、工、团、科级及以下人员的人事任免情况,以及局内人员重要的考核意见和奖惩情况。

(5)研究决定局机关内部管理、后勤保障和职工福利、困难补助等重要事项。

(6)决定本局年度重大审计事项的评审、委托审计等。

(7)研究决定重大审计违法违规行为的责任追究与处罚,研究处罚违反规定的人员以及受理行政复议、追究审计项目质量问题的过错责任。

(8)其他需要研究解决的事项。

3.2.4 健全公章管理制度

公章是指法定单位名称章和冠有单位名称的法定代表人印章,是单位权力的象征。为了确保公章使用的合法性、严肃性和可靠性,单位执行《国务院关于国家行政机关和企业事业单位社会团体印章管理的规定》(国发〔1999〕25号),并应当关注以下控制点:

(1)公章的刻制与启用

公章的刻制需经单位领导班子审批、报备上级部门,由办公室开具介绍信,到公安机关相关部门办理刻制手续。需要更新公章的,由公安机关回收需要更新的公章,再按相关规定重新办理准刻手续。公章的形式和规格按国家有关规定执行。

(2)公章的启用

新印章启用前要做好戳记,留样保存,以备查,并按规定向公安、银行等部门报备。公章启用应报单位领导班子批准并下发启用通知,注明启用日期和发放单位。

(3)公章的保管、交接和停用

公章由办公室专人妥善保管。公章必须固定地点存放和使用。未经批准,不得擅自在非固定地点存放或使用公章。公章不使用时,必须锁于柜内。严禁私自将公章带出使用。若因工作需要，确需将公章带出使用，需经领导书面确认后方可带出。公章带出期间，借用人只可将公章用于申请事由，并对公章的使用后果承担一切责任。公章保管人因事离岗时，须由部门主管指定人员暂时代管，以免贻误工作。公章移交须办理手续，签署移交证明，注明移交人、接交人、监交人、移交时间等信息。

发生下列情况的，公章须停用：单位名称变动；公章损坏；公章遗失或被窃，登报声明作废。停用公章应当及时送办公室封存，建立公章上交、存档、销毁的登记档案。

（4）公章的使用

公章的使用必须建立用章登记制度。公章使用登记簿（台账）应有使用日期、文件名称、批准人、盖章个数和经办人签名等内容。单位应当严禁填盖空白合同、协议、证明及介绍信。未经本单位领导批准，不得擅自使用单位印章。

某单位设计的公章使用流程如图 3.3 所示。

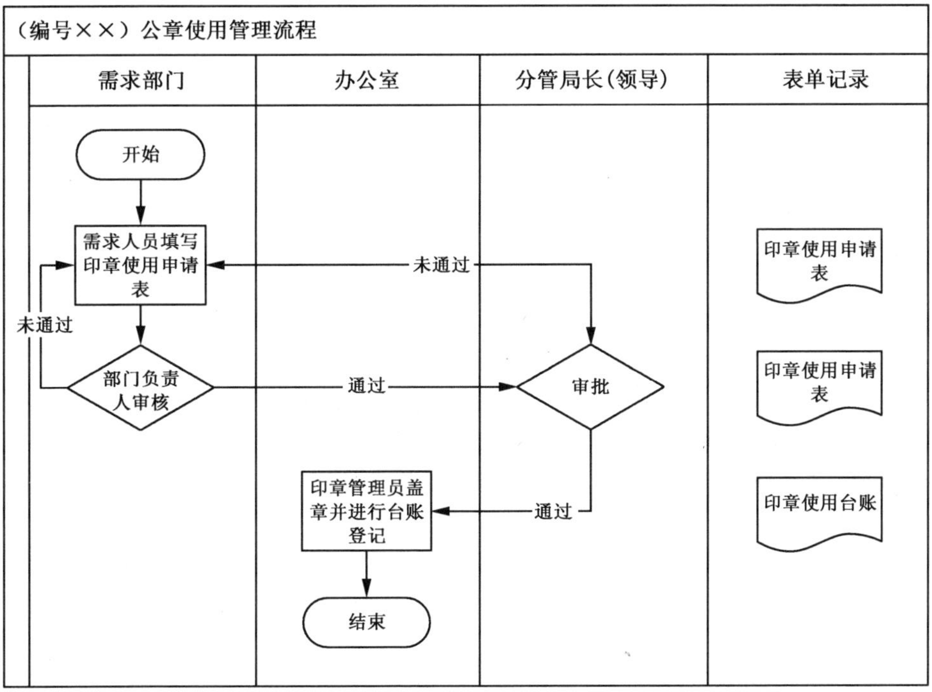

图 3.3　公章使用管理流程

凡是因违反公章管理规定，给本单位造成一定经济损失或不良影响的，单位应追究相关人员的责任。

3.3 关键岗位控制规范

3.3.1 单位负责人的主要职责(责任)

单位负责人对内部控制的建立健全和有效执行承担责任，不仅应当担任内部控制和风险评估小组的组长，还应当以身作则、身先士卒。

在内部控制的建立健全层面，单位领导必须作为负责人来推进整个内部控制体系的建设。内部控制体系的建设涉及业务流程的规范、职责调整等，各部门往往从各自的利益出发，无法实现流程在单位层面的最优化，这时必须由单位领导进行协调和决策。内部控制建设的关键不是操作层面的管理和调整，而是顶层设计的规范和优化。

在内部控制执行层面，单位领导必须起到表率作用。内部控制规范的不仅仅是一般员工的业务活动，而且包括领导的决策、协调等活动。领导对于流程的尊重和坚决执行将是内部控制体系能否落地的关键。单位领导需要在内部控制建设的各个阶段充分参与，并承担一定的职责。

在启动阶段：单位成立内部控制建设项目领导小组，单位领导应成为小组成员，单位负责人应担当小组组长；内部控制团队拟定的内部控制建设方案或计划需经领导小组和单位领导审议通过后认真执行；在项目启动会上，单位领导应全体参加，并做发言和布置具体工作；在单位举办的内部控制建设培训、讲座或沙龙等形式的活动上，领导的参与和互动可以调动更多员工的积极性。

在调研阶段：单位领导需要协调各部门，有效进行调查研究与风险评估；在讨论流程与岗位职能划分时，单位领导需要审核是否存在缺漏等；针对内部控制建设团队调研发现的内部控制缺陷，单位领导应组织各部门认真讨论，并对各部门拟订的整改计划进行审批。

在体系建设阶段：单位领导参与分管部门流程建设的讨论工作，对各部门的制度建设、流程优化等提出要求或建议；单位领导还应对编制好的内部控制体系文件进行认真审阅，并签发执行。

在实施阶段：单位领导应带头认真学习和执行内部控制规范，并针对实施过程中发现的问题组织讨论，确定更优解决方案。

在持续改进和完善阶段：单位应定期开展内部控制评价，单位领导需要对内部控制评价的计划和方案进行审批，针对内部控制评价中发现的问题组织各部门进行整改，并要求对内部控制体系文件进行修订。

单位应当明确内部控制体系中各部门和岗位责任人的职责分工，将内部控制的各项要求融入单位的日常管理工作中。单位领导班子负责组织领导单位内部控制的建设和运行；各部门负责人要带动本部门的人员参与本部门的内部控制建设；全体员工广泛参与内部控制的具体实施；单位内部控制的负责部门应结合实际，制定内部控制体系建设的分阶段目标和建设步骤，围绕内部控制的五个要素扎实开展工作，深入宣传；各职能部门应积极参与内部控制体系建设，参与内部控制流程、制度和控制要点的讨论，并严格按照内部控制的要求执行业务操作；审计部门按照内部控制体系的要求监督各岗位的内部控制执行情况，做到严格监督、严肃考核。

经验分享 3.3 | 保证内部控制体系有效落地的关注事项

一是领导对内部控制执行的重视程度，尤其是领导对流程执行的尊重程度。

二是内部控制措施设计的可行性，只有被认可与被接受，内部控制措施才具有可操作性。

三是全面培训的情况，只有从领导到员工都了解内部控制的理念以及业务流程的执行要求，才会减少误解与偏差。

四是共同参与的程度，每个部门和每个人都要参与内部控制体系的运行，不能有例外，不然会产生不良效应。

五是持续监督检查状况，内部控制流程的再造会导致人们工作习惯的改变，需要外部强制力不断纠偏，使之形成新的习惯。

六是考核与追责问责情况，发现问题不仅将其纳入考核，而且要追责问责才能形成压力，督促主动整改。

3.3.2 部门设置与岗位职责

单位的内部控制是一项全局性的工作，与每个岗位和每个工作人员密切相关，所以，应建立起工作岗位责任制，在岗位分工的基础上明确各岗位职责，按不相容职务相互分离、相互制衡的要求，设置岗位职责，严禁需要相互监督的岗位由一个人独自操控。各单位应当结合管理职能，科学、合理地划分与设置职能部门和岗位，按照不相容职务分离的要求，设置职能部门和岗位的名称、职责和工作要求，明确各部门和各岗位的权限与协作机制。

单位应当根据法定职责，按照权责匹配的要求，全面清理和明确对管理与服务对象行使的各类职权，对依法确定的职权进行分项梳理，摸清职权底数，编制职权目录，明确职权名称、内容、行使主体和法律依据等。在此基础上，针对每一项职权，优化权力运行流程，明确实施主体、条件、程序、期限和监督方式等；同时，对单位内部的人、财、物管理等职权进行清理、规范，明确内部职权行使的岗位、权限、程序和时限等。

建立分级授权、权责匹配、逐级负责的管理体制与岗位职责有利于信息的上传、下达和各职能部门、岗位间的传递，加强信息沟通，尤其是关键岗位的选定与责任制的落实更加重要，其实施步骤参见表 3.3。

表 3.3　关键岗位责任制的实施步骤

基本步骤		主要内容
确定内部控制关键岗位		预决算编制和绩效评价、资金收支管理、票据管理、印章管理、物资和固定资产的采购与管理、建设项目管理、债务管理、合同管理和内部监督等
设置内部控制关键岗位	职责与权限匹配	编制组织结构图、岗(职)位说明书和权限指引等内部管理制度或相关文件，使权责明晰；确保不相容岗位互相分离、相互制约、相互监督
	才能与岗位匹配	综合考虑经济活动的规模、复杂程度和管理模式等因素，确保人员具有与其工作岗位相适应的资质和能力；切实加强工作人员业务培训和职业道德教育，不断提升工作人员的知识技能和综合素质
管理内部控制关键岗位	考核与奖惩匹配	将考核作为奖惩的基本依据，实行关键岗位责任制
	建立轮岗制度	实行内部控制关键岗位业务人员和部门负责人的轮岗制度；不具备轮岗条件的应采取专项审计、部门互审等替代性控制措施

单位各职能部门为各类经济业务活动实施内部控制的工作主体，要配合内部控制归口管理部门对事业单位相关的经济活动进行流程梳理和风险评估，提出具体的内部控制措施和手段；认真执行内部控制管理制度，落实相关工作要求。对未设立相应职能部门的事业单位，也应根据内部控制的需要设立相应岗位。

办公室应依据国家有关法律、法规和规章制定规范化的内部控制工作流程及岗位职责手册，明确界定每个岗位的权利、责任和义务。

经验分享 3.4 ｜ 某单位内部控制职能部门的分工和责任

办公室：负责组织协调内部控制日常工作；研究提出单位内部控制体系建设方案；组织单位内部跨部门的重大决策、重大风险、重大事件和重要业务流程的内部控制工作；组织协调单位内部跨部门的重大风险评估工作；研究提出风险管理策略和跨部门的重点风险管理解决方案，并组织实施；组织协调相关部门或岗位落实内部控制的整改计划和措施。

财务处：负责组织单位财务会计制度的制定；负责组织单位预算的编制，指导和监督各部门预算的执行；负责组织单位的决算工作和财务会计报告的编制；负责财务报销和会计核算等。

资产管理处：负责对单位的资产进行全面管理；根据国家规定制定单位资产管理制度；制定单位的资产配置标准；负责非现金资产的日常管理；负责组织单位资产的政府采购、维修、维护和处置；负责与财务部门一起开展资产盘点和清查等。

审计处：负责组织对单位经济活动的内部审计工作，开展绩效评价等；督促各部门和相关人员对内部审计和绩效评价过程中发现的问题进行整改。

政策法规处：负责对单位各项制度的起草、制定、审核和发布，并督促各部门遵照执行；负责对单位的各项合同进行审核，评估经济活动面临的法律风险；协调和解决单位面临的法律纠纷；其他与政策和法律相关的事项。

纪检监察处：负责研究制定内部监督管理制度；组织实施对内部控制的建立和执行情况及有效性的监督检查，并提出改进意见或建议。

信息管理处：将事业单位内部控制业务纳入信息系统进行管理，做好系统开发和部署实施；建立覆盖部门、岗位职级的信息安全保障机制；加强日常维护和管理，确保信息系统运行的安全、有效。

3.3.3 岗位责任与职责说明

在内部控制体系中，每个岗位都应配备胜任岗位工作的人员。单位应对各岗位设置人员上岗标准，明确每个岗位工作人员应具备的素质、技能和专业资质。需具备专业资质才能上岗的岗位，不得配备不具备专业资质的工作人员。例如，财务会计岗位的工作人员必须具备与其岗位相适应的会计专业技能；法律事务管理岗位的工作人员需要掌握法律专业知识，熟悉法律法规，具备胜任岗位工作的能力。

某单位制定的关键岗位责任书（或岗位说明书）如表 3.4 所示，可供参考。

表 3.4　　关键岗位责任书

单位名称	××单位	所在部门	行政办公室
岗位名称	办公室主任	岗位代码	×××××
岗位类别	管理	岗位等级	七级
岗位使命	负责单位日常管理工作，保证单位业务的正常运作		
工作职责	①在单位负责人的领导下负责单位文秘、财务、文书收发、档案、车辆等行政综合管理事务；参与单位业务计划、目标制定工作，负责制定单位的各项规章制度；综合协调单位内外事务 ②负责拟定单位有关事务管理的具体办法，检查并督促各项事务管理规定的执行 ③负责有关公文，起草相关文件，单位印章管理等 ④负责上级下发的各类文件、简报、信件（传真）的收文、拆封、登记和分送等工作 ⑤负责单位网站指定栏目的信息采编及维护工作		

续表

工作标准	①严格遵守单位的章程和规章制度 ②熟悉与单位业务工作相关的法律、法规、政策、条例 ③尽职尽责、爱岗敬业、廉洁自律、奉公守法、作风正派、光明磊落 ④热爱社会事业，有奉献精神 ⑤胜任本职工作，完成岗位说明书中的各项职责
任职要求	①具备《党政领导干部选拔任用工作条例》《××事业单位岗位设置管理实施意见》等规定的任职基本条件 ②专科以上学历，外招人员应具备大学本科以上学历；×年以上行政管理工作经验，近×年考核合格以上，身体健康 ③熟悉单位日常行政管理工作，具有一定的管理能力，能够胜任所任岗位职务 ④符合单位人事聘任的其他要求
岗位考核	①个人述职 ②民主测评 ③评定等级(优秀、合格、基本合格、不合格)
备注	

人员配置规模要符合单位的人员配置标准；对人员的选聘应建立公正、公开的选拔和聘用程序，明确选聘人员的选拔和任用标准，并进行任前公示。关键管理人员的技能和素质要符合岗位要求，具备执行其业务必备的知识、技能、经验，并应接受适当的培训。

各单位机构设置差异较大，因而岗位职责可以先按照部门制定，然后进一步落实到具体岗位(个人)。某单位拟定办公室工作职责说明书如表 3.5 所示。

表 3.5　　办公室工作职责说明书

基本信息			
部门名称	办公室	部门编码	005
分管领导	局长	人员最新编制	10
下属机构	计划财务部		
岗位职能综述			
办公室属于行政事务的综合管理部门，应当成为领导的参谋和助手，负责文电、会务、保密、信访、档案、财务与资产管理、政务公开、后勤服务等日常工作，做好上传下达及督办、内外统筹与协调，负责做好局领导交办的各类临时性、突发性工作，确保单位政令畅通和重大决策得到有力执行，保障单位行政服务规范、高效，运转协调、顺畅 1. 内部控制管理职能 (1)内部控制体系建设牵头组织与协调工作，包括：①营造良好的内部控制环境(治理结构、机构设置与权责分配、内部监督审计、人力资源政策)；②组织开展风险评估(风险识别、风险评价、风险应对策略)；③组织开展单位规章制度建设；④拟订单位常规授权指引 (2)组织内部控制评价工作 (3)内部控制体系成果修订与调整工作 2. 日常基本职能			

续表

<table>
<tr><td colspan="4">具体岗位职能</td></tr>
<tr><td colspan="4">(1)负责日常行政事务的统筹、协调，重要会议、活动的统筹、协调；负责外事管理、机关内部管理；负责局机关固定资产管理、设备管理
(2)负责组织拟定工作发展规划，组织开展课题调研、政策研究等工作；负责综合文字汇总、重要文字起草、督查督办工作；负责人大书面意见、政协提案分办工作
(3)负责业务宣传、对外媒体联络工作；负责向市局、区委办、区府办报送信息工作；负责网站信息管理；负责局对外新闻发布工作
(4)负责依法行政、政府信息公开、规范性文件审核、行政监督检查、行政复议和行政诉讼等工作
(5)负责来信来访接待与信访件的处理；负责综合治理、平安建设等专项工作的联络
(6)负责行政经费和专项资金的管理与内部审计工作
(7)负责计算机公文管理系统的使用、管理，局公文流转管理、印信管理、档案管理、文印收发、保密等工作
(8)负责计算机系统管理、网络及信息化建设等工作
(9)负责财务管理、项目预决算审核等工作
(10)负责干部的日常管理和考核；负责局机关及所属事业单位目标考核工作；负责局系统干部和职工的教育培训；负责机构编制、人员调配、劳动工资及职称评定的申报工作；负责人才队伍建设；负责局系统干部出国人员申报、政审及管理工作；负责局系统人事档案管理工作
(11)负责宣传和执行上级及本级党组织的决议，对党员进行管理，保障党员权益，指导系统内党组织开展党建活动
(12)负责宣传精神文明建设，组织开展创建文明行业、文明单位、文明窗口等活动；负责局系统统战和侨务工作
(13)负责纪检监察、政风行风、党风廉政建设等工作，督促和指导局系统党风廉政制度建设，接待和处理来信来访，查处局系统各类违纪案件
(14)负责离休干部和局机关退休干部管理服务工作</td></tr>
<tr><td colspan="4">关键岗位</td></tr>
<tr><td>职位代码</td><td>职位名称</td><td>在职人数</td><td>主要岗位职责</td></tr>
<tr><td></td><td>主任</td><td>1</td><td>全面管理办公室的各项工作</td></tr>
<tr><td></td><td>副主任</td><td>1</td><td>协助主任重点负责人、财、物的管理</td></tr>
<tr><td></td><td>行政秘书</td><td>1</td><td>协调局内活动，统筹领导活动，参与相关会务工作</td></tr>
<tr><td></td><td>干部人事</td><td>1</td><td>工资、人事</td></tr>
<tr><td></td><td>办文内勤</td><td>1</td><td>公文、公章</td></tr>
<tr><td></td><td>法制宣传</td><td>1</td><td>法务、保密</td></tr>
<tr><td></td><td>综合文秘</td><td>1</td><td>课题研究、“两会”、专项资金</td></tr>
<tr><td></td><td>纪检监察</td><td>1</td><td>纪检监察、廉政、信访</td></tr>
<tr><td></td><td>综合治理</td><td>1</td><td>综合治理、安全保卫</td></tr>
<tr><td></td><td>后勤管理</td><td>1</td><td>会议、财务、资产、统计</td></tr>
<tr><td colspan="4">修订过程</td></tr>
<tr><td>修订次数</td><td>修订日期</td><td>修订人</td><td>审批人</td></tr>
<tr><td></td><td></td><td></td><td></td></tr>
</table>

编制部门：组织人事　　　　归口管理部门：办公室　　　　分管领导：局长

3.3.4 分事行权、分岗设权、分级授权和岗位轮换

分事行权、分岗设权、分级授权和定期轮岗是制约权力运行、加强内部控制的基本要求和有效措施。单位应当根据本部门、本单位业务性质、业务范围、管理架构，按照决策、执行、监督相互分离、相互制衡的要求，科学设置内设机构、管理层级、岗位职责权限、权力运行规程，切实做到分事行权、分岗设权、分级授权和定期轮岗，将制约权力运行有效嵌入内部控制的全方位、全过程中。

分事行权，就是对经济和业务活动的决策、执行、监督，必须明确分工、相互分离、分别行权，防止职责混淆、权限交叉。

分岗设权，就是对涉及经济和业务活动的相关岗位，必须依职定岗、分岗定权、权责明确，防止岗位职责不清、设权界限混乱。

分级授权，就是对各管理层级和各工作岗位，必须依法依规分别授权，明确授权范围、授权对象、授权期限、授权与行权责任、一般授权与特殊授权的界限，防止授权不当、越权办事。

定期轮岗，就是对重点领域的关键岗位，在健全岗位设置、规范岗位管理、加强岗位胜任能力评估的基础上，通过明确轮岗范围、轮岗条件、轮岗周期、交接流程、责任追溯等要求，建立干部交流和定期轮岗制度，不具备轮岗条件的单位应当采用专项审计等控制措施。通过岗位轮换，由不同的人员承担重要工作和高风险工作，有利于减少舞弊和错误、不断改进和创新。对轮岗后发现原工作岗位存在失职或违法违纪行为的，应当按国家有关规定追责。

单位工作人员因轮岗、调动工作或离职而不再承担相应工作的，必须完成交接工作才能转换岗位或办理离职手续。交接工作需由转岗或离职人员与该岗位的下一任工作人员进行交接，由部门负责人监交。

单位可以通过表 3.6 对不相容岗位或职责分离的建立与实施情况进行统计、调查与分析。

表 3.6　　不相容岗位或职责分离的建立与实施情况

业务领域	不相容岗位或职责	同一人担任	不同人担任	不适用
预算业务管理	预算编制与预算审批			
	预算审批与预算执行			
	预算执行与分析评价			
	决算编制与审核			

续表

业务领域	不相容岗位或职责	同一人担任	不同人担任	不适用
收支业务管理	收款与会计核算			
	支出申请与内部审批			
	付款审批与付款执行			
	业务经办与会计核算			
政府采购业务管理	采购需求制定与内部审核			
	采购文件编制与复核			
	合同签订与验收			
	验收与保管			
资产管理	办理货币资金业务的全过程			
	无形资产的研发与管理			
	对外投资的可行性研究与评估			
	资产配置、使用和处置的决策、执行与监督			
建设项目管理	项目建议和可行性研究与项目决策			
	概预算编制与审核			
	项目实施与价款支付			
	竣工决算与竣工审计			
合同管理	合同的拟订与审核			
	合同的审核与批准			
	合同的审批与订立			
	合同的执行与监督			

对涉及内部权力集中的重点领域和关键岗位建立制衡机制的情况

权力制衡机制	已建立	未建立	不适用
分事行权			
分岗设权			
分级授权			
关键岗位轮岗			
专项审计			

审核人：　　　　　　　　　　　　编制人：

3.4 制度体系控制规范

3.4.1 制度体系框架结构

为了实现控制目标,内部控制通过制定制度、实施措施和执行程序,对业务或流程中的风险进行防范和管控。制度(包括流程和表单等)本身就是内部控制体系建设的重要组成部分,其设计要求规范、科学、具有可操作性,能够保证预期控制目标的实现。所以,单位应当建立符合本单位实际情况的内部控制制度体系,并按照管理制度化、制度流程化、流程信息化等要求,重视制度建设等基础性工作安排。

制度具有多样性。但经过归纳、提炼与整理后的制度应当逻辑结构清楚完整,一般可以分为内部控制基本制度、单位层面内部控制制度、业务层面内部控制制度、评价监督检查制度等。其中,单位层面和业务层面构成制度体系的主体(核心)。

制度体系可以分层列示,体现多层次性:一级基本制度,旨在宏观把控,重在具有纲领性的指导作用;二级管理办法,旨在中观管理,重在程序性的管控作用,包括控制程序、控制方法等;三级实施细则,旨在微观实施,重在具有操作性的具体作用,包括工作标准、岗位分工、操作步骤等。所以,设计制度体系时,单位应当先建立一个制度框架大纲,如同会计科目设置上的总分类科目、明细科目的层次安排一样,整体协调、一目了然,便于统筹兼顾、全盘把控。

制度的全面性设计、局部性设计和修订性设计各有侧重。全面性设计的目标是要构建整体内部制度框架,产生一套完整的内部控制制度体系;局部性设计主要是对原有制度中不具有的部分规范进行具体设计;修订性设计是对原有制度加以修改而进行设计,以更改部分内容,使之完善。

3.4.2 会计控制是内部控制的核心

内部控制要求单位建立健全会计管理制度,加强会计机构建设,提高会计人员业务水平,强化会计人员岗位责任制,规范会计基础工作,明确会计凭证、会计账簿和财务会计报告的处理程序,加强会计档案管理等,从而形成一个权责明确、相互制约的会计管理规范与监督体系(如图 3.4 所示)。

会计部门是组织架构中不可或缺的组成部分。明确会计岗位职责权限、合理的岗位分工是充分发挥会计系统职能的关键所在。

以实际发生的经济业务为依据进行会计确认、计量、记录与报告,做到手续完备、内容真实、数据准确、账目清楚、日清月结、按期报账,如实反映财务状况、经营成果和现金流情况,及时提供真实可靠、能满足管理需要的会计信息,是会计人员最基

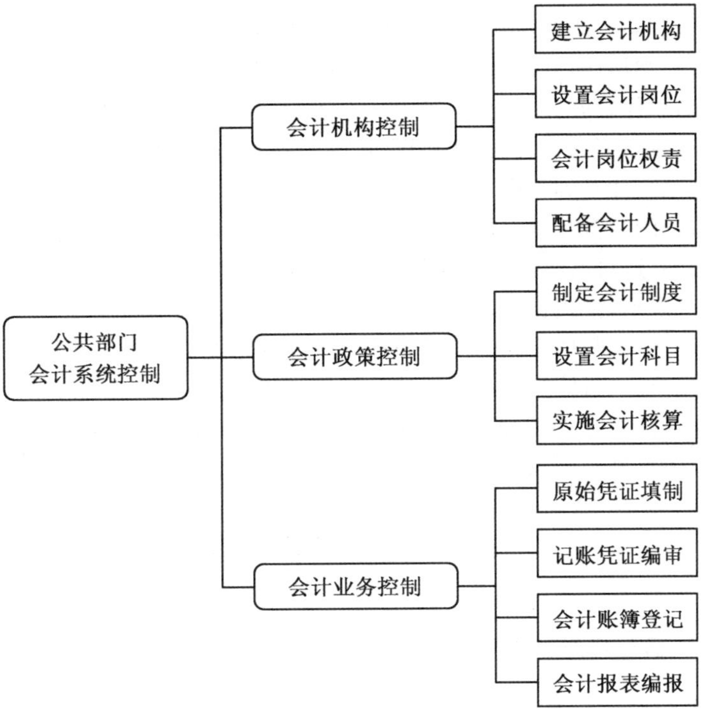

图 3.4　会计系统控制的主要内容

本的核算职能。

对不真实、不合法的原始凭证，不予受理；对记载不准确、不完整的原始凭证，予以退回，要求更正补充；发现账簿记录与实物、款项不符的，按照有关规定进行处理；无权自行处理的，立即向本单位领导人报告，请求查明原因，做出处理；对违反国家统一的财政制度、财务制度规定的收支不予办理。这是会计人员最起码的监督职责。

加强会计系统控制至少包括以下几个方面的要点：

一是建立健全财务会计管理制度，包括严格执行国家统一的会计准则制度，加强会计基础工作，明确会计凭证、会计账簿和财务会计报告的处理程序，保证会计资料真实、完整。

二是加强会计机构建设，配备具有相应资格和能力的会计人员。大中型行政事业单位可以设置总会计师。

三是合理设置会计岗位，确保各岗位权责明确，不相容岗位相互分离，强化会计人员岗位责任制。例如，会计职务与出纳职务分离，出纳人员不得兼任稽核、会计档案保管和收入、支出、费用、债权债务账目的登记工作；会计职务与审计职务分离；支票保管职务与印章保管职务分离；支票审核职务与支票签发职务分离，支票签发职务由出纳担任，其他会计人员不得兼任；银行印鉴保管职务、单位财务章保管职务、人名章保管职务分离，不得由一人保管支付款项所需的全部印章；等等。

四是着力提高单位会计人员的职业道德、业务水平，确保会计人员正确行使责权。

五是规范会计基础工作，加强会计档案管理，确保会计基础管理、会计核算和财务会计报告的编报有章可循、有据可依。例如，凭证和记录控制的一般要求：凭证预先连续编号；对已经发生的经济交易和事项及时编制凭证并记录；凭证应简单明了，不易被误解；格式合理，以便正确编制；所有作废的凭证都必须妥善保存；已登账的凭证应依序归档。凭证与记录控制中的程序说明书尤其重要。

六是建立独立稽核控制制度。独立稽核是指对已记录的经济交易和事项及其计价由具体经办人之外的独立人进行核对或验证。独立稽核是控制记录使其正确、可靠，以免发生差错和舞弊的一项重要控制程序。

3.5 信息系统控制规范

3.5.1 信息化是实施内部控制规范的重要手段

在信息化时代，信息技术不仅是工具，而且是经营管理的环境。内部控制的实施一定要借助信息化来实现，信息化是实施内部控制规范的重要手段。

信息系统是指利用计算机和通信技术，对内部控制进行集成、转化和提升，形成由人员、硬件、软件、信息、运行规程等组成的管理平台。自控系统是指利用计算机编程实现自我检测的系统，可以实现无人监控的自我管理、运行与检修。

会计系统控制要发挥积极作用，应与信息化整合一体，通过整合信息资源、识别信息真伪、评价财务绩效、发掘数据价值、发出财务预警、提出管理建议，以帮助制定管理决策。

大数据的价值体现在对其有效利用的各个方面，从大量数据中揭示隐含的、先前未知的并有潜在价值的信息。还可以采取“集中分析、发现疑点、分散核查、确认问题”的模式，做好海量数据的分析核查工作，通过数据挖掘技术发现疑点，通过分散核查确认问题，缩短核查时间，扩大核查覆盖面，提高核查效率。

为“管”而“算”，“算”“管”结合是管理系统发展的必然方向。会计分析的目的就是给高层管理提供决策支持，因而必须在分析出问题与原因后，提供解决方案和建议。该方案还需提供足够的信息支持，使管理层能充分信任并接受该解决方案。

没有解决方案的分析是缺少价值的。①

内部控制将业务管理与财务管理有机结合，需要有信息系统和自控系统的支撑。将内部控制嵌入信息系统和自控系统，有助于实现内部控制的程序化和常态化，有助于改变各项业务活动分块管理、信息分割、信息"孤岛"的局面，促使单位领导的管理方式由传统的日常管理转向例外管理，集中精力处理重大问题，进一步提高管理效率。实践证明，信息化和自动化会促使单位的管控效能迈上一个新的台阶。

单位应当充分运用现代科学技术手段加强内部控制，充分利用既有的预算管理系统、综合办公系统、政府采购系统等信息系统，将业务层面内部控制建设所形成的流程图、岗位职责配置、分级权限审批控制、各个环节的控制措施和要求等固化到信息系统中，逐步打通各系统分散、隔离的状态，汇集各系统内事业单位的相关数据，从而实现经济活动决策、核算、控制、分析和监督的科学化、规范化、信息化。

某单位设计信息系统总体框架如图 3.5 所示。

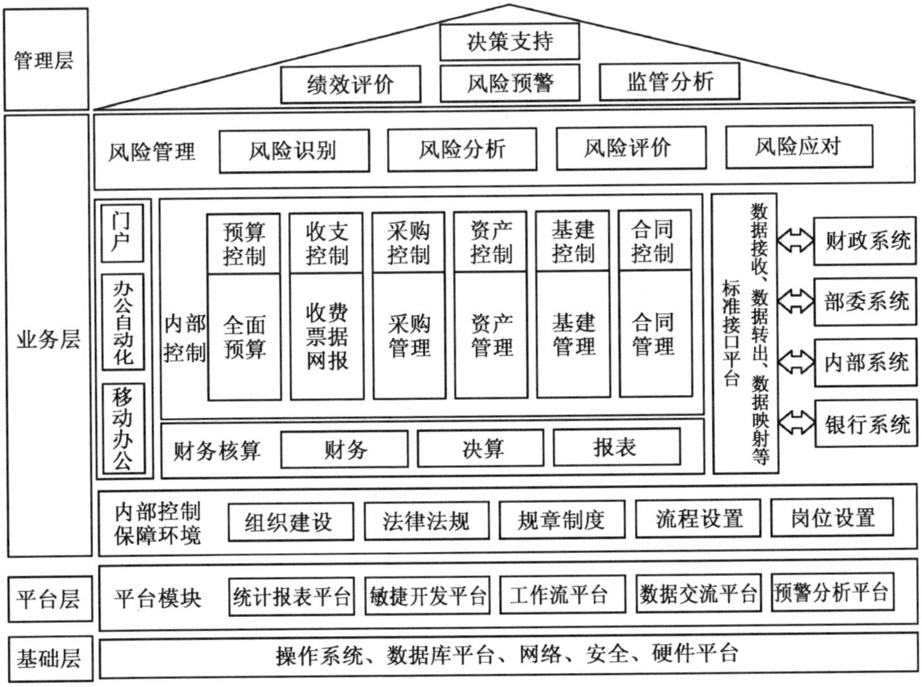

图 3.5　内部控制信息系统总体框架

① 请进一步阅读李敏:《财务分析与报表解读》,上海财经大学出版社 2016 年版。

3.5.2 信息系统风险控制

单位在利用信息系统实施内部控制的过程中应当关注下列风险：①缺乏信息系统建设整体规划或规划不当，可能导致重复建设，形成信息“孤岛”，影响企业发展目标的实现；②开发不合理或不符合内部控制要求，可能导致无法利用信息系统实施有效控制；③授权管理不当，可能导致非法操作和舞弊；④安全维护措施不当，可能导致信息泄漏或毁损，系统无法正常运行；等等。

为此，在建立与实施信息系统内部控制时，单位至少应当强化对下列关键方面或者关键环节的控制：一是职责分工、权限范围和审批程序应当明确规范，机构设置和人员配备应当科学合理，重大信息系统开发与使用事项应履行审批程序；二是信息系统开发、变更和维护流程应当清晰、合理；三是应当建立访问安全制度，操作权限、信息使用、信息管理应当有明确规定；四是硬件管理事项和审批程序应当科学、合理；五是会计信息系统流程应当规范，会计信息系统操作管理，硬件、软件和数据管理，会计信息化档案管理应当完善。

建立有效的信息反馈系统能使反映实际工作情况的信息既迅速收集上来，又适时传递给管理人员，并能迅速将纠偏指令下达给相关人员，使之与预定的标准相比较，及时发现问题，并迅速进行处置。所以，任何反馈的信息一定要及时、可靠、适用。

单位的信息管理部门牵头负责单位的信息化管理。各职能部门的系统操作人员负责在权限范围内进行操作，做好系统的安全管理和日常维护。信息管理部门的系统复核人员负责综合审核和分析业务数据，避免操作人员对数据进行不当修改和删除，负责监控业务应用情况，对不符合要求的账表数据进行审核。信息管理部门的系统管理人员负责系统运行环境建立和日常管理工作；系统档案人员负责信息系统各数据资料、账表、凭证等的备份和存档保管工作。

3.5.3 控制系统应当与时俱进

控制系统应当促使被控制对象始终趋于某种需要的稳定状态或追求目标实现的达标状态，既不能随心所欲，也不可消极怠工。为了确保管理状态的稳定性，就要求控制系统的动态性能和稳态性能良好，包括动态过程平稳（稳定性）、响应动作快（快速性）、跟踪值准确（准确性）。

自组织控制很重要。自组织控制是指工作条件和外部环境发生不确定性变化时，组织能及时调整自身的组织结构，以达到预期目的的一种控制，包括改变原定策略及参数，改变管理系统的组织结构与控制程序等。实行自组织控制要不断测量系统的输入和输出，积累经验，深入研究，以求在低成本的情况下使组织结构与环境变化相适应，取得较好的控制效果。

优化控制更重要。由于内部控制过程是单位整合所有个体一系列行为的动态活动，环境、政策、行业、风险都处于变化过程中，尤其是舞弊者不断翻新作弊手段，因此，控制过程应当是一个循环往复、不断优化的过程。为此，任何单位都应当针对内部监督检查和自我评价发现的问题，对相关的制度、措施和程序进行持续调整、改进，使各项制度、措施和程序能够适应新情况、新问题，在经济活动风险管控中持续发挥积极作用，在执行中深化、在深化中执行。

随着科学技术的进步，将人工智能，包括适应、学习、探索等能力引入控制系统，使其具有识别与决策等功能，可以使自动控制和优化控制达到更高级的阶段。在这个过程中，不仅要求全面、全员、全过程参与，实施全面控制，而且要求不断创新、动态变化、与时俱进。

实证分析 3.3 | 内部控制的经验值得借鉴

交通运输委员会是深圳市最大的部门预算单位和政府采购单位之一，队伍大、业务宽、资金盘子大、管理链条长、廉政要求高。如何管好、用好巨额的财政资金，预防资金使用过程中的腐败，提高行政效能，是摆在深圳市交通运输委员会面前的一道难题。该交通运输委员会开始探索建立以资金管控为核心的内部控制体系，主要做法如下：

一是建立“626”资金管控模式。“626”资金管控模式就是将该委全部经济活动归纳总结为 62 类支出事项，针对每类事项的风险特征，通过建立信息管理系统，并综合运用预算、归口、审批、标准、流程、单据六大管控方式，将控制措施嵌入各个业务环节，对职责、权限、标准进行自动约束，实现对资金的全过程管控，使资金使用过程留有痕迹。

二是建立内部预选供应商制度，搭建“内部采购平台”，对市政府规定的集中采购事项范围以外的采购货物与服务事项采用随机抽选的方式确定供应商，有效规避了“一对一”谈价现象，使寻租行为成为“不可能”。

三是将纪检监督职能引入资金管理和业务工作中，充分发挥业务部门、资金管理部门和纪检监察部门三者之间的交叉互审，建立相互制衡的工作机制。

交通运输委员会的体会是：首先，领导层的认识是实施内部控制建设的前提，因为内部控制的本质是将权力装进制度的“笼子”，在控制他人的同时也控制了自己；其次，科学的制度设计是实施内部控制建设的关键，制度设计必须具有针对性、可操作性和便捷性；再次，智能信息系统的应用是实施内部控制建设的保障，只有通过智能信息系统才能保证制度真正执行，才能使事先确定的目标任务得到贯彻落实。

第 4 章　预算业务控制规范

预算的可衡量、可执行、可控制有助于预算目标的实现，并有利于防错纠偏。预算规范是行为规范的导向。

4.1　预算业务与风险评估

4.1.1　预算管理与预算控制

预算业务是单位行政管理活动的起点，是人员、经费、物资、设施等各项资源的预先安排，是实现资源优化配置的前提，也是合理、有效地使用各项资源的基础。

预算是控制的基础，是控制的目标，是用来评定行动及其效果是否符合规定的标准。预算越明确、具体、周到和完整，对控制的要求就越高，从而可以促使控制工作更有效；同样，通过控制，可以促使预算的执行结果与预定目标相符，并为新的预算提供有用信息。

基于预算管理的视角来研究公共部门的内部控制，不仅要研究公共资金使用的内部控制问题，更重要的是把财政监督关口前移，改变以往偏重于事后监督的方式，取而代之的是实现全过程嵌入式监控模式。

预算控制要求合理设置预算管理岗位，明确预算岗位的职责权限，确保预算编制、执行、调整、决算和考核等不相容岗位相互分离，并落实各项控制措施。至少需要关注预算控制的主要流程、关键环节、主要风险点与控制重点，包括在预算编制过程中单位内部各部门之间的沟通与协调是否充分，预算编制与资产配置是否相结合、与具体工作是否相对应；是否按照批复的额度和开支范围执行预算，进度是否合理，是否存在无预算支出、超预算支出等问题；是否做到“预算编制有目标、预算执行有监控、预算完成有评价、评价结果有反馈、反馈结果有应用”的全过程预算管理机制；等等。

4.1.2 预算管理的主要环节

预算管理通过建立编制及时、程序规范、方法科学、内容完整的预算工作机制，可以强化和落实各种经费和资源的管理责任，提高资源使用效率。

根据预算业务的不同阶段，一般可以将预算管理分为预算编制、预算执行、预算调整、决算管理和预算考评五个流程（主要控制环节），如图 4.1 所示。

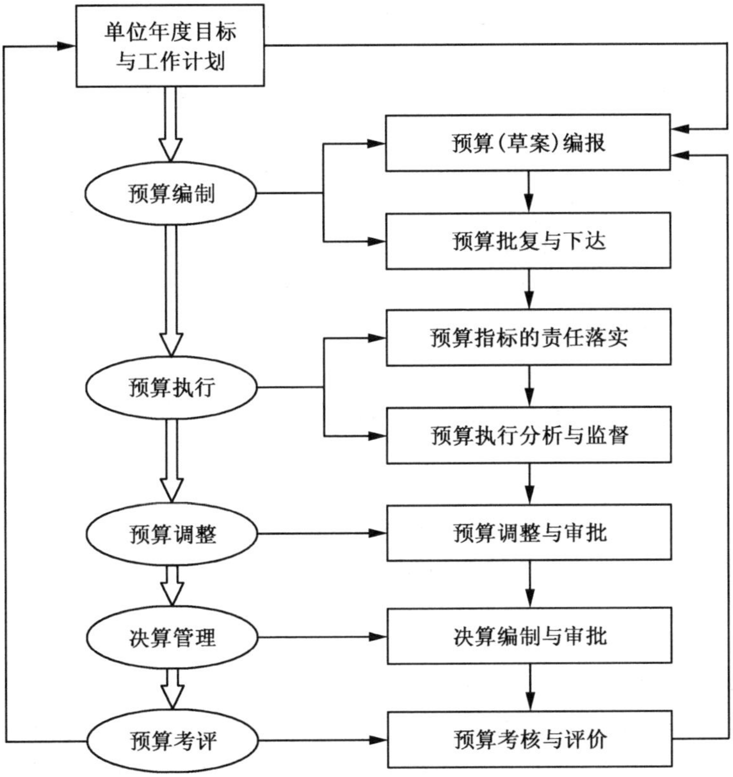

图 4.1 预算管理流程

4.1.3 预算业务中的风险识别

按照内部控制原理，设计任何内部控制制度都应当从识别风险入手，预算管理也不例外。要充分发挥预算管理的作用，实现预算控制目标，就必须充分认知和评估预算业务中可能存在的风险，并对这些风险进行有针对性的管控。

从设计与落实控制工作的基本步骤出发，大部分单位将预算业务控制的工作流程归纳如图 4.2 所示。其中，“查找风险点”被安排在“设计控制点”与“实施制度建设”之前，推而广之，所有内部控制制度设计之前都应当展开风险识别与评估。

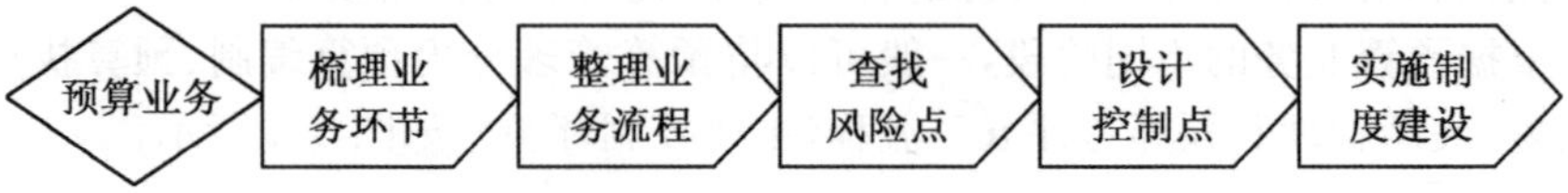

图 4.2　预算控制的工作流程

识别一个单位的预算风险可以是多方面的。例如，某单位识别出预算管理方面的风险点如下：①未制定预算管理的相关制度，预算编制、执行、分析、调整、决算编报、绩效评价等工作无据可依，可能导致预算管理混乱、失效；②预算管理缺乏归口管理部门，各部门缺乏明确的权责分析和有效的沟通协调机制，可能导致预算管理效率低下；③预算管理业务中不相容职责未分离，未建立健全预算监督机制，可能滋生舞弊，造成预算资金损失；④未建立突发事件应急预案资金保障机制且未明确资金报批和使用程序，当突发事件等不可预见因素出现时，可能导致预算管理无序或失效；等等。

从整个预算环节或控制程序方面分析，预算的风险点还应当细化，至少分布在以下几个方面：

(1)预算编制方面的风险点

第一，编制年度预算前，对全年工作缺乏详细规划和充分预测，预算编制程序不清晰、内容不完整，可能导致预算缺乏严密性、严肃性和约束力。

第二，预算编制基础选择不当，可能影响预算编制的效率和预算功能的发挥。

第三，未指定专人负责收集、整理、归档并及时更新与预算编制有关的各类文件，预算编制培训不力，可能导致预算编制人员能力不足，影响预算编制的准确性。

第四，未建立预算编制部门与预算执行部门、资产管理部门的沟通协调机制，可能影响预算编制部门及时取得和有效运用财务信息及其他相关资料，造成预算与经济活动脱节、资产配置不合理。

第五，预算编制过程短、时间紧、准备不充分，可能导致预算编制质量低下。

第六，单位内部预算指标分解不合理，可能导致内部各部门财权与事权不匹配，影响部门职责的履行和财政资金的使用效率。

第七，预算方案未审批、缺乏有效的审批程序或未按规定程序审批，可能导致预算方案不准确、不科学，影响预算的有效性等。

（2）预算执行方面的风险点

第一，未严格按照批复的预算安排各项收支，可能影响预算的严肃性，造成预算资金的分配和使用不合理或资金损失。

第二，会计部门与业务部门之间缺乏有效沟通，财务人员不了解项目的进度，技术管理人员不了解预算执行情况，可能导致预算执行随意、无序，失去严肃性。

第三，日常会计核算与预算收支管理脱节，可能导致日常核算不能及时反映预算执行情况并对后期决算的科学性产生不良影响等。

（3）预算调整方面的风险点

第一，未明确规定预算调整的要求、内容和审批权限，可能导致预算调整缺乏依据，随意调整预算可能影响预算的严肃性和约束力。

第二，预算调整未进行审批或未按规定的程序、权限进行审批，可能滋生舞弊或导致预算目标发生偏离等。

（4）决算管理方面的风险点

第一，未进行决算或决算不独立，可能导致预算偏离未被发现，预算管理失去约束力、效率低下。

第二，决算与预算存在口径不一等脱节情况，难以及时反映预算执行情况。

第三，决算管理、组织、实施不力，决算与预算存在口径错位，可能导致决算不真实、不完整、不准确等。

（5）预算考核与绩效评价方面的风险点

第一，未建立健全预算支出绩效评价机制，可能导致预算失去约束力，不利于成本费用的控制，影响资金使用效率。

第二，预算执行未定期进行分析，缺乏有效的预算执行情况通报、分析和问题磋商解决机制，可能导致预算执行进度偏快或偏慢、偏离预算目标。

第三，未根据绩效评价指标对预算管理和执行人员进行科学考评并落实奖惩方案，可能影响人员的积极性，影响预算执行的效率。

第四，预算评价机制不完善，缺乏有效的监督检查等。

不同单位不同时期的风险表现并不相同。由于“风险点”的存在，有可能在设计过程中表现为认识不足或设计缺陷而造成“真空点”，也有可能在执行过程中表现为没有执行或执行不力而造成“失控点”，应当予以高度关注。只有在“查找风险点”的基础上，“设计控制点”和“实施制度建设”才有可靠性与针对性。

4.2 预算管理政策与文件支持

实施内部控制有一条很重要的指导思想就是必须依法、合规。无论是建立完善的内部控制制度，还是设计一系列标准体系，都应当将法律法规融入每一个内部控制文本并贯彻到各项业务活动中，以制约权力和规范行为等。所以，寻找法律法规文本的支持，熟知相关条款规定是设计内部控制制度的重要前提条件。

法律法规有中央的、地方的、主管部门的，范围很广。考虑篇幅，本书摘要列举了近年来中央发布的一些重要文件。

为了规范政府收支行为，强化预算约束，加强对预算的管理和监督，建立健全全面规范、公开透明的预算制度，保障经济社会的健康发展，自 2015 年 1 月 1 日起施行《中华人民共和国预算法》。该法共 11 章 101 条，具有很强的政策性。例如，各级预算都应当遵循统筹兼顾、勤俭节约、量力而行、讲求绩效和收支平衡的原则；经人民代表大会批准的预算，非经法定程序，不得调整；各级政府、各部门、各单位的支出必须以经批准的预算为依据，未列入预算的不得支出；等等。

为方便查找，表 4.1 列示了与预算控制相关的部分法律法规文本。

表 4.1　　与预算控制相关的法律法规

序号	文件名称与文号
1	中华人民共和国预算法（中华人民共和国主席令第 21 号）
2	中华人民共和国预算法实施条例（中华人民共和国国务院令第 186 号）
3	财政部关于进一步加强预算执行管理的通知（财库〔2008〕1 号）
4	财政部关于进一步做好预算执行工作的指导意见（财预〔2010〕11 号）
5	财政部关于进一步做好预算信息公开工作的指导意见（财预〔2010〕31 号）
6	国务院办公厅转发财政部关于深化收支两条线改革　进一步加强财政管理意见的通知（国办发〔2001〕93 号）
7	财政部关于加强政府非税收入管理的通知（财综〔2004〕53 号）
8	财政部关于将预算外资金管理的全国性及中央部门和单位行政事业性收费纳入预算管理的通知（财预〔2009〕79 号）
9	财政部关于将预算外资金管理的收入纳入预算管理的通知（财预〔2010〕88 号）
10	财政部关于进一步提高地方预算编报完整性的通知（财预〔2008〕435 号）
11	中央单位财政国库管理制度改革试点资金支付管理办法（财库〔2002〕28 号）
12	中央政府性基金国库集中支付管理暂行办法（财库〔2007〕200 号）
13	关于部门预算批复前支付项目支出资金的通知（财库〔2009〕9 号）
14	财政部关于深化地方非税收入收缴管理改革的指导意见（财库〔2009〕1 号）
15	财政部关于中央预算单位 2011 年深化国库集中支付改革若干问题的通知（财库〔2010〕138 号）

续表

序号	文件名称与文号
16	财政支出绩效评价管理暂行办法(财预〔2011〕285 号)
17	关于推进预算绩效管理的指导意见(财预〔2011〕416 号)
18	财政总预算会计管理基础工作规定(财库〔2012〕1 号)
19	关于全面实施预算绩效管理的意见(财预〔2018〕167 号)
地方发布的法律法规(略)	
主管部门制定的有关管理办法和实施细则(略)	

注:法律法规有时效性,需要不断更新。设计内部控制制度应当以最新的法律文本为依据,设计者应当不断关注法律文本的更新情况及其有效性。

4.3 预算控制的具体目标

控制是实现目标与预算(计划)的保证,目标与预算(计划)越是明确、具体,其所设计的控制系统就越有针对性、越有效。确定什么标准,控制哪些关键点和重要参数,收集什么信息,采用何种方法评定成效以及由谁来控制和采取纠正措施等,都必须按不同目标与预算(计划)的特殊要求和具体情况来设计。

预算控制的具体目标是单位结合整体目标及资源调配能力,经过科学合理的论证、全面综合的计算和平衡,对当年或者超过一个年度的统筹安排。针对预算各环节提出的控制目标越仔细、越具体、越有法律依据,就越有现实针对性,其相应的控制目标就越能得到落实(如表 4.2 所示)。

表 4.2　　预算控制的具体目标

预算环节	具体控制目标	目标属性
预算编制	程序规范:有清晰、规范的预算编制和逐级审批流程,遵循集体决策原则 方法科学:在考虑预算编制因素时,进行科学的测算 编制及时:在预算年度开始前,形成预算草稿 内容完整:涉及收入、支出的各个层面 项目细化:将所有收入、支出因素都考虑进来 数据准确:预算所涉及的项目数据应真实、准确	合法性、合理性、及时性、完整性、准确性
预算执行	密切关注和监控预算的执行情况,及时解决和改进预算执行中发现的问题	合法性、有效性

续表

预算环节	具体控制目标	目标属性
预算调整	预算调整应符合预算编制的口径与要求，做到程序规范、方法科学、编制及时、内容完整、项目细化、数据准确	合法性、合理性、及时性、准确性
决算管理	确保决算真实、完整、准确、及时，加强决算分析工作，强化决算分析结果运用，建立健全单位预算与决算相互反映、相互促进的机制	真实性、完整性、准确性、及时性、有效性
预算考评	预算考评是针对预算管理全过程的评价，必须科学、合理、准确、完整，并做到评价结果有反馈、反馈结果有应用	完整性、准确性、有效性

4.4　预算业务流程与控制要点

4.4.1　预算编制流程与控制要点

从宏观角度分析，预算编制与预算批复之间的关系及其过程如图 4.3 所示。从微观角度分析，各单位预算的编制应当遵循“归口管理、收支统管、统筹兼顾、积极稳妥、依法理财”的原则。

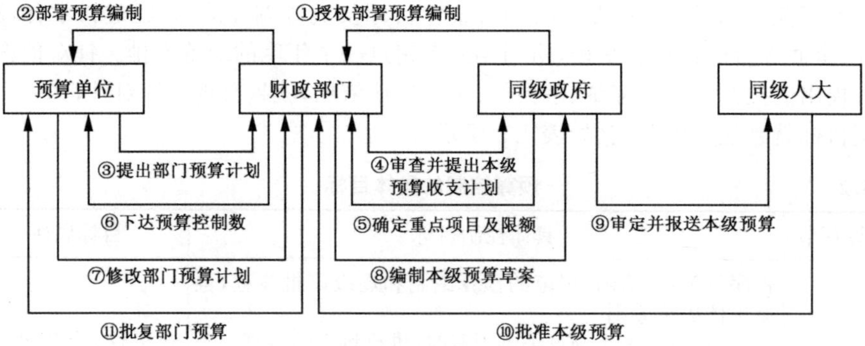

图 4.3　预算编制与预算批复之间的关系

任何单位都应当建立完善的预算编制组织管理体制，做好预算编制的各项准备工作。在编制预算前应当全面分析上年度预算执行情况，准确掌握相关基础数据，正确测算各种因素对收支的影响，准确掌握财政部门和主管部门对单位收支预算编制的要求。

业务流程可用文字描述，如某单位编制预算的具体程序如下：

一是明确目标。及时提出下一年度预算目标，并确定预算编制政策，由预算编制部门下达到各预算执行部门。

二是编制上报。各预算执行部门应按照本单位工作目标，提出本部门预算的具体方案，并经主管领导签署意见后及时上报预算编制部门。在预测过程中，应尽可能改变过去单纯的“基数＋增长”的预算编制方法，可以“零基预算法”为基础，采用综合的方法编制年度预算。

三是审查平衡。预算编制部门应对内部各预算执行部门上报的预算方案进行审查、汇总，提出综合平衡建议。

四是审议与批准。预算编制部门在修正并调整部门预算的基础上，编制内部各部门年度预算初步方案。方案经进一步修订调整后，正式编制本单位年度预算草案，提交预算管理决策机构集体决策审议，最终形成本单位年度预算方案，经职工代表大会审议通过后报上级预算管理部门审批。

五是下达执行。单位的预算一旦经过上级预算管理部门批准，就具有法律效力，应由预算编制部门下达给各内部预算执行部门严格执行。

设计内部控制制度时，应采用流程图的方式综合反映控制对象与控制过程。某单位预算编制的具体流程如图 4.4 所示。

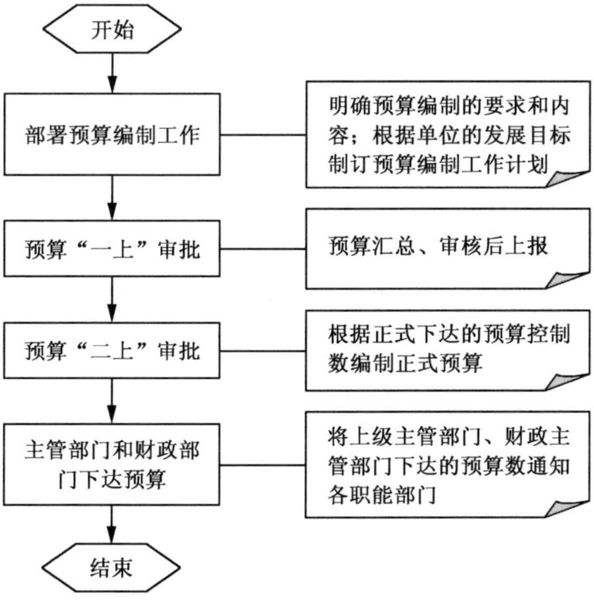

图 4.4　预算编制业务流程

在图 4.4 中，“一上”审批程序说明：各部门结合分管的业务，在财务部门的指导下，编制本部门的收入和支出预算，形成单位的收入预算、公用经费支出预算、政府采购预算、人员经费支出预算和项目经费支出预算。上述预算经由财务部门汇总并复核后形成次年度部门预算(“一上”草案)，经财务负责人和分管领导审核，报单位党组会议审批，由单位主要领导签发后按规定程序报送。

在图 4.4 中，“二上”审批程序说明：根据预算工作部署，财务部门根据财政主管下达的预算控制数编制正式部门预算，经分管领导及单位主要领导审核及签发后，将正式部门预算(“二上”预算)按规定程序报送。

正式部门预算经财政主管批复后，财务部门应及时将预算信息通报各有关项目实施部门，并下达预算核定通知书。

预算编制是预算管理的基础环节，应当细化控制对象、控制目标和控制责任，并具体落实到相关的控制点。也就是说，为了落实上述控制要求，单位应结合各自的具体情况将预算编制工作流程细化到相关的职能部门及岗位，并采用矩阵图予以列明(如图 4.5 所示)，还要对部分(也可以是全部)重要业务环节的关键控制点和重要控制措施进行解释说明(如表 4.3 所示)，以便相关人员执行参照。

表 4.3　　部分预算编制业务重要控制要求举例

流程序号	责任部门	预算编制业务控制点的基本要求
②	财务处	部署预算编制工作：制订预算编制工作计划，向相关部门的责任人传达预算编制的方针、政策和工作要求及预算编制程序
③	各职能部门	搜集、准备预算编制的基础资料，包括：机构和人员编制数、实有数、人员结构、资产的占用与使用情况；单位工作的基本情况、发展方向、目标、需要解决的主要问题与方案、经费预算及效益预测等 分析财务收支和工作任务等情况，根据有关政策、制度规定的开支范围和开支标准，按基本支出的内容测算人员经费和日常公用经费定额 结合工作需要和发展规划，提出项目计划，开展前瞻性研究，经遴选分轻重缓急排序，纳入预算项目库，并实行滚动管理 结合上年预算执行情况，分析财务收支、业务活动和有关变化，找出影响本期预算的有关因素及年度工作计划对预算的要求，预测总体收支规模，提出预算支出的重点与安排建议
④	财务处	完整性审核：能否全面反映各项收入预算和支出预算 规范性审核：是否符合上级主管部门和财政部门提供的依据、标准，是否严格按照规范的程序进行编制，是否经部门责任人审批 合理性审核：分析本年预算与以前年度预算的差异，对于年度间的差异，是否能提供合理的解释 重点项目审核：项目经费预算的材料是否齐全，是否进行前期论证或是否符合申报要求等

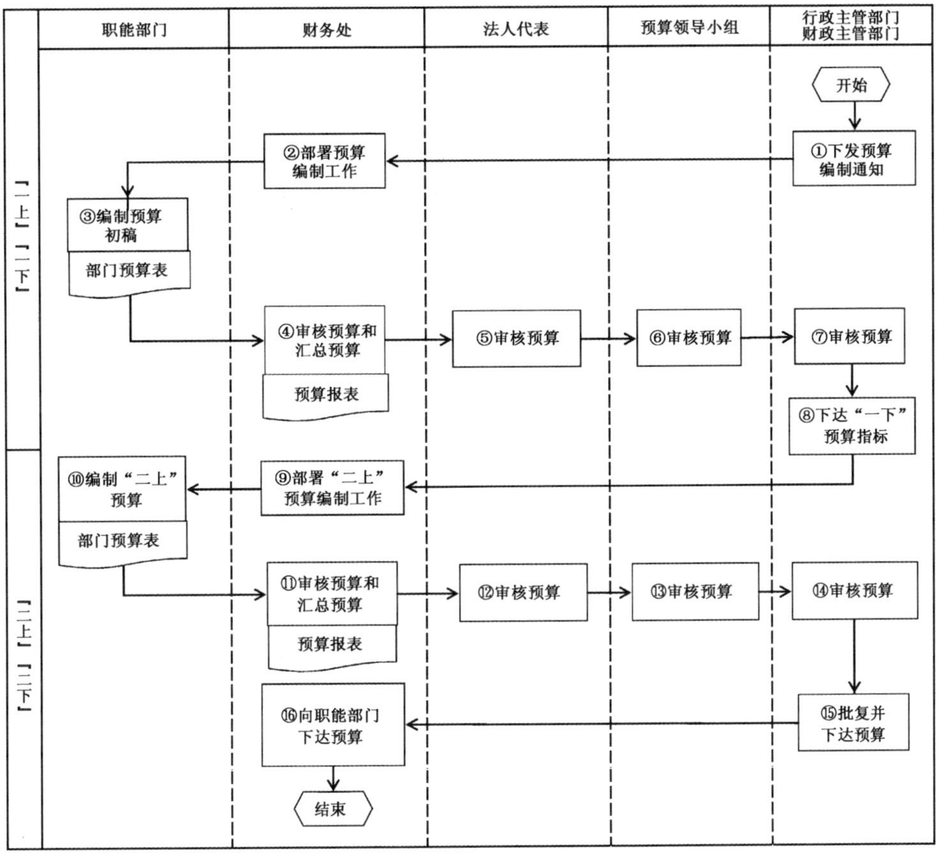

图 4.5　预算编制业务具体控制流程

4.4.2　预算执行流程与控制要点

年度预算指标下达后，归口管理部门应严格遵守预算，不准突破预算指标；特殊情况需调整的，需遵照相应的预算调整程序；调整预算未经批准的，不得执行。

本单位主管领导负责预算的执行，各预算执行部门负责组织实施，并赋予相应的权、责、利，内部审计部门负责监督预算的执行情况。

在日常工作中，执行申请应当按规定的审批权限进行审批，审批通过后，财务部门才能办理资金支付业务。

预算执行的基本程序：财务部门将上级批复的预算按类别和用途下达至归口管理部门；各归口管理部门严格按计划进度执行预算；财务部门指定专人负责监

督、落实预算的执行情况，定期汇报财务预算执行情况（如图 4.6 所示）。

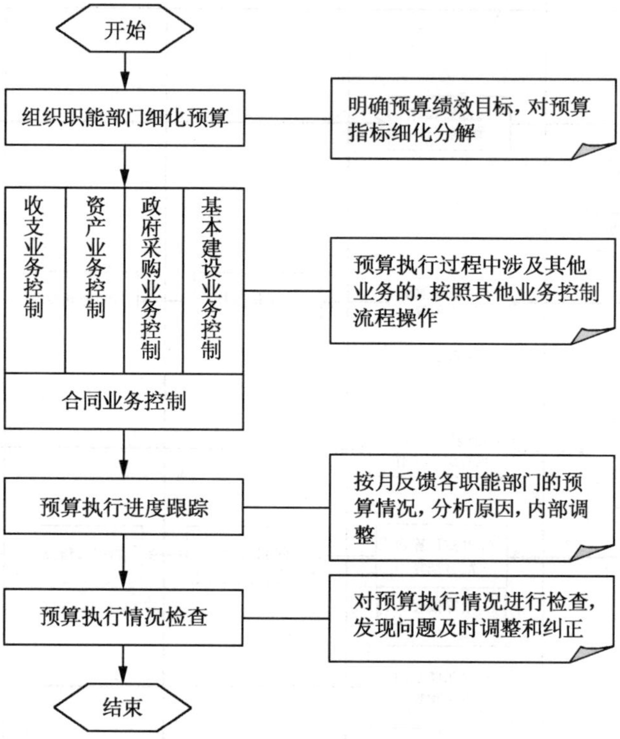

图 4.6　预算执行业务流程

为了掌握预算执行的动态和结果，应建立健全预算执行报告制度、预算执行信息平台和预算执行报警机制，以便随时掌握预算的执行情况。

4.4.3　预算调整流程与控制要点

预算一经批复下达，一般不予调整。预算发生重要变化，包括国家政策调整、不可抗力的自然灾害、公共突发事件等的影响，才需要对预算做出必要的调整。

预算调整是指经过批准的各级预算在执行中因特殊情况需要增减收支的变更，包括申请追加新的项目、申请追加已批准项目的预算资金、申请已批准项目之间预算资金的调剂使用等。

预算调整控制的具体目标应当是：规范预算调整程序，严格控制预算追加，发挥预算对经济活动的约束作用。

需要调整的预算需要经过申请、审议、审核和批准等主要程序。应由预算执行部门提出书面预算调整申请，说明理由及调整方案；财务部门负责人对提出的预算调整申请进行审核，并提出审核意见；然后按照预算审批管理办法进行审批。

预算调整的具体流程如图 4.7 所示。

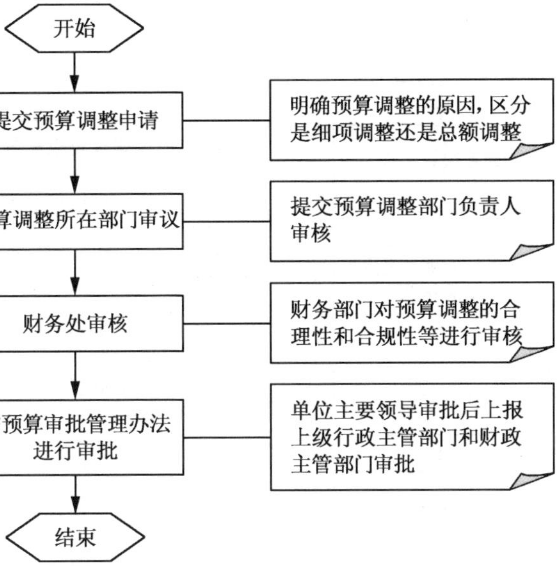

图 4.7　预算调整业务流程

在预算调整控制中应注意以下几个关键控制点：一是预算调整的理由必须充分。对于必须进行的预算调整，应由相关执行部门提出书面申请，详细说明调整的理由。二是预算调整的范围必须严格控制。三是预算调整的程序必须合法。预算调整，除由调整部门提出书面申请外，还必须按原报批程序审批后下达执行，如经本单位预算管理决策机构、领导集体决策审查，职工代表大会（或职代会主席团会议）通过，上报上级行政主管部门和财政主管部门审批。

4.4.4　决算控制流程与控制要点

决算控制要求确保决算真实、完整、准确、及时；加强决算分析工作，强化决算分析结果的运用，建立健全单位预算与决算相互反映、相互促进的机制。

决算报告是全面、真实地反映单位全年财务状况和财务成果的综合性资料，是国家宏观经济管理和单位经营决策的重要依据。财务部门负责单位决算工作，编制年度决算报告，全面分析决算结果。决算报告应当真实、完整、准确、及时。

决算业务流程控制的基本程序是:财务部门部署年终结账和决算工作;财务部门负责单位年度财务收支决算工作;财务部门将决算报告报分管财务的单位领导、单位主要领导审批,并将决算报告按规定程序报送财政主管部门。

决算控制的具体流程如图 4.8 所示。

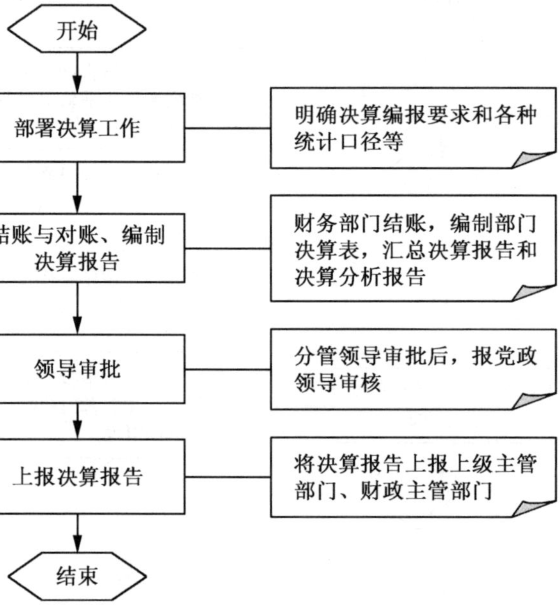

图 4.8 决算业务流程图

4.4.5 预算绩效管理与控制要点

预算绩效是指预算资金所达到的产出和结果。预算绩效管理是政府绩效管理的重要组成部分,是一种以支出结果为导向的预算管理模式,它将绩效目标管理、绩效跟踪监控管理、绩效评价及结果应用管理纳入预算编制、执行、监督的全过程。

专题讨论 4.1 | 预算绩效管理的基本原则

一是绩效导向原则。预算管理各个环节的活动都要以绩效为核心导向,将绩效管理贯穿于预算管理的全过程,实现财政资金运行和预算管理效益最大化。

二是目标管理原则。预算编制时要设定明确的绩效目标,预算执行中要实施绩效跟踪监控,预算完成后要评价绩效目标实现情况等,围绕绩效目标及其实现的途径和方式开展全过程预算绩效管理。

三是有序推进原则。以预算绩效管理工作规划为指导，有序推进预算绩效管理工作，要借助各级人大、纪检监察、审计、社会中介等各方力量，合力推动，逐步实现预算绩效管理范围和内容的全覆盖。

四是科学规范原则。预算绩效管理要采用科学的体系、规范的程序、适当的方法、明确的措施，保障各项管理工作的有效性，提高全过程预算绩效管理的质量。

五是绩效问责原则。预算绩效管理要强化预算支出责任和管理责任，将预算绩效管理主体实施绩效管理的情况逐步纳入政府绩效考核的范围，促进政府职能部门履职能力的提升。

六是信息公开原则。预算绩效管理主体要按照政府信息公开的有关规定，建立健全预算绩效信息公开制度，完善预算绩效信息公开机制，推进预算绩效信息的逐步公开，自觉接受各方监督，不断提高财政资金使用的透明度。

绩效目标是预算绩效管理的基础，包括绩效内容、绩效指标和绩效标准。绩效目标的设置应当符合以下要求：①指向明确，即绩效目标符合国民经济和社会发展规划、部门职能及事业发展规划，并与相应的财政支出范围、方向、效果紧密相关；②具体细化，即绩效目标从数量、质量、时效、成本等方面进行细化，尽量进行定量表述，不能以量化形式表述的，可以采用定性的分级分档形式表述；③合理可行，即制定绩效目标要以结果为导向，要经过调查研究和科学论证，符合客观实际，要与编制项目预算有机结合，要结合项目管理的基本要素和相应要求进行成本效益分析。

绩效目标审核与决算数据分析很重要，其流程至少包括收集数据资料、确定差异、分析原因、提出措施、反馈报告等环节。单位可以通过比较分析法确定当年的预算执行结果与预算目标的差异，之后采用比率分析法、因素分析法测算预算指标的完成程度和偏离预算的原因，并通过定性分析法对差异原因进行深入分析，落实责任部门和责任人；还可以通过趋势分析法进行历史数据比对，找出单位财务收支的变化规律和趋势；应当重点分析各项支出安排是否合理、项目支出是否达到了既定的效果，为以后年度预算的编制提供重要参考依据。

绩效跟踪是全过程预算绩效管理的重要环节。预算绩效管理主体根据确定的项目绩效目标，通过动态或定期采集项目管理信息和项目绩效运行信息，对项目管理的各相关内容和目标要求的完成情况进行跟踪，并在归纳分析的基础上及时、系统地反映预算执行过程中项目绩效目标的运行情况和实现程度，纠正绩效运行偏差，促进项目绩效目标的实现。

绩效评价按照形式，可分为财政评价、部门自行评价和委托第三方评价；按照评价的内容，可分为项目支出绩效评价、部门整体支出绩效评价、基本支出绩效评价和财政政策综合绩效评价等。

决算与预算绩效管理紧密相连。某单位制定的决算与绩效考评流程如图 4.9 所示，其有关流程重要节点的说明详见表 4.4。

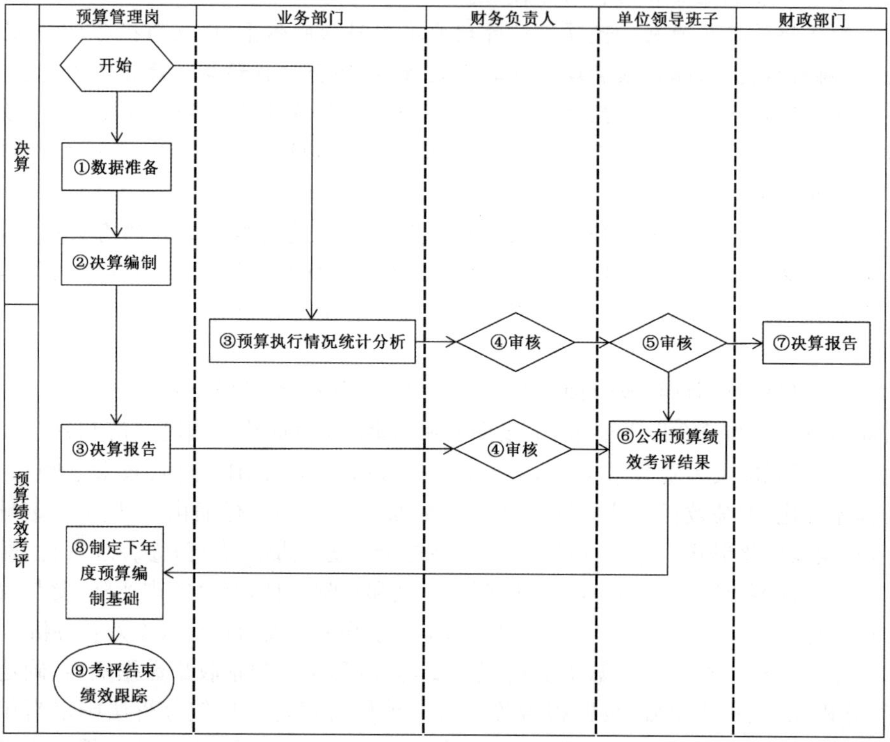

图 4.9 决算与绩效考评流程

表 4.4 流程节点说明与责任部门

节点	流程描述	输出要求	责任者
①	准备年度会计核算数据资料和预算批复数据	资料准备	计财科
②	计财科预算专管员收集及编制决算报告	决算初稿	计财科
③	业务部门对预算执行情况进行统计分析，形成决算报告	决算资料	各业务科室
④	财务负责人对决算报告进行审核分析，做修改补充	决算意见	计财科主管
⑤	领导班子对报告内容进行审议，听取汇报，做出决定	决算报告	计财科
⑥	实施绩效评价，公开预算绩效考评结果等	决算报告	计财科
⑦	按规定向财政部门报送年度决算报告	报出报告	计财科
⑧	作为制定下年度预算编制的基础资料	运用报告	计财科
⑨	年度决算与预算绩效考评结束或进入绩效跟踪程序	资料归档	计财科

4.5 预算控制制度与控制措施

4.5.1 针对风险的应对措施

针对风险，尤其是关键风险点所实施的控制措施应当是最有效的，所落实的责任应当是最有针对性的。某单位在风险评估的基础上，将预算风险归纳为预算编制及批复、预算执行、决算及预算绩效管理三个方面，为此设计了三段控制流程，并配有相关的关键环节、相关风险点、主要防控措施和责任主体，如表 4.5～表 4.7 所示。

表 4.5　　预算编制及批复的控制风险与控制措施

流程	关键环节	相关风险点	主要防控措施	责任主体
预算编制及批复	提出新增需求、评审新增项目	提出的新增需求不真实，虚报人员、资产、业务工作内容，新增项目未经过科学论证和评审	①建立各类人员、各项资产等基础信息数据库，加强需求审核 ②建立和完善项目评审制度，对于建设工程、大型修缮、信息化项目等专业性较强的重大事项需先进行项目评审	提出新增需求的业务部门
	按规定的预算编审程序进行预算编制	预算编制不科学，预算编制粗糙，不符合工作实际	①召开预算编制会议，全面把握预算编制政策，细化预算编制 ②建立预算编制、预算执行、资产管理、人事管理、预算绩效管理的沟通协调机制 ③加强预算、合理性、合规性审核	预算编制部门
	预算批复	预算不进行内部批复，导致预算执行力不足，预算约束力弱化	将批复的预算在单位内部进行指标分解和审批下达	预算管理部门

表 4.6 预算执行的控制风险与控制措施

流程	关键环节	相关风险点	主要防控措施	责任主体
预算执行	预算支出管理	没有按照批复的预算安排支出、超预算指标安排预算支出	①业务部门申请支出事项必须先有预算指标，再履行预算支出审批手续 ②无预算指标或超预算指标的事项应先履行预算追加调整程序 ③明确内部预算追加调整程序	单位负责人、预算管理部门、财会部门、预算执行机构
	预算收入管理	没有按照规定足额收取收入并相应上缴财政	建立收入监控机制，按照进度组织收入并及时上缴	收入执行部门、财会部门
	预算执行效果管理	没有进行预算执行分析，没有建立有效沟通机制，可能导致预算执行进度偏快或偏慢	①建立预算执行监控机制，运用信息系统对业务部门的预算执行情况进行监控 ②建立预算分析机制，召开预算执行分析会议，通报预算执行情况，研究存在的问题，提出改进措施	单位负责人、预算管理部门、财会部门、预算执行机构

表 4.7 决算和预算绩效管理的控制风险与控制措施

流程	关键环节	相关风险点	主要防控措施	责任主体
决算和预算绩效管理	决算编制	决算与预算脱节、口径不一，难以及时反映预算执行情况，导致预算管理效率低下	①根据财政部门的要求，按照规定的时间、格式、要求编制决算 ②决算报告内容完整、数据准确，审核人员签字确认 ③加强决算数据分析，收集数据资料，分析预决算差异原因，撰写预算结果报告 ④将分析报告反馈给各业务部门，查找问题，制定整改措施	财会部门
	预算绩效管理	预算绩效管理机制不完善，可能导致绩效目标脱离实际，绩效监控不到位，绩效评价不科学，评价结果流于形式	①建立绩效管理制度 ②预算绩效目标的设定要经过调查研究和科学论证，目标要指向明确、细化、量化、符合客观实际 ③评价标准和评价方法科学合理、客观公正，形成评价报告 ④评价结果要及时反馈并在一定范围内公开，作为改进预算管理和安排以后年度预算的重要依据	预算绩效管理组织单位和预算管理部门

4.5.2 预算管理制度实例

预算控制是为实现预算管理目标服务的，应当通过制定具体的预算控制制度、实施措施和执行程序，强化对经济活动的预算约束，使预算管理贯穿于单位经济活动的全过程，从而发挥预算对业务活动的管控作用。

经验分享4.1 | 某单位预算控制实施细则

1. 预算编制

(1)布置预算工作。办公室应及时传达上级部门预算会议的精神，组织学习相关文件，正确把握预算编制的有关政策。

(2)提出预算申请。各部门按规定的要求和时间节点，根据工作计划细化预算申请，务必做到预算申请内容完整、项目细化、数据准确。

(3)编制年度预算。办公室对各部门的预算申请进行审核、调整、征求意见，财务进行预算申请汇总，编制年度预算草案。办公室负责各部门之间的沟通协调，按照规定进行项目评审，确保财务及时取得和有效运用与预算编制相关的信息，根据工作计划细化预算编制，增强预算编制的科学性。

2. 预算审批

(1)局长办公会议审议。召开局长办公会议，审议预算草案。

(2)局党组会议审批。召开局党组会议，审批预算草案。

3. 预算执行

(1)下达预算分解指标。办公室对按照法定程序批复的预算在局内部进行指标分解、审批下达到各预算执行部门。

(2)编制预算分月执行额度计划。各部门按工作计划进度提出分月执行的预算额度计划，办公室财务汇编分月执行预算额度计划报区财政部门。

(3)提出预算支付申请。区财政部门按月下达预算额度，各部门按照批复的额度和开支范围执行预算，提出支付申请，不得无预算、超预算支出；原始凭证上必须有经办人、部门负责人签字，报销单上必须有分管领导人、局长签字。

(4)严格预算审批权限。单项支出金额1万元以下的，由局长审批；1万～3万元的，由局长办公会议审议通过，办公室出具会议记录；3万元以上的，由局党组会议审议通过，办公室开出会签单。预算经费支出执行局长"一支笔"签字原则。

(5)办理预算支付手续。出纳必须对报销单据按会计凭证规范化要求审核，严格掌握预算额度及开支范围，现金报销每笔金额限额2 000元，超出2 000元的必须办理银行转账。

4. 预算调整

规范预算追加调整程序。根据批复的预算安排各项收支，确保预算严格、有效地执行，一般不做调整；特殊情况需调整预算的，应按区政府及财政部门规定的程序进行。调整预算的编制和审批程序同预算编制及审批程序。

5. 财务信息编报

会计必须按照国家统一的会计制度，对记载经济业务事项的凭证进行复核和账务处理；复核银行存款余额单，编制银行存款余额调节表；按月编制财务会计报告并报办公室主任审核、局长审批，及时报送区财政部门。

6. 预算执行分析

按季编制预算执行情况分析表，通报各部门预算执行情况，召开预算执行情况分析会议，控制预算执行进度，研究解决预算执行中存在的问题，提出改进措施，提高预算执行的有效性。

7. 加强决算管理

充分做好决算前的准备工作，及时清理暂存款、暂付款，与区财政部门核对预算额度的拨付、使用、结余情况，监督资产盘点、清理，做好报废销账工作，核对银行存款余额，清理历年专项结余等，确保决算真实、完整、准确、及时，加强决算分析工作，强化决算分析结果的运用，达到预算与决算相互反映、相互促进的制衡。

决算分析报告经局长办公会议讨论、局党组会议讨论决定后，上报区财政局。

8. 监督与评价

加强预算绩效管理，建立“预算编制有目标、预算执行有监控、预算完成有评价、评价结果有反馈、反馈结果有应用”的全过程预算绩效管理机制。建立预决算公开机制，预决算必须公开。建立内部审计制度，由局副总会计师室每两年对局预算执行情况进行内部审计。

9. 确保预算编制、审批、执行、决算、评价等不相容岗位相互分离

(1)办公室财务负责局本部预算的编制。

(2)各部门负责提供相关的预算编制信息：①人事部门提供人员经费信息；②办公室提供公用经费信息；③资产管理部门提供办公设备购置信息；④政府采购部门提供政府采购专项信息；⑤信息化建设部门提供信息化建设专项信息；⑥委托业务部门提供委托专项预算。

(3)局长办公会审议预算草案，局党组审批预算草案。

(4)各部门严格执行批复预算。

(5)办公室财务负责定期分析预算执行情况和决算。

(6)内审部门负责预算评价与监督。

4.6 预算管理关键控制环节

4.6.1 权力制约与岗位分离

由于单位的业务活动、收支规模、内外环境等因素各不相同，因此，各个单位预算管理组织体系的具体设置也有所不同，但一般情况下应当包括预算管理决策机构、预算管理工作机构和预算业务执行机构。

单位应当根据自身的具体情况成立相应的预算管理决策机构（预算委员会或预算领导小组），由单位的负责人、主管领导及相关业务部门的负责人为成员，建立集体决策制度。预算管理委员会在预算管理组织体系中居于领导地位，一般为非常设机构，其成员由单位领导班子、财务部门等相关部门的负责人组成，主要通过定期或不定期召开预算工作会议开展工作。为了确保预算控制工作落到实处，单位负责人对本单位预算内部控制制度的建立健全和有效实施负责。

预算管理工作机构具体负责单位日常预算管理工作及与预算业务相关的各项日常事务，一般设在财务部门，由财务部门作为归口管理部门。预算管理工作机构的工作人员除财会人员外，政府采购、资产管理、基建管理、人事管理等部门的工作人员也应当参与其中，以提高单位预算编制的规范性和科学性。

预算业务执行机构应当在预算管理工作机构的指导下组织开展本部门或本岗位的预算编制工作，并严格执行审批下达的预算。单位内部各业务部门是预算业务管理的执行机构，其利用分配到的经济资源开展业务工作，完成工作目标。

预算管理过程中的决策、执行、监督应当各司其职、职能分离、相互牵制。通过“三权”分配（如表4.8所示）可以达到“三权”分离的目的。

预算业务的关键岗位包括：单位主要领导及各相关职能部门分管领导；财务部门负责人，财务处预算岗；各职能部门主要负责人及预算管理员。

预算业务各环节的不相容岗位（职务）至少包括以下几项：

一是预算编制（含预算调整）与预算审批职务分离。预算编制组负责预算的编制或汇总编制。不具备设立专门机构条件的单位，可以指定财务部门等负责预算编制工作。单位内部应当由预算的最高权力机构负责审批年度预算方案，并在规定的时间内报送财政部门。财政部门依法将审核汇总后的单位预算上报国务院或人民政府审定，经人民代表大会批准后，在规定时间内向有关单位批复。

二是预算审批（批复）与预算执行职务分离。任何单位都必须经财政部门批复预算后按预算的规定执行。单位内部各业务部门在单位预算管理部门的领导下具体负责本部门、本机构具体预算的编制、执行、控制、分析、考核等工作，并对本部门的预算执行结果负责。

表 4.8　　预算控制“三权”分配表

<table>
<tr><th colspan="3">“三权”分配
业务与岗位</th><th>决策权</th><th>执行权</th><th>监督权</th></tr>
<tr><td rowspan="5">预算控制</td><td colspan="2">单位领导</td><td>决定预算管理政策、年度预算草案、年度预算追加调整方案、年度财务决算等重大事项</td><td></td><td>上级对下级的日常审查、督导与审计监督</td></tr>
<tr><td rowspan="2">财务部门</td><td>财务负责人</td><td></td><td>审核年度预算草案、预算调整方案、具体预算执行申请方案</td><td></td></tr>
<tr><td>预算管理岗</td><td></td><td>主持预算管理日常工作；部署预算编制工作，编制年度预算、决算草案；具体化预算执行规则；提出年度预算调整和追加方案；分析报告、检查监督预算执行情况</td><td></td></tr>
<tr><td colspan="2">业务部门</td><td></td><td>提出本部门年度预算，组织实施经批复的年度预算，提出年度预算调整和追加建议</td><td></td></tr>
<tr><td colspan="2">审计部门
纪检部门</td><td></td><td></td><td>依据决算结果考评预算目标和实际执行情况，及时报告问题，提出改进意见</td></tr>
</table>

三是预算执行与分析评价职务分离。预算执行人员与预算考核不能由一个人担任。考核评价组负责按预算指标考核各部门，负责贯彻奖惩制度，配套的奖惩措施和相应的激励机制是预算得以实现的保证。

4.6.2　预算管理中的授权批准制度

单位要分别明确单位责任人、主管领导、部门负责人及其经办人员的审批权限，规定经办人的职责范围和工作要求，确保预算控制各环节规范、有序。

审批人根据预算授权批准的规定，在授权范围内进行审批，不得超越审批权限。经办人应当在职责范围内按照审批人的批准意见实施预算工作。对于审批人超越授权审批范围审批的预算事项，经办人有权拒绝办理并向上级部门报告。

单位的职工代表大会是单位实行民主管理和职工行使民主权利的机构。职工代表大会应在每年年初讨论并审议财务部门关于上年度预算执行情况的报告，审议通过本单位本年度预算方案，并监督检查预算的执行情况。

第 5 章　收支业务控制规范

严格收支业务控制是资金管理的核心，对于预算执行与勤政廉政具有十分重要的现实意义。

5.1　收支管理与风险评估

5.1.1　收支业务与收支管理

收入与支出是公共部门财务管理的主要对象。各项收入和支出都应当由单位的财务部门统一管理、统一核算。单位应当根据会计法规，结合收支业务类型和收支管理需要，建立相应的财务会计机构，配备相应的会计人员，制定职责分明的岗位责任制，包括财务机构内部岗位设置及各岗位的职责权限等。

公共部门的收入是开展业务活动及其他活动依法取得的非偿还性资金。企业的收入来源主要是以市场价格出售商品和劳务的收益，而公共部门的收入按其来源可以分为非自创收入与自创收入分别管理。非自创收入是指接受政府拨款和社会捐赠等，其管理需要做好与政府合作、寻找合作伙伴、面向社会公众募捐等。自创收入是指通过提供服务或劳务而向消费者直接收取的款项以及通过投资而从受资方取得的收益等。

公共部门支出是为组织开展业务活动以实现其社会使命而发生的各种资金耗费，应当按用途分为项目及活动支出、行政支出等，并分别管理。项目及活动支出是为了实现其社会使命而发生的支出，应当从社会效益出发，通过规划与监督，保证最大限度地实现组织的社会使命。行政支出是为了自身的生存与发展而发生的支出，应当厉行节约，尽可能控制行政支出占总支出的比重。

收支管理应关注主要流程、关键环节、主要风险点与控制重点，包括收入是否实现归口管理，是否按规定及时入账，是否按规定保管和使用印章及票据等；发生支出事项时是否按照规定审核各类凭据的真实性、合法性，是否存在使用虚假票据套取资金等情形。如果发生举债业务，应当予以特别关注。

5.1.2 收支管理的主要环节

公共部门的各项收入和支出都应当按规定纳入预算统一管理，统筹安排使用；都应当贯彻收、支两条线原则，分别核算收支业务；都应当厉行节约、反对浪费、加强廉政文化建设。目前，如何加强收支管理、降低单位运行成本、降低收支业务中的风险、满足合规要求已成为各单位收支控制的重点。

收支管理包括收支预算、收支执行、收支报告等主要环节（如图 5.1 所示）。

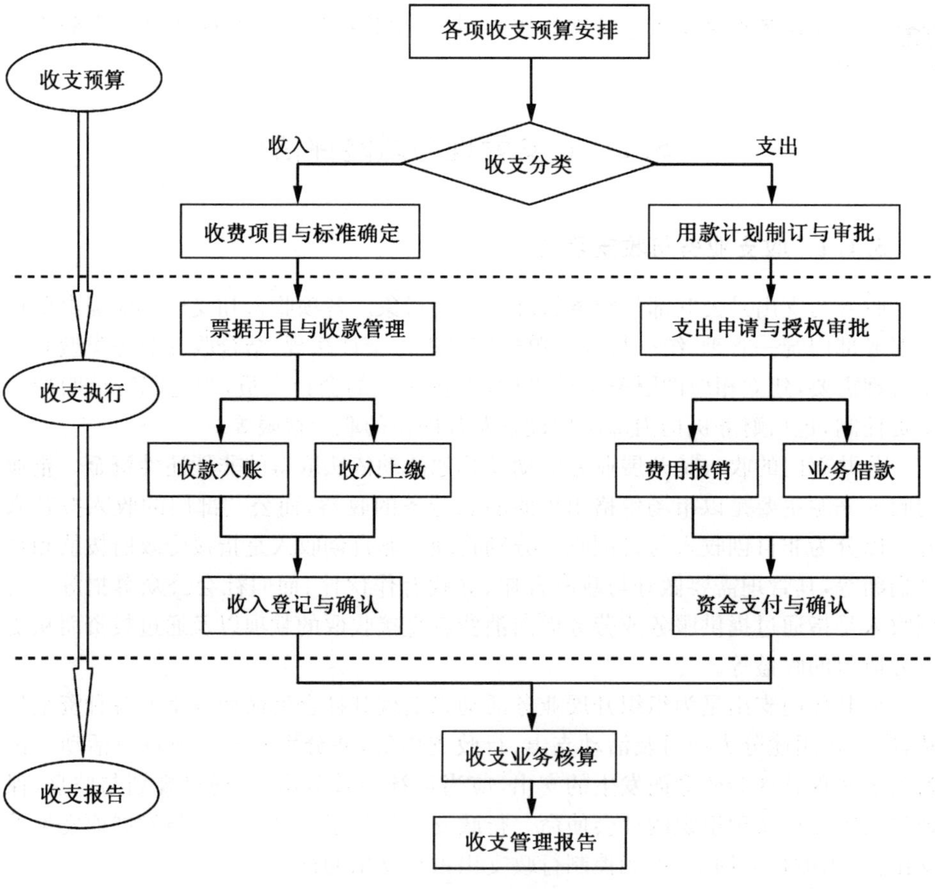

图 5.1 收支管理流程

5.1.3 收支业务中的风险识别

风险无处不在,需要被发现,尤其是在重要的业务领域,更应当重视风险评估,凸显风险从而有效管控风险。收支风险与廉政风险休戚相关,尤其是单位的党员干部,在从事业务活动和管理活动的过程中,不按有关制度、规定、程序办事,可能出现的违法违纪问题就是最大的风险。

某单位经过分析,列出预算收支流程及可能出现的风险点如图 5.2 所示。

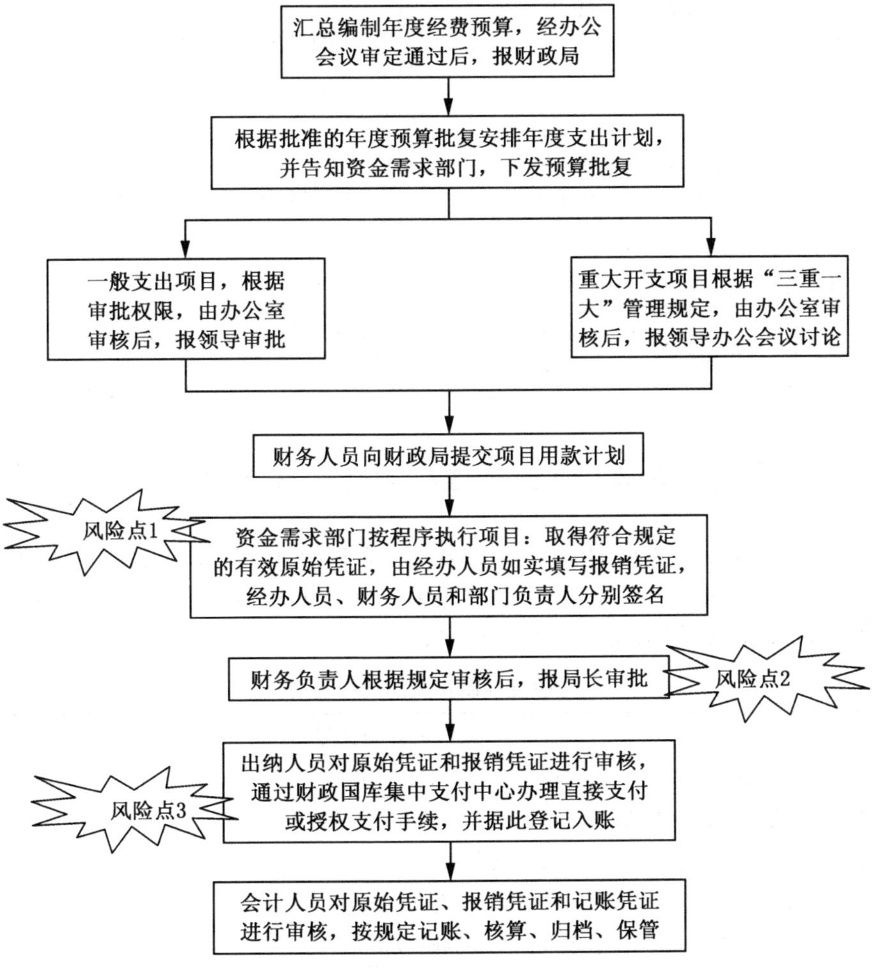

图 5.2 预算收支流程及其风险点

针对找到的3个风险点，该单位列出预算收支业务风险点及防范措施如表5.1所示。

表5.1　　预算收支业务风险点及防范措施

序号	岗位名称	风险点	风险等级	表现形式	防范措施	责任人	监督人
风险点1	财务管理	项目执行	中	①编制虚假经济业务和资金往来事项申请预算费用 ②伪造、变造原始凭证，填写虚假报销单，为个人或单位套取货币资金	①对不相容职务进行分离，强化落实审批责任，强化预算约束机制 ②严格执行财经法规和现行有关规定	经办人	科长 分管领导
风险点2	财务管理	资金审批	中	因照顾人情或“面子”问题，对明知虚假的经济业务和资金往来报销事项给予审核通过	①对不相容职务进行分离，强化落实审批责任，强化预算约束机制 ②严格执行财经法规和各项审核要求	经办人	科长 分管领导
风险点3	财务管理	出纳凭证审核	低	①对明知虚假的经济业务和资金往来报销事项给予审核（批）通过 ②以权谋私，不按规定的权限和程序审核	加强对现金、银行预留印鉴的管理，对不相容职务进行分离，由会计核对银行存款日记账和对账单，编制银行存款余额调节表	经办人	科长 分管领导

5.2　收支管理政策与文件支持

收支业务面广、量大、情况复杂，涉及单位管理的方方面面，具体政策的规定性很强，已经出台的法律法规与政策文件很多。为了方便读者查找，现摘要列示收支业务控制的相关法律法规文本如表5.2所示。

表5.2　　与收支控制相关的法律法规

序号	文件名称与文号
1	中华人民共和国会计法（中华人民共和国主席令第24号）
2	行政单位财务规则（中华人民共和国财政部令第71号）
3	事业单位财务规则（中华人民共和国财政部令第68号）
4	行政单位会计制度（财库〔2013〕218号）
5	事业单位会计准则（中华人民共和国财政部令第72号）
6	事业单位会计制度（财预字〔2012〕22号）

续表

序号	文件名称与文号
7	民间非营利组织会计制度(财会〔2004〕7 号)
8	财政总预算会计制度(财库〔2015〕192 号)
9	关于印发政府收支分类改革方案的通知(财预〔2006〕13 号)
10	中华人民共和国现金管理暂行条例(中华人民共和国国务院令第 12 号)
11	现金管理暂行条例实施细则(银发〔1988〕288 号)
12	人民币银行结算账户管理办法(中国人民银行令第 5 号)
13	人民币银行结算账户管理办法实施细则(银发〔2005〕16 号)
14	中央预算单位银行账户管理暂行办法(财库〔2002〕48 号)
15	票据管理实施办法(中国人民银行令第 2 号)
16	中华人民共和国票据法(中华人民共和国主席令第 22 号)
17	行政事业性收费和政府性基金票据管理规定(财综〔1998〕104 号)
18	行政事业单位资金往来结算票据使用管理暂行办法(财综〔2010〕1 号)
19	中华人民共和国发票管理办法(中华人民共和国财政部令第 6 号)
20	中华人民共和国发票管理办法实施细则(国家税务总局令第 25 号)
21	关于发票专用章式样有关问题公告(国家税务总局公告〔2011〕第 7 号)
22	中央和国家机关会议费管理办法(财行〔2013〕286 号)
23	中央和国家机关培训费管理办法(财行〔2013〕523 号)
24	中央和国家机关差旅费管理办法(财办行〔2013〕531 号)
25	党政机关国内公务接待管理规定(中办发〔2013〕22 号)
26	党政机关公务用车预算决算管理办法(财行〔2011〕9 号)
27	财政票据管理办法(中华人民共和国财政部令第 70 号)
28	财政预算资金拨付管理暂行办法(财库〔2001〕24 号)
29	关于加快推进公务卡制度改革的通知(财库〔2012〕132 号)
30	财政部关于进一步推进地方国库集中收付制度改革的通知(财库〔2011〕167 号)
31	会计档案管理办法(财会〔1998〕32 号)
32	关于调整中央和国家机关差旅住宿费标准有关问题的通知(财行〔2015〕497 号)
33	政府非税收入管理办法(财税〔2016〕33 号)
地方发布的法律法规(略)	
主管部门制定的有关管理办法和实施细则(略)	

5.3 收支控制的具体目标

公共部门收入与支出所共同关注的主要是资金收支的安全、合法性，避免资金收支活动存在舞弊现象。单位收支业务的具体控制目标可归纳如表5.3所示。

表5.3 收支控制的具体目标

收支环节	具体控制目标	目标属性
资金收入	①资金收入由财务部门统一归口管理 ②保证相关收入的各种单据真实、有效 ③确保资金收入准确，避免资金被挪用或截留	合法性、真实性、准确性、及时性
资金支出	①资金支出申请符合相关法律法规的要求 ②资金支出符合预算规定，符合授权审批程序 ③确保资金支出真实、准确、有效	合法性、合理性、真实性、准确性、有效性

为了具体实现收支业务控制的具体目标，不少单位制定了相应的内部控制制度。收支业务与收支对象、收支范围、收支方式、管理流程等密切相关，会涉及业务活动的方方面面，是单位运行中的核心业务之一，也是内部控制的重点管控内容。

经验分享5.1 ｜ 某行政单位设计的收支业务管理制度摘要

1. 收入管理

(1)收入是指行政单位依法取得的非偿还性资金，包括财政拨款收入和其他收入。其中，财政拨款收入为主要收入。

(2)所有财政拨款收入集中进入国库单一账户，所有最终付款由国库单一账户集中支付。

(3)财政拨款收入要按规定用途使用，未经同级财政部门批准，不得擅自改变用途；要建立定期对账制度。

(4)其他收入包括区级相关部门往来款、市局工作经费等。

2. 支出管理

(1)支出范围与支出项目

①人员支出：基本工资、津贴补贴、奖金，基本养老、基本医疗、工伤、生育等社会保险费，残疾人就业保障金，伙食补助费，其他工资福利支出等。此费用统一向区财政局申请，由区财政局直接支付。

②公用支出：办公费、印刷费、手续费、邮电费、交通费、差旅费、维修(护)费、租赁费、会议费、培训费、公务接待费、体检费、疗休养经费、退休活动费、劳务费、工会

经费、福利费、其他商品和服务支出、其他资本性支出等统一向区财政局申请，从零余额账户拨付至经济活动相关单位。

③项目支出：区经济责任审计专项、委托审计专项、信息网络构建、聘用人员经费等，除了区财政局规定的专项资金由区财政局直接支付外，其余专项资金从零余额账户拨付至经济活动相关单位。

④本单位的各项费用支出均以预算批复的规定执行。

(2)经费支出管理流程(如图 5.3 所示)

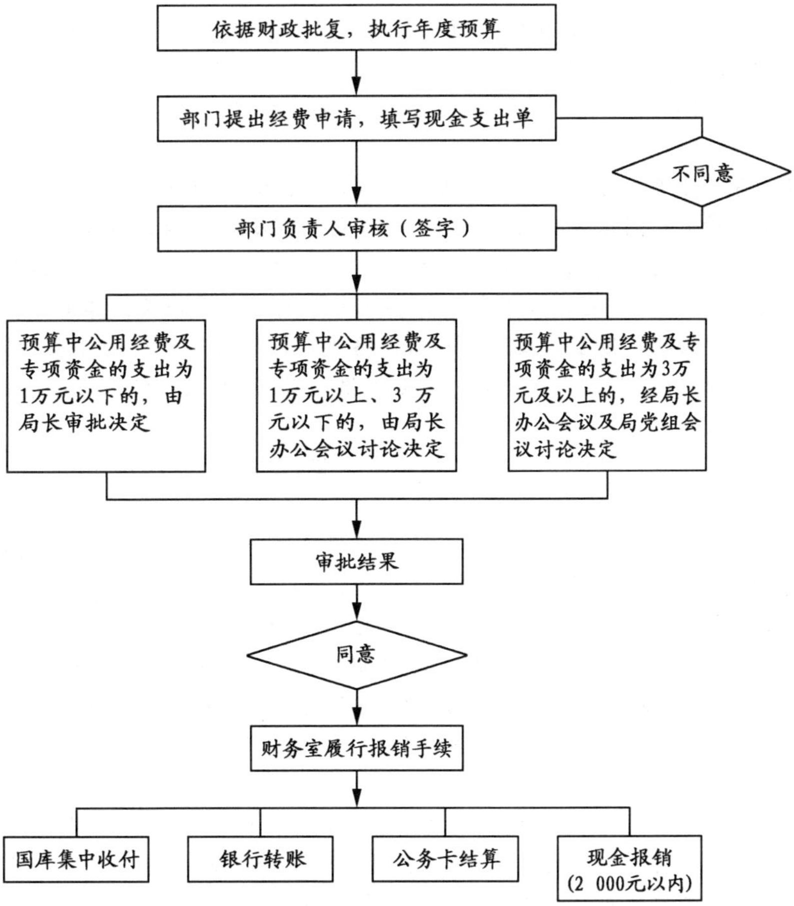

图 5.3 经费支出管理制度流程

3. 收付方式控制

(1)国库集中收付

国库集中收付制度是指由财政部门代表政府设置国库单一账户体系,所有财政性资金均纳入国库单一账户体系收缴、支付和管理的制度。国库集中收付制度分为财政授权支付和国库直接支付两种形式。

财政授权支付应按照《上海市市级财政资金国库集中支付管理办法》核定的用款计划,由预算单位自行开具支付令,通过国库单一账户体系将资金支付到收款人(商品、服务和劳务供应商)或用款单位的账户。

国库直接支付是指按《上海市市级财政资金国库集中支付管理办法》核定的用款计划,由财政主管部门开具支付令,通过国库单一账户体系,直接将财政资金支付到收款人(商品、服务和劳务供应商)或用款单位账户。

(2)银行转账

银行存款是单位存放在银行的各种款项,通过银行办理转账结算,有利于单位合理地使用资金和国家集中管理资金,也有利于缩小现金流通范围,减少货币发行,节省清点、运送、保管货币的人力、物力,提高工作效率。因此,必须加强对银行存款的管理,遵守国家规定的结算纪律,做好银行存款的管理及核算工作。

①认真贯彻执行国家的政策、法令,严格遵守国家关于银行的各项结算制度,接受银行监督,银行存款开户或变更均应上报局长、区财政局批准,然后按照规定的流程开户或变更。

②银行存款账户只供本单位使用,不得出租、出借、套用或转让给其他单位或个人使用。

③各种收支款项的凭证必须如实填明款项的来源或用途,不得巧立名目、弄虚作假、套取现金,不准利用账户从事非法活动。

④重视与银行的对账工作,认真、及时地与银行对账单核对,做到账账相符、账款相符,每天业务终了要结出余额,及时编制收、支、余月报表,月末与银行对账单金额不符的,要编制银行存款余额调节表,逐笔与银行核对清楚、查明原因。

⑤银行印鉴由两人分别管理,签发支票时必须写明用途、单位、金额,不得签发空白支票。

⑥领用支票须填写申请单,注明用途、金额,经分管领导(或科室负责人)初审,报局长批准后方可在出纳处领取支票,出纳将填写好日期、金额、用途、印鉴的支票交由领用人。支票使用报销在3日内由分管领导(或科室负责人)初审,报局长批准,办理报账。支票遗失,财务部门应及时向银行办理挂失手续。

(3)公务卡结算

①公务卡由本单位财务部门统一组织本单位相关人员向发卡行申办。公务卡

申办成功后，由本单位确认并核实后将持卡人姓名和卡号等信息统一录入公务卡管理系统。当本单位发生人员新增、调动、退休等变化时，应及时组织办理公务卡申领、调整和注销等手续，并通知发卡行及时维护公务卡管理系统。

②公务卡为信用卡，持卡人不需要事先存入资金。公务卡的信用额度由本单位根据银行卡管理规定和业务需要，与发卡行协商设定。原则上每张公务卡的信用额度不超过 5 万元、不少于 2 万元。

③公务卡结算方式用于公务消费的使用范围是：本单位支付业务中原使用现金结算的公务支出，包括办公用品、差旅费、培训费、会议费、招待费和 5 万元以下的零星购买支出等，一般应当优选使用公务卡结算。

④使用公务卡结算的公务支出应在公务卡信用额度内，通过公务卡结算，并须取得发票等财务报销凭证和经本人签名的银行卡签购单。持卡人应事先按要求履行相关审批手续。持卡人在执行公务的过程中，原则上不允许通过公务卡提取现金；确有特殊需要的，应当事前经所在单位批准，未经批准的，提现手续费等费用由持卡人承担。

⑤持卡人办理公务卡消费支出报销业务时，应当按照本单位财务部门的要求填写报销审批单，并附有关财务报销凭证及公务卡消费凭证，按照本单位规定的财务报销程序报请审批。

本单位财务部门应当依托公务卡管理系统，认真审核公务卡报销事项。对于批准报销的公务卡消费支出，应当按规定时间，通过零余额账户办理公务卡还款手续。

⑥持卡人使用公务卡消费结算的各项公务支出必须在发卡行规定的免息还款期内到所在单位财务部门报销。因个人报销不及时而造成的罚息、滞纳金等相关费用，由持卡人承担；因持卡人所在单位报销不及时而造成的利息等费用，以及由此带来的对个人资信的影响等责任由单位承担。

确因工作需要，持卡人不能在规定的免息还款期内返回单位办理报销手续的，可由持卡人或公务卡管理制度规定的相关人员向单位财务部门提供持卡人姓名、交易日期和每笔交易金额的明细信息，办理相关借款手续，经财务部门审核批准，于免息还款期之前先将资金转入公务卡，持卡人返回单位后按财务部门规定的时间补办报销手续。

因向供应商退货等原因导致已报销资金退回公务卡的，持卡人应及时将相应款项退回所在单位的财务部门，并由单位财务部门及时退回零余额账户。

⑦财务部门必须建立健全公务卡结算账目，逐笔记载公务卡转账业务，账目要日清月结，做到账款相符。财务部门应于每日业务终了通过财务转账 POS 打印出当日交易明细清单，与“公务卡存款”收支明细账核对。已核对无误并经财务主管

签字后的明细清单作为补足备用金的依据。

⑧公务卡的使用和管理规范化是单位会计基础工作的必备要求，财务部门必须加强对公务卡结算的日常管理并对账务处理进行监督、检查和审计。

(4)现金支付

现金管理是财务管理的重要组成部分。搞好现金管理对于节约现金使用，保护现金安全，杜绝违法乱纪行为，防止丢失被盗等具有十分重要的作用。

①钱账分管。现金的收付、结算、审核、登记等工作不得由出纳一人兼管，应单独设置现金出纳岗位，由出纳负责现金收付工作，并登记现金账，会计与出纳分开；实行会计管账不管钱，出纳管钱不管账。现金必须放入保险箱内，出纳人员要随身携带保险箱钥匙，增强防范意识，妥善保管。

②遵守现金使用范围，严格按照国家《现金管理暂行条例》的规定用途使用现金。日常现金报销单笔限额在 2 000 元以内，单笔金额在 2 000 元以上的应通过银行办理转账。经办人员办理现金报销时，应当按照要求填写“现金支出单”，确保要素齐全、内容真实完整，由经办人签字后提交分管领导审核，最终由局长审批，出纳人员按照审批结果办理支付手续。

③严格按照银行审批、核定的库存现金限额提取备用金，超过限额的应及时送存银行。库存现金限额平时一般控制在 3 000 元以内，月底现金结算后余额不能超过 3 000 元，超过部分应及时解缴银行(零余额账户不可现金缴存)。

④现金收支业务必须根据合法凭证办理，凡不符合凭证要素规范的，不得报销、进账，自制凭证应写明内容、制单人、领用人及审核人。不得以借条抵现入账，收到现金后应当开给对方收款收据。

⑤不得“坐支”现金。收到的现金应于规定的时间内送存局专户(局零余额账户不可现金缴存)；需要支付现金时，应从库存现金限额中支付或从银行提取，不得从现金收入中直接支付。

⑥如实反映现金库存情况，收付现金要及时记账，每天业务终了要结出余额，做到日清月结、账款相符。不得以借据或白条抵库，月末将账面库存与实际库存核对。

⑦支付会务费、差旅费、参加各类会务活动和赴外地出差等，需办理相关手续，经局长批准，在暂支单上签字后方可领取支票或备用金，返回后 3 日内办理报销，经局长批准进行核销。

5.4 收入业务控制措施

5.4.1 收入业务的主要风险点

作为非偿还性资金，收入应当全部记入单位会计的收入类账户进行核算，不得隐匿在其他账户内，也不能另立账户，更不能账外设账，不能进行资金的体外循环。各单位应当根据自身收入的实际情况，在风险识别的基础上寻找关键控制环节上的风险点，并落实相应的防控措施。

实证分析 5.1 | 收入失控导致职务侵占

在北京中关村三小，学校事务由前校长王某一人说了算。学校收取赞助费没有收据，账外资金过亿元。2004 年 8 月，王某、刘某、张某在未经学校班子会议研究讨论的情况下，擅自决定组织学校部分班子成员、财务人员及家属共计 14 人前往南非好望角旅游，随行人员的费用全部用学校账外资金支付，共花费公款 21 万余元。2006 年 1 月，三人再次擅自决定组织学校部分班子成员、财务人员及家属等 17 人去美国夏威夷及西海岸旅游，共计花费公款 36 万余元，随行人员的费用同样全部用学校账外资金支付。海淀区检察院认为，王某等三人利用职务便利侵占公共财物，已构成贪污罪。

收入的主要风险点包括：①未建立健全收入管理制度和岗位责任制，不相容职责未分离，可能导致收入管理混乱，滋生舞弊风险，造成资金损失；②未由会计部门统一办理收入业务，其他部门和个人未经批准办理收款业务，可能导致贪污舞弊或者私设“小金库”的风险，造成资金损失；③未指定专人负责收集、整理、归档并及时更新与政府非税收入有关的文件，培训不力，可能导致相关人员未及时掌握管理规定，影响收入管理的效率，存在合规性风险；④未建立健全票据管理程序和责任制度，对各类票据的申领、启用、核销、销毁缺乏明确规定，未建立票据管理台账，可能导致票据管理混乱；⑤未设置专人对票据进行登记管理，未加强对票据的报管，可能导致票据丢失、相关人员舞弊的风险，造成资金损失；⑥各项收入未按照法定项目和标准征收，或者收费许可证未经有关部门年检，可能导致收费不规范或乱收费的风险，影响单位形象或遭受相关部门处罚；⑦违反“收支两条线”管理规定，截留、挪用、私分应缴财政的收入，或者各项收入不入账或设立账外账，可能导致私设“小金库”或者资金体外循环的风险；⑧执收部门和会计部门沟通不够，单位没有掌握所有收入项目的金额和时限，造成应收未收，可能导致单位利益受损的风险；⑨长期挂账的往来款项未及时追缴，款项回收不力，造成单位资金损失；⑩对于无法追缴的长期挂账应收款和冲减支出的交易或事项未核实真实性并按规定程序进行审批，做到账销案存，可能滋生舞弊，造成资金损失；等等。

5.4.2 收入业务控制要点

(1)合理设置收入业务岗位

单位应当根据国家有关的财务会计制度、本单位“三定”规定和单位的实际情况合理设置与收入业务相关的各个岗位，明确相关岗位的职责权限。可以实行“一人多岗”管理模式，但必须确保单位收款、开票与会计核算等不相容岗位相互分离，在单位内部的收入业务方面形成制衡机制，从而有效防范风险。

(2)收入预算执行控制要点

单位收入征收业务部门应建立健全收入台账制度，通过编报内部收入报表等，与财务部门加强衔接与沟通，确保收入实现的进度。

单位应当建立健全收入征收责任制，严格管理责任制。

单位应通过开展收入预算执行情况分析，及时找出收入管理中存在的问题，以确保全年收入的足额完成。收入预算执行情况包括月度(或季度)分析、年度分析和特殊需要分析。

(3)对收入业务实施归口管理

单位的各项收入应当由财务部门归口管理并进行会计核算，严禁设立账外账。业务部门应当在涉及收入的合同或协议签订后及时将有关材料提交财务部门作为账务处理的依据，确保各项收入应收尽收、及时入账。财务部门应当定期检查收入金额是否与合同约定相符；对应收未收项目应当查明情况，明确责任主体，落实催收责任。

(4)严格执行“收支两条线”管理规定

“收支两条线”的主要内容是将行政事业性收费、政府性基金、罚没收入、专项收入、国有资产(资源)收益等非税收入全额上缴财政，纳入综合财政预算统筹安排，并通过国库集中支付，实行收缴分离、收支脱钩，即实行收入与支出两条线管理。行政事业性收费和罚没收入按规定全额上缴国库或财政专户以后，执收执罚单位需要使用资金时，由财政部门根据需要统筹安排并核准，从国库或财政专户拨付，即不得“坐收”“坐支”①。

---

① “坐收”是指收取的款项不入账或不按规定入账，“坐支”是指将本单位的现金收入直接用于现金支出的行为。收取的该上缴上级的款项不但不上缴，而且用本应上缴的款项进行支出，这就是典型的“坐收”“坐支”行为。

“收支两条线”的管理对象包括非税收入。非税收入是指各级国家机关、事业单位、社会团体以及其他组织依据有关法律、行政法规的规定，履行管理职能、行使国有资产或者国有资源所有权、提供特定服务或者以政府名义征收、收取(缴)、提取、募集税收以外的财政性资金。“收支两条线”要求把非税收入纳入法制化、规范化、制度化管理的轨道。

(5)按规定上缴的款项

各项应当上缴的收入都应当按规定上缴国库。

例如，国有资产有偿使用收入主要包括对外投资取得的投资收益，以及利用国有资产出租、出借等取得的收入，是政府非税收入的重要组成部分，应严格按照规定及时上缴财政国库，纳入部门预算进行统一管理。

又如，国有资产处置收入包括出售实物资产收入、转让无形资产收入、转让股权差价收益、置换差价收入、报废报损残值变价收入、保险理赔收入、转让土地使用权收益等，凡属于国家所有，都应当比照非税收入收缴制度，实行“收支两条线”管理，即事业单位的国有资产属于国家所有，收入要及时、足额上缴国库，实行“收支两条线”管理。

(6)加强对票据的管控

单位的收费必须使用财政部门统一监制的收费票据，并应当建立健全票据管理制度，加强票据业务流程控制。

单位应当按照规定设置票据专管员，建立票据台账，做好票据的保管和序时登记工作。财政票据、发票等各类票据的申领、启用、核销、销毁均应履行规定手续。票据应当按照顺序号使用，不得拆本使用，并注意做好废旧票据管理。负责保管票据的人员要配置单独的保险柜等保管设备，并做到人走柜锁。单位不得违反规定转让、出借、代开、买卖发票等票据，不得擅自扩大票据适用范围。

5.5 支出业务控制措施

5.5.1 支出业务的主要风险点

单位不能混淆基本支出(人员支出和公用支出)与项目支出及其各项资金来源和用途的界限，应当根据自身支出的实际情况，在风险识别的基础上寻找关键控制环节上的风险点，并落实相应的防控措施。

支出业务的主要风险点包括：①未建立健全支出管理制度和岗位责任制，不相容职务未分离，可能导致支出管理混乱，滋生舞弊风险，造成资金损失；②支出的内部审批、审核、支付、核算和归档等关键环节权责不清晰，业务操作程序不明确，可能滋生舞弊风险，造成资金损失或管理效率低下；③支出申请不符合预算管理的要求，支出范围及开支标准不符合相关规定，基本支出与项目支出之间相互挤占，可能导致单位预算失控或者经费控制目标难以实现的风险；④支出未经适当审批，重大支出未经单位领导班子集体研究决定，可能导致错误或舞弊的风险；⑤支出不符合国库集中支付、政府采购、公务卡结算等国家有关政策的规定，可能导致支出业务违法违规的风险；⑥采用虚假或不符合要求的票据报销，可能导致虚假发票套取资金等支出业务违法违规的风险；⑦会计部门未根据业务的实质内容及时登记账簿，与支出业务相关的经济合同和专项报告未及时交存会计部门备案存档，可能导致会计核算错误和档案不完整；⑧对各项支出缺乏定期的分析与监控，对重大问题缺乏应对措施，可能导致单位支出失控的风险；等等。

5.5.2 支出业务控制要点

(1)建立健全支出内部控制制度

支出内部控制制度至少应当包括：明确各类支出业务事项的归口管理部门；严格执行支出业务事项的开支范围、开支标准以及所涉及的表单和票据；明确支出事项管控细则；理顺支出事前申请、审核、审批、支出借款和报销业务流程；明确与支出相关的内部审核审批权限、程序和责任；明确与支出业务相关的对账和检查责任。

对各项支出，凡是国家有规定的，应当严格执行国家规定；对国家无规定而由单位自定的，应当明确其报批的程序和标准，并报主管部门和财政部门备案。

对各项专项资金应根据专款专用的原则，明确专项资金的支出范围和核算办法；明确专项的完工验收及检查办法，明确专项资金结余的处理办法等。

(2)合理设置支出业务岗位

支出业务控制应当成为单位内部控制的重要领域并严格管控。为此，单位应当合理设置岗位，明确相关岗位的职责权限，确保支出申请和内部审批、付款审批和付款执行、业务经办和会计核算等不相容岗位相互分离。

单位的各项支出应当由单位财务部门按照有关规定审核办理，防止多头审批，重大支出项目应当集体讨论决定。

(3)加强支出事前申请控制

在日常工作中，业务工作人员应当根据工作计划、工作任务和单位领导的指示并结合预算指标，按照支出内部管理制度的规定，提出支出事前申请，经审核通过后具体开展相关业务。这种支出事前申请程序如果条件允许，最好借助信息系统完成，从而实现内部控制的“关口前移”和“计算机控制”。

(4)加强支出审批控制和复核控制

审批控制要求明确各项支出的内部审批权限、程序、责任和相关控制措施。审批人应当根据支出授权批准制度的规定，在授权范围内进行审批，不得超越审批权限。经办人应当在职责范围内，按照审批人的批准意见办理支出业务。

支出复核控制要求全面核对各类单据，重点审核单据来源是否合法，内容是否真实、完整，使用是否准确，是否符合预算，审批手续是否齐全。支出凭证应当附反映支出明细的原始单据，并由经办人员签字或盖章，超出规定标准的支出事项应由经办人员说明原因并附审批依据，确保与经济业务事项相符。

(5)规范费用报销业务控制流程

单位应当明确报销业务流程，按照规定的程序办理费用支付手续，并对签发的支付凭证进行逐笔序时登记。每一笔费用必须具有合理、合法的原始凭证，并附有关批件等资料、经办人签字，否则不予报销。使用公务卡结算的，应当按照公务卡使用和管理的有关规定办理业务。

(6)严格执行国库集中支付制度

实行国库集中支付，应当严格按照财政国库管理制度的有关规定执行。行政事业单位严格执行国库集中支付制度的主要要求：一是加强银行账户管理，二是认真做好国库集中支付改革范围的划分工作，三是推进公务卡制度改革，四是加强用款计划管理，五是加强国库集中支付会计对账工作，六是做好预算执行动态监控工作。

(7)加强支出核算和归档控制

由财务部门根据支出凭证及时、准确地登记账簿，与支出业务相关的合同等材料应当提交财务部门作为账务处理的依据。财务部门应当将与支出业务相关的会计凭证、文件及其他资料按照《会计基础工作规范》的规定及时归档、妥善保管，严防毁损、散失、泄密或不当使用。

(8)加强对支出业务的分析控制

单位应当定期分析支出情况，包括分析各业务部门的支出情况和预算执行进度，以及单位的各类基本支出、项目支出等，通过编制支出业务分析报告为单位领导的管理决策提供信息支持。对于支出事项中发现的异常情况，各单位负责人应及时采取有效措施，规范各项业务行为，保障各项工作的顺利开展。

5.5.3 基本支出——人员支出的控制要点

基本支出的使用要保障单位正常运转和完成日常工作任务，包括人员支出和公用支出。其中，人员支出是指维持机构正常运转且可归集到个人的各项支出。

人事部门负责单位职工工资薪金的管理工作；财务部门负责工资薪金的发放、个人所得税扣缴和公积金的缴纳。

人员支出的主要控制目标一是确保单位职工工资薪金的正常、按时发放，二是确保单位职工个人所得税、社保金及公积金的及时缴纳。

人员支出业务流程及其控制的基本程序如图 5.4 所示。

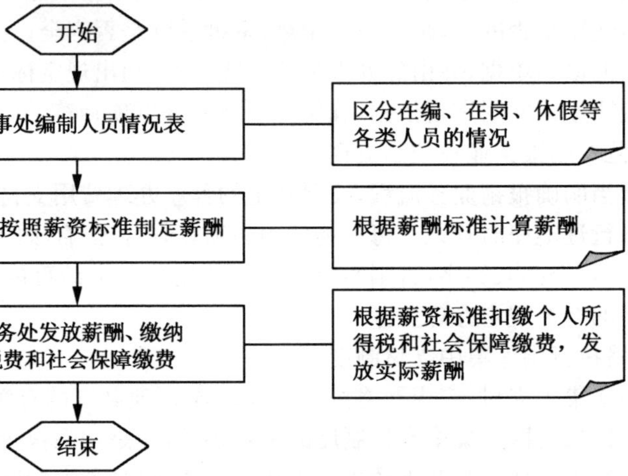

图 5.4　基本支出——人员支出业务流程

为了落实业务控制的要求，单位应结合单位的具体情况将“基本支出——人员支出”业务流程细化到人事处、财务处等部门和岗位，可采用矩阵图（如图 5.5 所示）来描述业务流程，对其中重要的业务环节和关键控制措施应当进行解释和说明（如表 5.4 所示）。

表 5.4　　基本支出——人员支出业务部分控制要求

流程序号	责任部门	业务控制要求
①	人事处	明确薪酬报送的时间和要求
②	职能部门	结合人员的在岗情况、业绩情况编制薪酬表，经本部门负责人审核后报人事处
③	人事处	根据职工的岗位、职级、考勤和业绩等情况审核人员薪酬
⑤	财务处	及时代扣代缴个人所得税、社保金及公积金等社会缴费；根据薪资标准扣缴个人所得税和社会保障缴费，发放实际薪酬，向税务局报税，向社会保障部门缴纳各种社会保障缴费

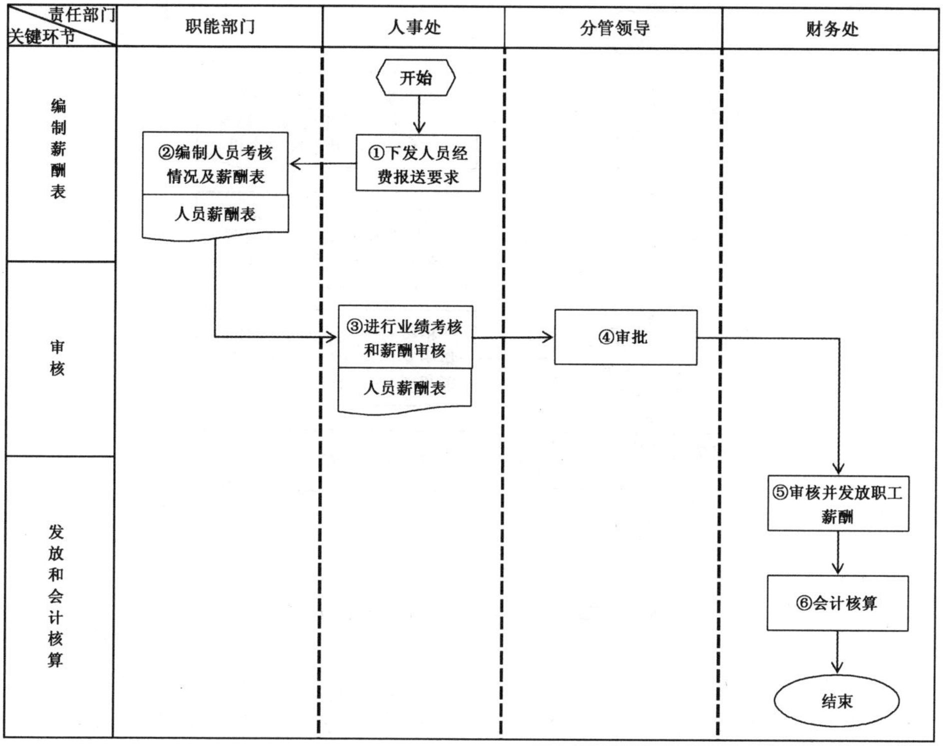

图 5.5　基本支出——人员支出业务控制流程

5.5.4　基本支出——公用支出的控制要点

公用支出的经费是用于维持机构正常运转，不能归集入个人的各项支出。

公用支出的使用部门负责提出用款计划。财务部门进行用款计划审核。超范围、超额度的公用支出由单位分管领导审批，如需根据授权审批程序进一步审批的，还需按规定执行。

公用支出的主要控制目标：一是符合国家相关法律法规的规定，包括开支范围和标准等；二是符合规定的程序与规范，审批手续完备；三是支出真实、合理。

各职能部门发生日常公用支出后，经办人应按费用报销流程的规定办理报销手续。财务部门在额度范围内予以报销，凭相关原始凭证进行会计核算，其基本的控制流程如图 5.6 所示。

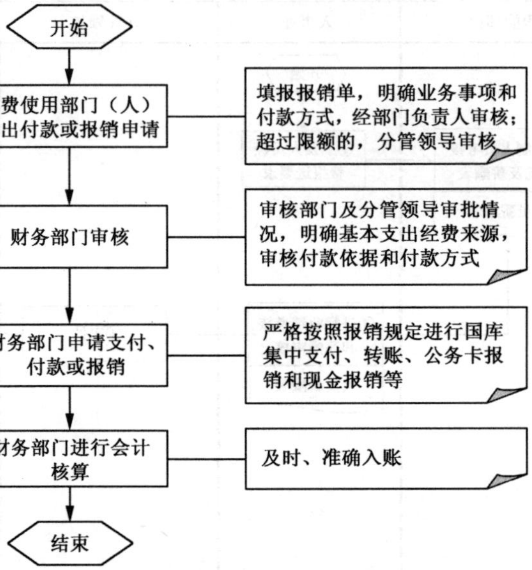

图 5.6　基本支出——公用支出业务流程

财政部门对单位下达公用经费年度预算额度后，单位要根据各职能部门的职责和分工划分各职能部门的公用经费额度。若当月公用经费额度不足，经费使用单位可在预算管理系统中提前申请以后月份的额度；若仍不足，需按照预算调整的程序，申请调整预算，获得审批后进行经费报销。

单位的公用经费只能用于单位的基本运转，不得用于发放人员经费。公用经费由财务部门归口管理，各部门按照业务分工对公用经费的预算、使用进行管理；对于超过部门预算的公用经费，需要由分管领导进行审批，具体控制环节如图 5.7 所示，其部分控制要点如表 5.5 所示。

表 5.5　　基本支出——公用支出业务控制要点

流程序号	责任部门	业务控制要求
①	财务处	根据部门的业务特点、人员情况等核定各部门的公用经费额度
③	职能部门	正常业务活动的经费超过限额的，需经分管领导审批
⑥	职能部门	年末，职能部门应对本部门的公用经费使用情况进行分析，区分外部因素和管理因素，提高公用经费的管理水平

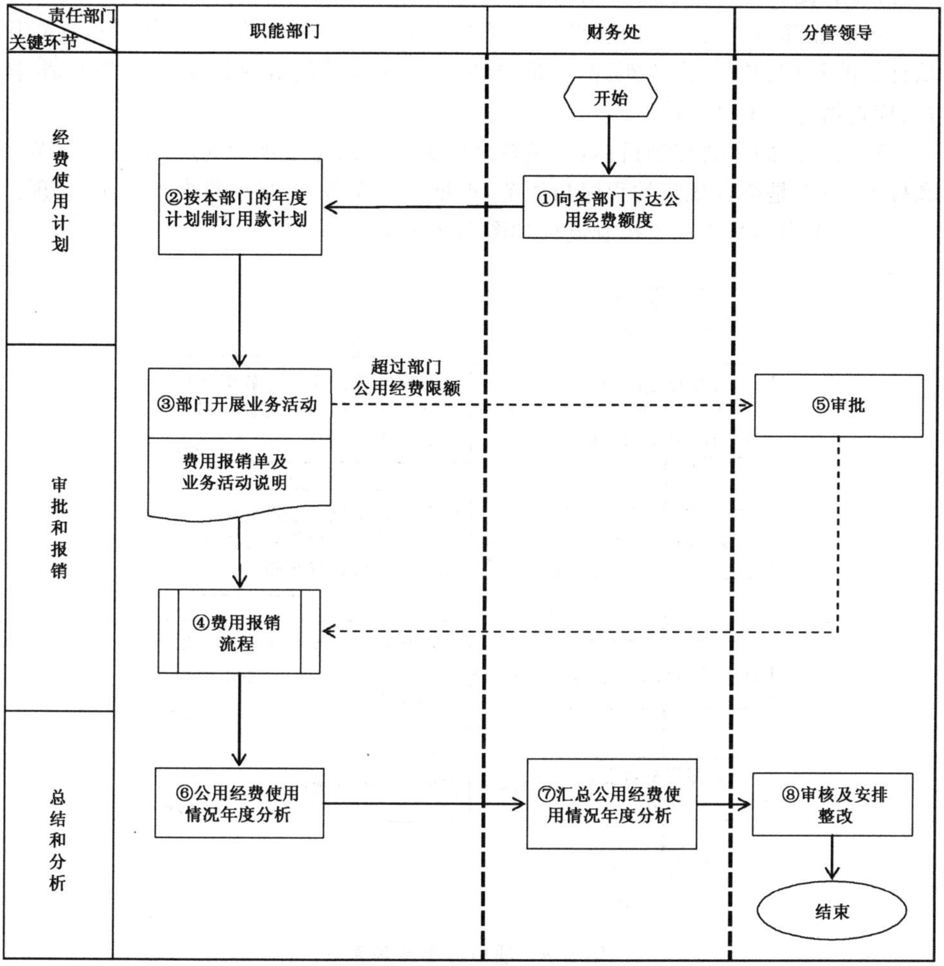

图 5.7　基本支出——公用支出业务控制流程

5.5.5　项目支出的控制要点

项目支出是指单位为完成特定的工作任务而发生的支出。① 项目支出要按照批准的项目和用途使用，保证专款专用、单独核算，加强检查监督，保证项目支出的

① 本节所述的项目支出为非基本建设项目支出。对于基本建设项目支出应单独专项控制，详见本书第 8 章的具体介绍。

合理使用,提高项目资金的使用效益。

各职能部门负责本部门项目支出经费的用款申请和执行,财务部门负责对用款计划的复核和执行进度跟踪,各职能部门分管领导负责项目支出经费申请、执行、检查情况的审批工作。

项目支出的主要控制目标:一是符合国家相关法律法规的规定,包括开支范围和标准等;二是符合规定的程序与规范,审批手续完备;三是项目支出真实、合理。

项目支出的基本业务控制流程如图 5.8 所示。

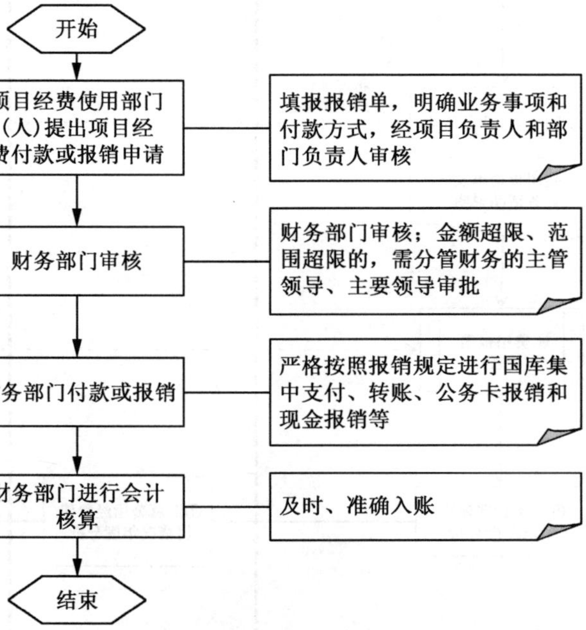

图 5.8　项目支出业务流程

不同项目的规模大小、金额多少、时间长短、重要程度等可能千差万别,因而需要分别立项、分别管理,有针对性地加以控制。一个完整的项目管理涉及项目申请、项目立项和审批、项目预算编制、项目支出、项目评价与考核等环节。在项目立项和审批阶段,如需外部专家的,应组织外部专家的咨询和论证,确保项目立项合理。

项目业务(非基建)控制的基本流程如图 5.9 所示,其部分控制要求举例如表 5.6 所示。

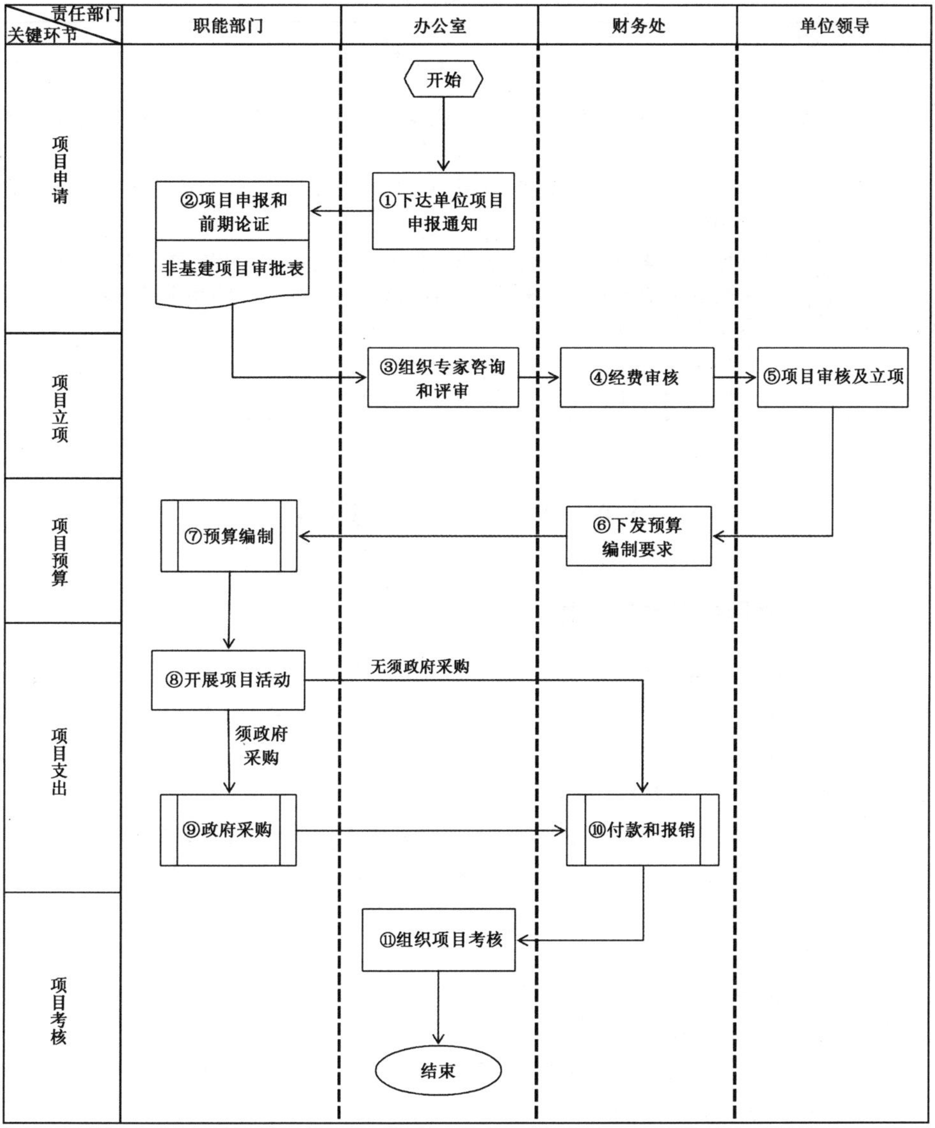

图 5.9　项目业务控制流程

表 5.6　　项目支出业务控制要点

流程序号	责任部门	业务控制要求
②	职能部门	项目申报和前期论证：根据事业规划及业务需要，拟定重点项目；在申报前需进行必要的论证，对经费进行初步测算
③	办公室	组织专家咨询和评审：对申报项目进行论证和分析，专业性项目咨询专家或组织专家评审
⑧	职能部门	开展项目活动：开展项目活动过程中会购买资产、服务、工程等，达到政府采购要求的按照政府采购程序执行；未达到政府采购要求的，按照付款和报销流程执行
⑪	办公室	组织考核：项目结束，由办公室组织对项目进行考核，考核内容包括项目实现成效的评价、经费使用情况的评价、项目的社会效益等

5.6　费用报销控制措施

5.6.1　费用报销的规范要求

任何单位都应当建立健全各项费用支出业务的规章制度，明确各岗位职责权限，确保不相容岗位相互分离、制约和监督；加强对各类票据的审核，确保凭证来源合法、内容真实、金额正确、审批手续齐全；严格按规定办理资金支付手续；及时登记、核对账目，做到日清月结，账账、账实相符。

“三公经费”是费用报销监控的重点。为了深入落实中央“八项规定”，持之以恒纠正“四风”，坚持厉行勤俭节约、反对铺张浪费，应当切实加强对公务接待、公务用车、因公出国（境）的监督管理，严格控制“三公经费”支出。

（1）出国（境）经费管理

第一，严格履行出国（境）审批备案制。单位工作人员确需出国（境）的，必须严格按照上级有关文件执行。

第二，财务部门要加强因公出国（境）经费的核算和管理，严格执行因公出国（境）经费报销规定。出国（境）费用报销必须附因公出国（境）任务批件、正式发票及费用清单，按财务有关规定办理。因私出国（境）产生的费用，一律不予报销。

第三，按规定审批备案的因公出国（境）活动中擅自安排旅游项目的，旅游项目费用由个人承担。不得核报与公务无关的开支和超标准、计划外发生的费用。

第四，规范单位职工外出考察学习活动，一律不准借考察学习名义用公款组织外出旅游。经审核批准后组织外出考察学习的，不得借机安排旅游项目。

(2)公务车辆管理

第一,严格按照公车编制和配备标准进行车辆的更新和购置。

第二,更新和购置车辆应严格按照规定程序审批和采购。

第三,达到更新年限的车辆在确保车况、行车安全及修理费不大幅增长的前提下尽量继续使用。

第四,对车辆修理实行责任到人、专人管理,坚决杜绝不必要的浪费,尽量降低车辆维修费用。

第五,制定相关的车辆日常管理制度,对车辆实行统一管理。

(3)公务接待管理

第一,公务接待坚持节约简朴的原则,严禁奢侈浪费。进一步完善接待管理办法,建立健全公务接待审批制度,明确公务接待的范围、审批手续和标准。

第二,公务接待中,严禁使用高档烟酒和用公款购买礼品,提倡对口接待,食堂就餐,控制陪客人数,严格申报审批程序,禁止工作日午餐饮酒。严禁市内上下级之间、同级之间用公款互相请吃请喝。

第三,公务接待费用全部在"公务招待费"科目和部门决算中如实反映,不得列入其他费用支出科目,不得转移列入基建项目管理费用和下属单位列支,也不得列入单位食堂成本。

5.6.2 费用报销凭证

凡与本单位业务活动有关的,具有合法、有效原始凭证并经审批程序批准同意的人员经费、公用经费、设备购置经费、基本建设经费等支出均按规定列入报销的范围,即各项支出取得的原始凭证符合相关规定,相关资料完整,审批手续完备。

审计署审计长刘家义在2010年6月23日向全国人大常委会做2009年度中央预算执行和其他财政收支的审计工作报告时表示,审计署抽查的56个中央部门已报销的29 363张可疑发票中,有5 170张为虚假发票,列支金额为1.42亿元。其中,8个部门本级和34个所属单位在无真实经济业务背景的情况下,利用虚假发票套取资金9 784.14万元,主要用于发放职工福利、补贴等;12个部门本级和37个所属单位对票据审核把关不严,接受虚假发票报账4 456.66万元。如此严重的虚假发票案件触目惊心。

实证分析5.2 | 谨防凭证造假风险

某健康职业技术学院巫院长在2006～2013年7年间,利用职务之便,伙同他人采用虚报工资、虚开发票等手段,侵吞公款813万元,收受贿赂89.5万元。经审计,他们变造的签单有1 646份之多,且旷日持久。

某航空航天大学数学学院孟主任于2010年12月至2011年9月间，采取伪造领导签字、虚开会议通知、虚构会议支出和办公用品支出等手段，先后多次挪用项目经费237万余元；2011年1～8月，通过在报销单、劳务费列表、学生助学金等列表上伪造领导签字、伪造领用人签字等方式，先后多次虚报冒领项目经费27万余元。

为谨防类似风险，可以采取以下措施：一是财务部门应该预留领导的签字，以加强对签字的真假比对，及时发现虚假签字痕迹；二是财务部门对于只有一个领导签字的报销单据必须进行仔细确认，特殊时候可以直接报签字领导确认；三是对领导的签字发票进行定期汇总或抽样报审批领导再次确认；等等。

合法有效的原始凭证是指由售货单位或提供服务单位开具的，注明开票日期、购货单位名称（接受服务单位名称）、商品名称或服务类别、数量、单价及金额，加盖售货单位（提供服务单位）印章或发票专用章的发票（收据）；支出数额较大且发票中无法表明所购全部商品的，必须附所购物资的明细清单。

某单位将有关支出业务事项所涉及的表单和票据（摘要）列示如表5.7所示。

表5.7　支出事项涉及的表单和票据

支出事项	表单和票据的相关要求
水电费	外部票据：水费缴费发票、电费缴费发票 内部表单："费用报销审批单"
物业管理费	外部票据：物业管理费发票 内部表单："费用报销审批单""物业管理合同"
交通费	外部票据：燃油、保险、车船税、停车、洗车、过路过桥费的发票，一卡通缴费专用发票 内部表单："费用报销审批单""燃油充值金额一览表"、保险单复印件等
差旅费	外部票据：飞机、火车、轮船等发票，保险发票，订票发票，住宿费发票 内部表单："费用报销审批单"、相关单位邀请公函或会议通知单
出国（境）费	外部票据：机票（盖代办公司章）、核汇单和换汇水单、有资质的旅行社或代办公司提供的订票费等发票 内部表单："费用报销审批单"、经审批盖章的"因公出国（境）经费审核表""因公出国赴港澳任务批件"、领导办公会议纪要、银行出具的"出境（国）用汇审批表"、护照（含签证、签注和出入境记录）复印件、旅行社相关合同等
会议费	外部票据：外部结算单据 内部表单："会议报销审批单"，与会议相关的内部签报及能够证明会议议题、议程、会期、地点、与会代表人数、相应的预算指标、实际报销金额以及各项费用构成等内容的内部表单

5.6.3 费用报销标准

任何费用都应当制定报销标准，包括外部法定标准和内部规定标准，以便有法可依、有法必依。上海某机关将有关支出业务的开支标准（摘要）列示如表 5.8 所示。

表 5.8　　支出业务事项的开支标准

支出事项	开支标准
人员经营	按照财政部门与人事部门制定的标准执行
水电费	按照水务公司与电力公司制定的标准执行
接待费	按照单位接待工作相关标准（类型/级别）执行
培训费	上海市市级机关培训费管理办法（沪财行〔2017〕45 号）
会议费	上海市市级机关会议费管理办法（沪财行〔2017〕46 号）

各地各项费用的报销是政策性很强的工作。例如，差旅费是指工作人员临时到常驻地以外的地区公务出差所发生的城市间交通费、住宿费、伙食补助费和市内交通费。其中，住宿费是指工作人员因公出差期间入住宾馆（包括饭店、招待所）发生的房租费用，出差人员应当在职务级别对应的住宿费标准限额内选择安全、经济、便捷的宾馆住宿；伙食补助费是指对工作人员在因公出差期间给予的伙食补助费用，按出差自然（日历）天数计算，按规定标准包干使用；市内交通费是指工作人员因公出差期间发生的市内交通费用，按出差自然（日历）天数计算，每人每天一定数额包干使用，出差人员由接待单位或其他单位提供交通工具的，应向接待单位或其他单位缴纳相关费用。

上海市专门印发了《上海市市级机关差旅住宿费标准明细表》的通知（沪财行〔2016〕19 号），其中，对京、津、沪地区的住宿费标准规定如表 5.9 所示。

表 5.9　上海市市级机关差旅住宿费标准明细表摘要（京、津、沪地区）　　单位：元/人·天

<table>
<tr><th rowspan="2">序号</th><th colspan="2" rowspan="2">地区（城市）</th><th colspan="3">住宿费标准</th></tr>
<tr><th>部级</th><th>司局级</th><th>其他人员</th></tr>
<tr><td>1</td><td>北京</td><td>全市</td><td>1 100</td><td>650</td><td>500</td></tr>
<tr><td rowspan="2">2</td><td rowspan="2">天津</td><td>6 个中心城区、滨海新区、东丽区、西青区、津南区、北辰区、武清区、宝坻区、静海区、蓟县</td><td>800</td><td>480</td><td>380</td></tr>
<tr><td>宁河区</td><td>600</td><td>350</td><td>320</td></tr>
<tr><td>10</td><td>上海</td><td>全市</td><td>1 100</td><td>600</td><td>500</td></tr>
</table>

随着政策的变化，费用的报销也会做出调整，单位的内部控制制度应当及时修改。例如，2016 年 3 月 14 日，上海市财政局以沪财行〔2016〕6 号发出《关于本市市级机关工作人员到郊区县开展公务活动差旅费有关问题的通知》，明确“住宿费在差旅费管理办法规定的标准内据实报销。伙食费和交通费按公务活动天数计算，按规定标准包干使用。其中，到浦东新区（中环线以外）、宝山区、嘉定区、松江区、闵行区、青浦区、奉贤区、金山区的伙食费和交通费合计为每人每天 120 元，到崇明县的伙食费和交通费合计为每人每天 150 元。对自行驾车前往的，途中发生的过桥过路费用，可另外凭发票据实报销。统一安排住宿、伙食、交通工具的，不再报销相关费用”。

出差人员应当严格按规定开支差旅费，费用由所在单位承担，不得向下级单位、企业或其他单位转嫁。

城市间交通费按乘坐交通工具的等级凭据报销，订票费、经批准发生的签转或退票费、交通意外保险费凭据报销。住宿费在限额标准内凭发票据实报销。伙食补助费按出差目的地的标准报销，在途期间的伙食补助费按当天最后到达目的地的标准报销。市内交通费按规定标准报销。未按规定开支差旅费的，超支部分由个人自理。

工作人员出差结束后应当及时办理报销手续。差旅费报销时应当提供出差审批单、机票、车票、住宿费发票等凭证。住宿费、机票支出等按规定用公务卡结算。

财务部门应当严格按规定审核差旅费开支，对未经批准出差以及超范围、超标准开支的费用不予报销。

实际发生住宿而无住宿费发票的，不得报销住宿费以及城市间交通费、伙食补助费和市内交通费。

5.6.4 报销审批权限

为了明确单位各部门各岗位的审批权限及管理流程，使费用管理清晰化，从而提高工作效率，不少单位有明确的费用报销审批权限。

实证分析 5.3 | 某学院经费审批权限及流程摘要

一是经费开支在 5 000 元（含）以下的，经部门负责人、分管院领导审批，报廉政监督小组审核后，到财务处办理报销手续。

二是经费开支在 5 000～20 000 元（含）的，经部门负责人、分管院领导审核签字，廉政监督小组审核，财务处稽核签字后，报分管财务的院领导审批。

三是经费开支在 20 000 元以上的，经部门负责人、分管院领导审核签字，廉政监督小组审核，财务处稽核签字，分管财务的院领导审批后，报院长审批。

四是设备购置以及修缮、改造、装修等项目开支在 50 000 元(含)以下的，经管理部门负责人、分管院领导审批，报廉政监督小组审核后，到财务处办理报销手续。

五是设备购置以及修缮、改造、装修等项目开支在 50 000～200 000 元(含)的，经管理部门负责人、分管院领导审核签字，廉政监督小组审核，财务处稽核签字后，报分管财务的院领导审批。

5.6.5 报销业务流程与相关要求

第一，各职能部门根据实际发生的支出事项及时取得相关原始凭证和资料，由经办人及时填写报销单据，并附原始凭证和资料，经部门主要负责人审核后，有归口部门的交由归口部门审核，经归口部门主要负责人审核后，报财务部门审核。无归口部门的直接交由财务部门审核。

第二，会计负责审核相关原始凭证。对不真实、不合法的原始凭证不予接受；对记载不准确、不完整的原始凭证予以退回，并按要求更正、补充。超过财务部门审核的报销限额的，应审核后报分管单位领导审批。

第三，出纳申请费用支付方式。财政授权支付部分，在预算管理系统中录入相应收款人信息，匹配相关计划额度，打印银行票据，加盖银行印鉴章后交银行支付款项。支付给相关单位的款项应通过银行转账方式支付。支付给个人的款项，凡超过单位限定金额的，应当使用公务卡结算；不超过限定金额及无刷卡条件支付的部分可以现金报销。财政直接支付部分，由出纳填写财政直接支付申请单据，经财务负责人签字审核并加盖财务部门公章后，连同相关原始凭证复印件，上报主管部门审核。主管部门审核后报财政主管部门审批。

第四，报销费用支付后，出纳凭相关原始凭证登记日记账。出纳应定期核对零余额账户，确保零余额账户与预算系统授权支付统计表的相应额度相符。定期核对银行存款账户，确保银行存款账户余额与银行对账单相符。定期盘点现金，确保库存现金与日记账账实相符。

费用报销业务的具体流程如图 5.10 所示。

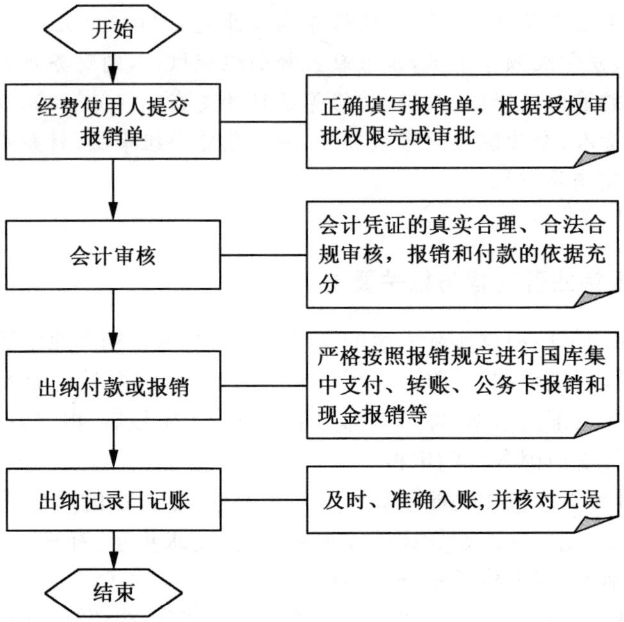

图 5.10　费用报销业务控制流程

5.7　收支管理关键控制环节

5.7.1　权力制约与岗位分离

收支业务控制的关键岗位包括：单位主要领导，分管财务的主管领导；财务部门负责人，财务部门的会计岗位、出纳岗位；各职能部门的主要负责人、各职能部门预算业务和财务报销的工作人员等，应当在制度中明确职责权限等。

通过收支业务过程中决策、执行、监督的“三权”分配（如表 5.10 所示），有助于实施“三权”分离，对于防范收支风险相当重要。

财务部门是单位收支业务的归口管理部门，负责对单位基本支出经费（人员支出、公用支出）、项目支出经费的收款和付款审核、报销及会计核算等工作。各职能部门负责本部门的收支业务申请和审核，按经费管理的有关规定使用各类经费。

表 5.10　　收支控制"三权"分配表

<table>
<tr><th colspan="3">"三权"分配
业务与岗位</th><th>决策权</th><th>执行权</th><th>监督权</th></tr>
<tr><td rowspan="7">收支控制</td><td colspan="2">单位领导</td><td>审批限额内资金支出，大额资金使用应集体决议</td><td></td><td>上级对下级的日常审查、督导与审计监督</td></tr>
<tr><td rowspan="3">财务部门</td><td>财务负责人</td><td>审核收入，审核资金使用申请金额，审核限额内资金支出</td><td></td><td></td></tr>
<tr><td>会计</td><td></td><td>资金收支、资产新增或处置等及时入账、定期对账，确保财务信息真实、完整；定期编制收支分析报告；定期进行资金盘点</td><td></td></tr>
<tr><td>出纳</td><td></td><td>执行资金支付，日常零星报销</td><td></td></tr>
<tr><td colspan="2">业务部门</td><td></td><td>提出资金使用申请，按要求使用获批资金</td><td></td></tr>
<tr><td colspan="2">审计部门
纪检部门</td><td></td><td></td><td>定期抽查资金使用状况，对支出和效果进行绩效考评，及时报告问题，提出改进意见或建议</td></tr>
</table>

在财务机构内部有必要建立会计回避制度。例如，出纳以外的人员不得经管现金、有价证券和票据；出纳人员应做好现金日记账和银行存款日记账的登记工作，但不得兼任稽核、会计档案保管和收入、支出、费用、债权债务账目的登记工作；单位的法定代表人不得兼任本单位的会计或者出纳；单位的法定代表人、其他主要负责人的近亲属不得在本单位担任会计机构负责人；会计人员的近亲属不得在同一会计机构担任会计工作；单位的法定代表人、其他主要负责人、会计机构负责人以及会计人员因执行公务而发生的财务收支，本人不得审批；等等。

收入业务的不相容岗位至少应当包括以下几项：①收入预算的编制与批准岗位分离；②票据的使用与保管岗位分离；③收入征收与减免审批岗位分离；等等。

支出业务的不相容岗位至少应当包括以下几项：①支出标准（定额）、预算的编制与审批岗位分离；②支出的执行与审批岗位分离；③支出的执行与相关会计记录岗位分离；等等。

5.7.2 严格控制财务印鉴章

财务印鉴章是银行预留的印鉴，是指单位在开户时在银行留下的单位用于支取存款、转账，以及签订协议、开立证明等所需提供的唯一可用的证明。所以，财务印鉴章只限于签发转账支票、现金支票和办理结算，不得挪作他用，禁止无权盖印。

财务印鉴章必须分开保管，法人印章和银行印鉴章必须分开存放、专人使用、专人保管。严禁一人同时拥有法人印章和银行印鉴章。

财务印鉴章不得擅自带出财务部门，如工作需要，必须经领导批准同意。财务印鉴章和法人印章禁止出借。

财务印鉴章如有损坏、丢失要立即报告领导，并向开户银行备案，明确日期，停止使用。更换财务印鉴章时必须按有关法定程序办理，不得随意更换。

5.7.3 债务风险控制

凡是经批准发生举债业务的，都会发生与债务相关的收支业务，都应当加强债务管理，谨防债务风险。债务业务控制要点如下：

一要建立健全债务内部管理制度。至少需要明确以下内容：债务业务的归口管理部门；债务业务的管理岗位及职责权限；债务业务的工作流程、审批权限和责任划分；债务合同(协议)的订立、履行、登记等程序；大额债务的认定标准；与债务相关的对账和检查责任。

二要合理设置债务业务岗位。单位应当落实财务部门负责债务管理，明确相关岗位的职责权限，确保举债申请与审批、债务业务经办与会计核算、债务业务经办与债务对账检查等不相容岗位相互分离，并加强制约和监督。任何单位不得由一人办理债务业务的全过程。

三是对举借债务进行充分论证。单位应当在举借债务之前，对债务业务进行充分评估和论证。财务部门应当根据国家规定、单位实际的支出需求、宏观经济和金融市场形势，恰当选择举债方式，编制债务融资和偿还方案，并对方案进行评估和论证，对于大额举债还应当由单位领导班子集体研究决定。

四要加强对债务业务的审批控制。单位应当在债务内部管理制度中明确规定举借和偿还债务的审批权限、相关程序及责任。举债和偿还应当严格执行审批程序。大额债务的举借和偿还属于重大经济事项，应当实行集体决策审批或者联签制度。

五要加强债务业务的日常管理，包括严格按照规定的用途使用债务资金；做好债务的会计核算和档案保管工作；加强债务的对账和检查控制，定期与债权人核对债务余额，按照债务融资和偿还方案安排还本付息资金，做好偿债准备，按时足额还本付息，进行债务清理，防范和控制财务风险；及时评价债务业务活动，发现问题应当确定整改措施，追究违规人员的责任。

经验分享 5.2 | 债务业务风险点及相应防控措施

某单位对债务进行风险识别后，找出关键环节的风险点及相应的防控措施如表 5.11 所示。

表 5.11　　债务业务风险点及相应防控措施

流程	关键环节	风险点	主要防控措施	责任主体
债务业务管理	债务项目确定及审批	未经充分论证或未经集体决策，擅自对外举借大额债务，可能导致不能按期还本付息，出现财务风险	①进行债务项目论证和评估，财会部门编制债务融资和偿还方案 ②大额债务在充分论证的基础上，由单位领导班子集体决定 ③需报请主管部门和财政部门进行外部审批的，按照规定报批	单位负责人，债务业务归口管理部门
	债务项目的履行	债务管理和监控不严，没有做好还本付息的准备，出现财务风险或单位利益受损	①按照规定的用途使用资金 ②财会部门按照债务融资和偿还方案按时还本付息，做好偿债准备 ③财会部门定期核对债务余额，进行债务的对账和检查控制 ④归口部门及时进行债务清理，防范和控制债务风险	单位负责人，债务业务归口管理部门，财会部门
	债务核算与归档	债务没有及时纳入账内核算，形成账外债务风险	①财会部门及时进行债务核算 ②做好档案保管工作，妥善保管相关记录、文件和凭证	财会部门

第 6 章　采购业务控制规范

采购环节舞弊易发，识别风险十分重要，应当严格采购控制程序，规范采购行为，防范失控风险。

6.1　采购业务与风险评估

6.1.1　采购业务与采购管理

公共部门采购控制的主要对象是政府采购行为，即对政府采购行为进行法制化管理。公共部门为了开展日常政务活动或为公众提供服务，在财政的监督下，以法定的方式、方法和程序，通过公开招标、公平竞争等形式购买货物、工程和劳务（如图 6.1 所示）。

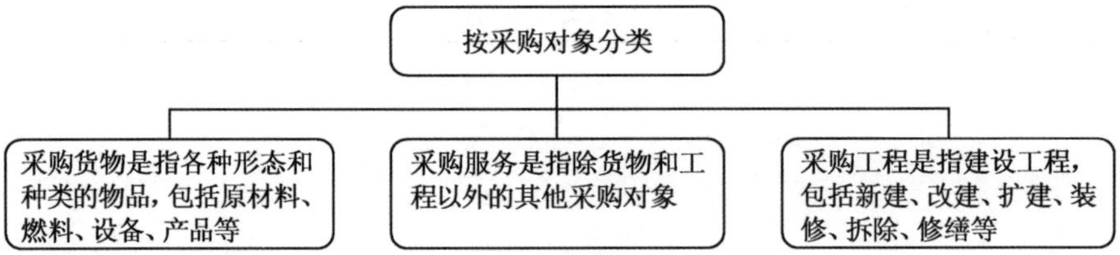

图 6.1　采购按采购对象的分类

采购活动涉及预算编制、采购组织、资金拨付等诸多环节。采购管理的总体思路是，对采购业务流程进行梳理，明确业务环节，通过系统分析，确定风险点，重点把握关键环节控制点，把内部控制的目标、控制要点以及业务循环的过程融为一体，促使内部控制流程的有效运转，保证采购业务目标与控制目标同步实现。

采购活动应当实施分类管理。单位可以根据采购金额的大小以及采购物品的复杂程度确定不同的采购类别。对金额大且性能复杂的物资需要强化风险评估，进行严格的招投标管理，并由专业人员选择优质供应商；对于金额大但采购相对简单且频率较高的，可以进行年度招投标，建立长期供货关系，并做好年度供应商评价；对于金额较小但性能复杂的物资需要做好准入测试和必要的到货验收；对于金额小且较简单的物资可以管理得较为宽松，以提高采购效率。

政府采购是指单位使用财政性资金，按照《中华人民共和国政府采购法》(以下简称《采购法》)的规定集中采购目录以内的或者采购限额标准以上的货物、工程和服务的行为，分为集中采购和分散采购等。政府集中采购目录和采购限额标准依照《采购法》规定的权限制定。属于中央预算的政府采购项目，其集中采购目录由国务院确定并公布；属于地方预算的政府采购项目，其集中采购目录由省、自治区、直辖市人民政府或者其授权的机构确定并公布。

6.1.2 采购方式与采购过程

采购方式是各类主体在采购中运用的方法和形式的总称，可以分为以下几种：

(1)集中采购

集中采购是指采购人将列入集中采购目录的项目委托集中采购机构代理采购或者进行部门集中采购的行为(如图 6.2 所示)。

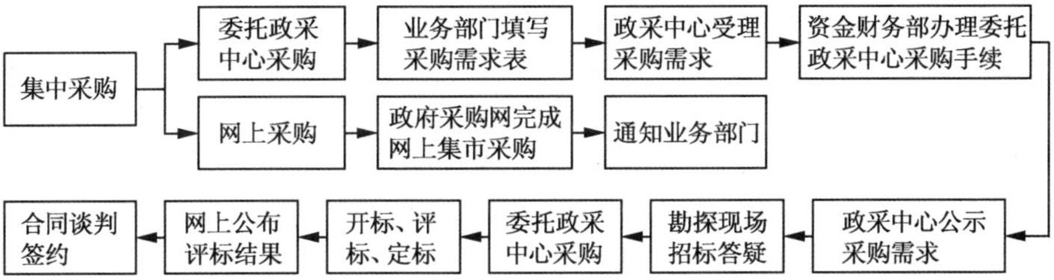

图 6.2 政府集中采购流程

集中采购由资产管理处委托市政府采购中心代理采购，分为以下两种：

一是电子集市采购：采购的货物属于年度政府采购集中采购目录范围内集市采购的，由市政府采购中心定期招投标后在政府采购网上发布，按照协议采购网上供货，由资产管理处实行电子集市竞价采购；属定点采购的，由资产管理处实行电子集市直购方式采购。

二是非电子集市采购：采购的货物属于年度政府采购集中采购目录范围内非集市采购的，由资产管理处委托市政府采购中心代理采购。其中，采购的货物预算金额在规定限额以上的，由资产管理处委托市政府采购中心组织公开招标采购，相关招投标手续由市政府采购中心代理。采购货物预算金额在规定限额以下的，由资产管理处委托各级政府采购中心组织非招标采购方式采购，相关手续由各级政府采购中心代理。

(2)分散采购

分散采购是指采购人将采购限额标准以上的未列入集中采购目录的项目自行采购或者委托采购代理机构代理采购的行为(如图 6.3 所示)。

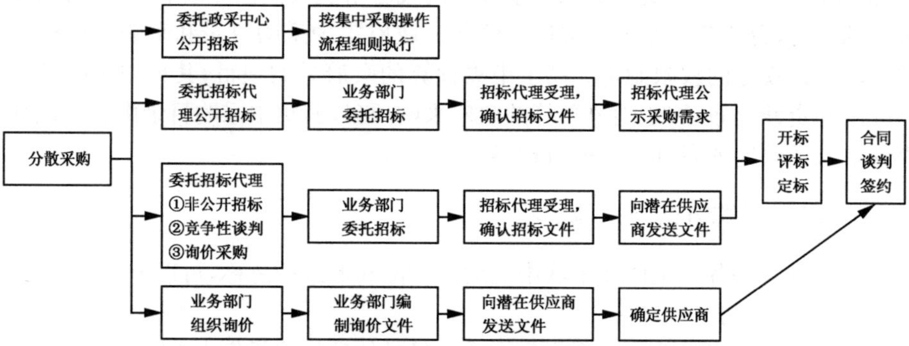

图 6.3　分散采购流程

《上海市 2019—2020 年政府采购集中采购目录和采购限额标准》规定：货物类项目、服务类项目 50 万元，工程类项目 100 万元为政府采购限额标准。集中采购目录以外、预算金额在限额标准以上的项目，属于分散采购项目，采购人可以自行采购，也可以委托政府采购代理机构采购。集中采购目录以外、预算金额未达到限额标准的项目，属于非政府采购项目，由采购人按照相关预算支出管理规定和本单位内部控制采购规程组织实施采购。

分散采购又分为以下几种：

一是公开招标，招标人以招标公告的方式邀请不特定的法人或者其他组织投标。政府采购货物和服务类项目公开招标数额标准为 400 万元。政府采购工程以及与工程建设有关的货物、服务，其公开招标数额标准按照《必须招标的工程项目规定》(国家发展改革委令第 16 号)执行。

二是邀请招标，招标采购单位依法从符合相应条件的供应商中随机选择 3 家以上，并以投标邀请书的方式邀请其参加投标。

三是竞争性谈判，谈判小组从符合相应条件的供应商名单中确定不少于 3 家参加谈判，并向其提供谈判文件的一种采购方式。

竞争性谈判必须符合以下情形之一：①招标后没有供应商投标，或者没有合格标的，或者重新招标未能成立的；②招标所需时间不能满足工作需要的；③技术复杂或者性质特殊，不能确定详细规划或者具体要求的；④不能计算出价格总额的；⑤涉及保密信息，不宜提前公开相关事项内容的。

四是询价采购，是指询价小组根据采购需求，从符合相应条件的供应商名单中确定不少于 3 家向其发出询价单让其报价，由供应商一次报出不得更改的报价，然后询价小组在报价的基础上进行比较，并确定最优供应商的一种采购方式，也就是通常所说的“货比三家”，是一种相对简单而又快速的采购方式。

(3)授权采购

授权采购(自行采购)是指对于在政府集中采购目录所列举的范围之外而在采购限额标准以下的政府采购项目，由单位自行实施的采购活动(如图 6.4 所示)。

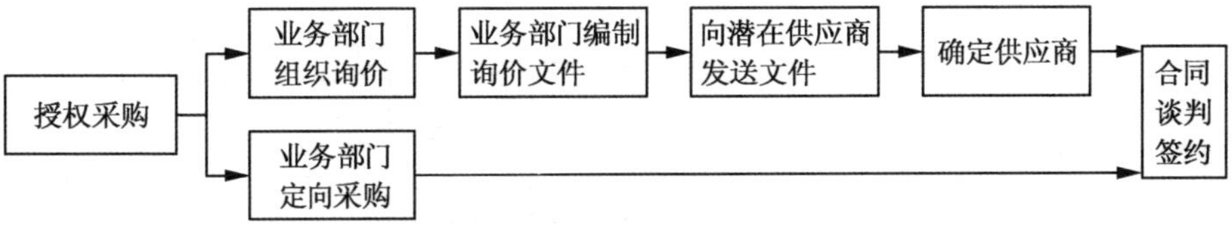

图 6.4　授权采购流程

授权采购分为以下几种：

一是询价采购，对采购内容简单、标准相对统一的，可向不少于 3 家符合条件的供应商发出询价通知。在回复的供应商报价中，业务部门根据符合采购需求且报价最低的原则确定成交供应商，并将结果通知所有被询价的未成交供应商。

二是定向采购，采用该种方式产生供应商的，业务部门需提交情况说明。

(4)单一来源采购

单一来源采购也称直接采购，是指达到了限额标准和公开招标数额标准，但所购商品的来源渠道单一，或属专利、首次创造、合同追加、原有采购项目的后续扩充，以及因发生了不可预见紧急情况不能从其他供应商处采购等情况，如图 6.5 所示。

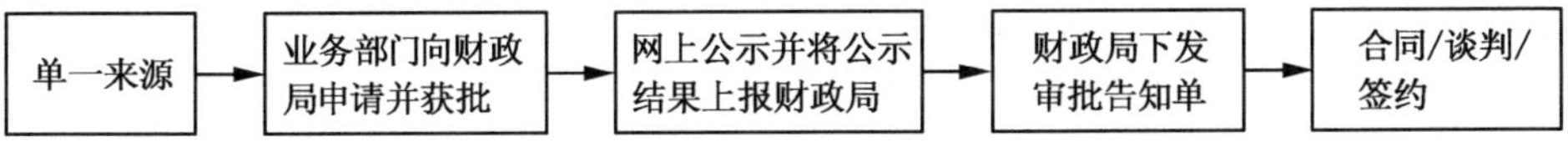

图 6.5　单一来源采购流程

凡采用单一来源采购方式的，业务部门出具书面申请，写明理由，报领导审批同意后，由财务部向财政局申请单一来源采购方式，经财政局审批通过后方可实施。

符合以下情形之一的，可以申请以单一来源方式进行采购：①只能从唯一供应商处采购的；②发生不可预见的紧急情况不能从其他供应商处采购的；③应当保证原有采购项目一致或者服务配套的要求，需要继续从原有供应商处添购的，采购金额不能超过原合同金额的10%。

各种采购方式也可以按照图6.6进行分类。确定采购方式对于控制采购过程很重要，单位应当严格按照集中采购目录范围和采购限额标准，分别采取不同的采购方式进行采购，并实施采购过程管理。

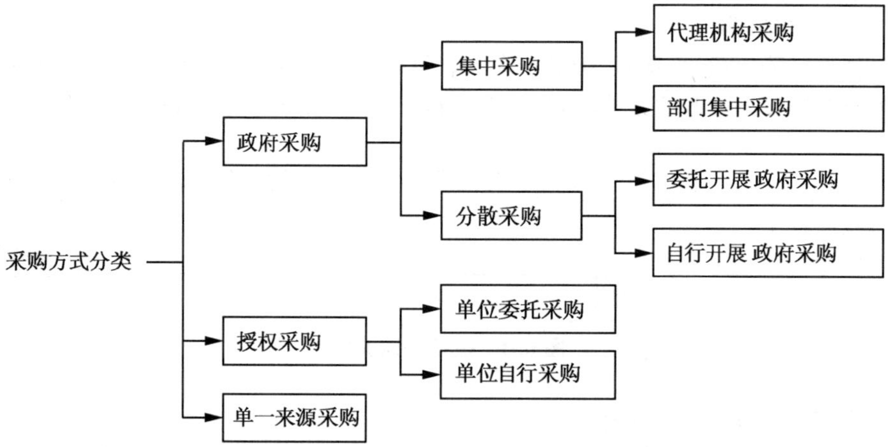

图6.6 采购方式的分类

6.1.3 公开招标与风险防范

招标和投标是一种商品交易行为，是交易过程的两个方面，有公开招投标和邀请招投标两种形式，是一种国际上普遍运用的、有组织的市场交易行为，是贸易中的一种工程、货物、服务的买卖方式。

招标是指招标人（买方）发出招标公告或投标邀请书，说明招标的工程、货物、服务的范围，标段（标包）划分，数量，投标人（卖方）的资格要求等，邀请特定或不特定的投标人（卖方）在规定的时间、地点按照一定的程序进行投标的行为。

依法招标能保证在市场经济条件下进行最大限度的竞争，有利于实现社会资源的优化配置，提高企事业单位、中介服务机构、项目单位的技术业务能力和服务管理水平，有利于克服不正当竞争，有利于防止和堵住采购活动中的腐败行为，有利于保护国家利益、社会公共利益和招投标活动当事人的合法权益。

公开招标属于无限制性竞争招标，是招标人通过依法指定的媒介发布招标公告的方式邀请所有不特定的潜在投标人参加投标，并按照法律规定的程序、招标文件规定的评标标准和方法确定中标人的一种竞争交易方式。凡属于政府采购项目范围之内的货物、工程和服务，达到规定数额标准的，应当采用公开招标方式。

对达到公开招标数额标准的分散采购项目，采购人不具备自行招标条件的，应当委托集中采购机构或具有政府采购代理资格的采购代理机构采购。

委托各级政府采购中心（或者具有政府采购代理资格的其他采购代理机构）代理的采购项目，根据采购活动过程评定产生中标候选供应商。资产管理处将评定结果报请分管采购的单位领导审批同意后，确定中标供应商。

近年来，采购活动、招标施工、公路养护、隧道照明及高速公路建设方面的腐败无孔不入，采购活动已经成为腐败的高发领域。

实证分析 6.1 | “高速路”被戏称为少数官员的“腐败路”

河北省承德市交通局原副局长于凤江犯受贿罪被判有期徒刑 13 年。法院查明，他的主要犯罪事实是在任承德市交通局副局长期间，利用分管承唐高速公路建设等的职务之便，帮助相关单位在工程招投标时中标，非法收受他人好处费数百万元。招投标成了“摆设”。

2007 年在承唐高速公路建设招投标时，河北建设集团路桥分公司以华通公司名义参加竞标。在高速公路路基各标段开标时，华通公司在标段上排名第二。河北建设集团路桥分公司负责人在接受调查时说，由于担心公司不能中标，就给于凤江打电话请他帮忙，后来公司顺利中标，他通过承德市金南商贸物资有限公司送给于凤江现金 50 万元人民币以示感谢。

两年后，在承唐高速公路路面工程招标过程中，于凤江再次违规向承唐高速公路管理处有关人员提出让河北建设集团路桥分公司中标的倾向性意见。后来公司果然中标，并通过中间人给于凤江 200 万元。

单位应当加强对采购活动的管理，建立政府采购、资产管理、财会、内部审计、纪检监察相互协调、相互制约的机制。采购部门应加强与资产管理部门和财务部门的信息沟通。内部审计和纪检监察部门应当加强对政府采购活动的监督检查，有效防范采购需求制定和组织实施过程中存在的串通舞弊风险。

采购管理至少应关注主要流程、关键环节、主要风险点与控制重点，包括是否按照预算和计划组织采购业务，是否按照规定组织采购活动和执行验收程序，是否按照规定保存采购业务相关档案等。

6.1.4 采购管理的主要环节

单位应当加强对采购预算与计划的管理，严格遵循“先预算、后计划、再采购”

的工作流程，先规范填报集中采购预算，编报并录入采购计划后，方可实施采购。应根据工程、货物和服务的实际需求及经费预算标准和设备配置标准细化采购预算，列明采购项目或货物品目，并根据已批复的预算及实际采购需求安排编报月度采购计划，实现预算控制计划，计划控制采购，采购控制支付。

采购业务环节主要包括采购预算编报与下达、采购计划（预算）编制及审核、采购需求制定、采购方式选择与确定、采购方式与招投标管理、采购合同签订、采购过程控制、验收与款项支付等，并可归纳为采购预算、计划、执行、验收入库、支付货款等环节（二级流程）。采购的具体控制流程如图 6.7 所示。

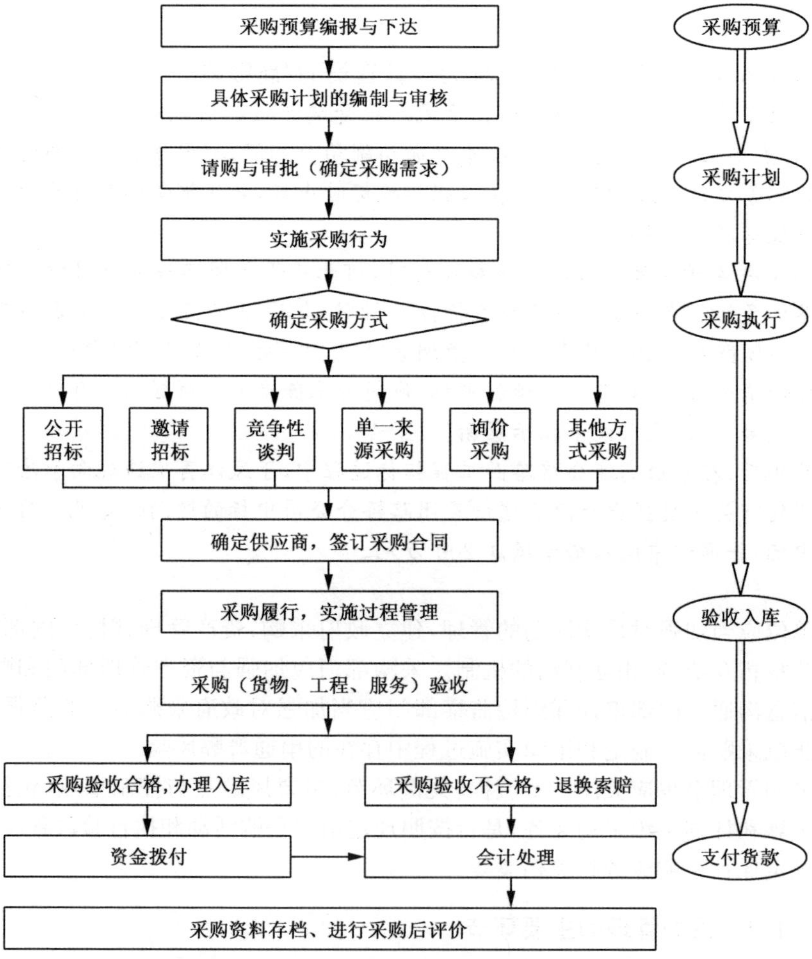

图 6.7　采购业务具体工作流程

在采购业务的内部控制流程中，应着眼于以下几个方面的控制，并建立相应的控制措施：

一是建立管理岗位责任制，明确相关部门和岗位的职责与权限，确保不相容职务互相分离、制约。

二是建立授权审批制度，明确审批人对采购业务的授权批准范围、方式、权限、流程、责任和相关控制措施，规定经办人办理采购业务的职责范围和工作要求，各级管理层必须在授权范围内行使职权和承担责任，经办人员也必须在授权范围内办理业务。对于重大采购事项，还应严格实行集体决策审批或者联签制度。

三是建立归口管理、分工负责、相互协调与监督机制，对采购申请、选定采购方式、招评标、比质比价、合同订立、验收、付款等全过程实行管理、协调和控制。

四是建立完善的采购控制制度，并落实采购流程控制关键点及管控措施。通过制定规范的采购流程，完善合理的采购体系，对单位各项采购事项进行统一安排，从而有效利用社会资源，为单位的业务活动采购物美价廉的物品。

6.1.5 采购业务中的风险识别

在倡导勤俭节约、预防贪污腐败的大背景下，如何加强单位采购业务的内部控制，提高采购资金的使用效益等成为各单位面临的一个重要课题。

公共部门的采购具有资金来源的公共性与非营利性、采购对象的广泛性与复杂性等特点。而采购业务与“实物流”和“资金流”相关，蕴藏着较大风险。采购活动一旦放松管控，就容易发生舞弊。

实证分析 6.2 | 小小采购员的“发财”路径

戴某在某工业学校既是驾驶员，又是采购员。交接采购工作时，一笔 2.5 万元的采购剩余款也交给了戴某，已经好几个月了，依然无人问津，“何不放进自己的口袋，发他一笔小财?”然而，当戴某真要下手时，心里又很忐忑，最让他担惊受怕的就是机电系周主任。思来想去，他决定分给主任 1 万元，即使东窗事发，也好“堵”住周主任的嘴。周主任居然二话没说，欣然笑纳了。

为了发财，胆大妄为的戴某想到了假发票。他先后到南京、扬州等地，从不法商贩手中买来假发票，又私刻××贸易公司等单位的公章。有了假发票和假公章，以后的每次采购，戴某都堂而皇之地自己开票，发货清单也亲自伪造。而被戴某拉下水的机电系周主任不仅没有怀疑，反而积极地帮助戴某增加采购计划，不假思索地签字审批，两人几乎到了一唱一和的程度。

3 年时间里，戴某利用担任采购员的便利，单独或与同案人周主任共谋报销虚假发票 8 次，金额达 16 万余元，其中，个人分得赃款 11 万余元。

这起采购舞弊案件暴露出该学校在采购计划、请购、采购实施、验收、入账及付款等环节都存在严重漏洞。

一是采购备用金管理松懈。在戴某接任采购员时，有一笔 2.5 万元的采购金是从前任采购员处交接过来的，却长时间无人问津，不久就被戴某私自侵占了。

二是采购计划未结合预算进行控制。预算与计划是采购的起始，是采购的第一道控制环节。该学校却粗枝大叶，既没有落实相应的预算控制责任，确保预算的刚性执行，也没能发生超预算等异常情况。

三是请购环节缺乏必要的审批。戴某每次采购时都堂而皇之地自行开具发票和发货单，可见，学校对于请购流程缺乏必要的事前审批和事后审核。

四是采购实施环节未进行询价、比价和相应审批。本案中，学校并未有供应商选择审批环节，从而给戴某极大的权力"指定"供应商。

五是采购与验收环节不相容职务未分离，导致了舞弊的滋生。如果该学校能够全面梳理流程中涉及的不相容职务，实施有效分离，戴某的行为早就该败露了。

六是入账和付款环节没有进行票据真伪的检验与核对。财务部门在收到发票时，并未对票据的真伪进行检验，导致在很长一段时间内，戴某都成功地蒙混过关。

采购风险不可小觑。采购控制应当从识别采购风险开始，而每个单位所面临的风险并不相同。某行政单位经过细致分析，列出本单位政府采购流程及其可能出现的风险点如图 6.8 所示。

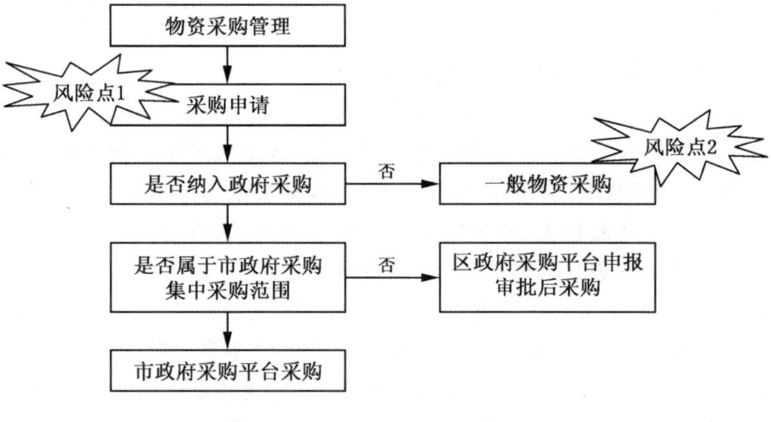

图 6.8　政府采购流程及其风险点

经分析，该单位风险点 1 和风险点 2 的共同特征就是有些部门和人员为图省事未按规范流程进行采购。可采取的防范措施包括：采购必须提交请购单，报科室、办公室审核，局领导批准；属于全市政府采购集中采购范围的物资，应严格按照规定统一至市政府采购平台进行采购；不属于全市政府采购集中采购范围的物资应按规定在区政府采购平台上申报，按照审批后的采购方式进行采购；不属于政府采购范围的物资，应按照实用、环保、高性价比的原则进行采购。责任人为采购业务经办人。监督人为各部门的科长、分管局长。

6.1.6 采购业务的主要风险点分析

只有充分识别采购业务中的风险，才能对这些风险进行有效管控。单位既可以从采购管理，也可以从采购程序等方面梳理单位采购业务控制的主要风险。

采购管理(机制)方面的主要风险点包括：①未制定采购管理相关的制度，采购预算与计划的制订、采购活动的执行、验收与合同管理等工作无据可依，可能滋生舞弊或导致采购活动效率低下；②未建立采购业务管理岗位责任制，相关部门和岗位的职责权限不清，可能导致采购活动效率低下；③采购业务中不相容职务未分离，未建立健全内部监督检查机制，可能滋生舞弊，造成财产损失；④未指定专人负责收集、整理、归档并及时更新与政府采购业务有关的政策制度文件，培训不力，可能导致相关人员未及时掌握管理规定，影响采购管理的效率，存在合规性风险；等等。

采购程序(环节)方面的主要风险点包括：①未编制采购预算，采购计划安排不合理，可能导致采购失败或者资金、资产浪费；②未采用恰当的采购方式，或者在招投标过程中存在不规范甚至违法行为，可能导致采购的产品质次价高等风险；③采购组织形式、方式变更，采购进口产品等规定事项未按照要求履行内部审批程序，可能滋生舞弊，造成效率低下或资金浪费；④大宗设备、物资或重大服务采购业务需求未由单位领导班子集体研究决定，未成立内部资产、财会、审计、纪检监察等部门人员组成的采购工作小组，可能造成资金使用效率低下或采购产品、服务质次价高的风险；⑤采购验收不规范，付款审核不严格，可能导致实际接收的产品与采购合同约定有差异、资金损失或单位信用受损等风险；⑥采购业务相关档案保管不善，可能导致采购业务无效、责任不清等风险；等等。

6.2 采购管理政策与文件支持

采购风险大，具体规定多，尤其是政府采购，要确保万无一失，依法依规实施采购控制责任重大。例如，政府采购工程以及与工程建设有关的货物、服务，采用招标方式采购的，适用《中华人民共和国招标投标法》及其实施条例；采用其他方式采购的，适用《采购法》及其实施条例。完善政府采购制度对于促进政府采购的规范化、法制化，构建规范透明、公平竞争、监督到位、严格问责的政府采购工作机制相当重要。

确定采购业务控制的目标和撰写采购管理制度都应当有法律法规作为依据。为了方便读者查找，现摘要列示采购业务控制的相关法律法规文本如表 6.1 所示。

表 6.1　　与采购控制相关的法律法规

序号	文件名称与文号
1	中华人民共和国招标投标法(中华人民共和国主席令第 21 号)
2	中华人民共和国招标投标法实施条例(中华人民共和国国务院令第 613 号)
3	中华人民共和国产品质量法(中华人民共和国主席令第 33 号)
4	中华人民共和国政府采购法(中华人民共和国主席令第 68 号)
5	中华人民共和国政府采购法实施细则(中华人民共和国国务院令第 658 号)
6	中华人民共和国反不正当竞争法(中华人民共和国主席令第 10 号)
7	政府采购代理机构资格认定办法(中华人民共和国财政部令第 61 号)
8	国务院办公厅关于进一步加强政府采购管理工作的意见(国办发〔2009〕35 号)
9	关于政府采购进口产品管理有关问题的通知(财办库〔2008〕248 号)
10	政府采购评审专家管理办法(财库〔2003〕119 号)
11	政府采购信息公告管理办法(中华人民共和国财政部令第 19 号)
12	政府采购供应商投诉处理办法(中华人民共和国财政部令第 20 号)
13	财政部关于进一步加强政府采购管理工作的意见(国办发〔2009〕35 号)
14	节能产品政府采购实施意见(财库〔2004〕185 号)
15	国务院办公厅关于建立政府强制采购节能产品制度的通知(国办发〔2007〕51 号)
16	政府采购进口产品管理办法(财库〔2007〕119 号)
17	机电产品国际招标投标实施办法(中华人民共和国商务部令第 13 号)
18	财政部关于加强政府采购货物和服务项目价格评审管理的通知(财库〔2007〕2 号)
19	集中采购机构监督考核管理办法(财库〔2003〕120 号)
20	关于环境标志产品政府采购实施的意见(财库〔2006〕90 号)
21	国务院办公厅关于进一步规范招投标活动的若干意见(国办发〔2004〕56 号)
22	政府采购非招标采购方式管理办法(中华人民共和国财政部令第 74 号)
23	政府采购竞争性磋商采购方式管理暂行办法(财库〔2014〕214 号)
24	关于做好事业单位政府购买服务改革工作的意见(财综〔2016〕53 号)
25	政府购买服务管理办法(暂行)(财综〔2014〕96 号)
26	政府采购评审专家管理办法(财库〔2003〕119 号)
27	集中采购机构监督考核管理办法(财库〔2003〕120 号)
28	关于加强政府采购供应商投诉受理审查工作的通知(财库〔2007〕1 号)
29	关于进一步规范政府采购评审工作有关问题的通知(财库〔2012〕69 号)
30	财政部关于认真做好政府采购代理机构资格认定工作的通知(财库〔2010〕133 号)
31	国务院办公厅关于印发整合建立统一的公共资源交易平台工作方案的通知(国办发〔2015〕63 号)

续表

序号	文件名称与文号
32	关于做好事业单位政府购买服务改革工作的意见(财综〔2016〕53 号)
33	政府采购货物和服务招标投标管理办法(中华人民共和国财政部令第 87 号)
地方发布的法律法规(略)	
主管部门制定的有关管理办法和实施细则(略)	

6.3 采购控制的具体目标

采购业务内部控制的总体目标是按照预算和法定程序组织采购活动,控制采购成本,保证采购质量和会计记录中款项支付的真实性、合法性,提高资金使用效益,防止套取资金、浪费资金、收受贿赂、损害单位利益等行为的发生。具体目标还需要认真分析、仔细琢磨。例如,对于办公用品采购而言,不能仅仅将目标表述为"采购到需要的东西",因为这既不完整,又不具体,而且"需要"这个词太笼统了,对此,更好的目标表述可以是"按照预算或计划的规定,在要求的时间内采购到物美价廉、数量匹配的某样具体东西"。

根据采购的业务目标,按照采购业务流程中的各个环节对业务目标进行分解,就能得到相应的控制目标。由于采购涉及的流程环节包括采购预算、采购计划、采购执行、验收与付款等,因此,采购业务各个环节的控制目标如表 6.2 所示。

表 6.2　　采购控制的具体目标

采购环节	具体控制目标	目标属性
采购预算	编制预算需要内容完整、数据准确、方法科学,保证资源分配的有效性并控制采购成本,避免出现重复购置、浪费资金,或出现未予购置、影响业务工作的情形	完整性、准确性、合理性
采购计划	采购计划是根据采购预算做出的具体安排,所以应完整地反映采购预算的落实情况,且采购计划的安排必须经过相应审批,注意采购的规模效益以及科学合理	完整性、准确性、合理性、有效性
采购执行	包括采购的招投标管理、供应商选择以及采购实施等流程,其中,招投标以及供应商的选择必须符合国家相关采购法律法规	合法性、合理性、有效性
验收与付款	对采购项目的数量、质量、规格等事项进行严格验收,确保采购物品符合预期,并按照规定程序办理付款手续	准确性、完整性、有效性

6.4 采购业务流程与控制要点

6.4.1 采购预算流程与控制要点

合理、科学地编制年度采购预算是采购准备控制的基础。单位应当在全面清查各类财产货物情况的基础上，编制年度采购预算，提出明确的采购需求，包括采购货物的名称、采购金额、采购时限、资金来源等。所需采购的货物需由相关职能部门负责人审核并报分管职能部门的单位领导审核同意。其中，采购需求应描述明确，属于信息化的货物需求由信息管理部门明确规格、型号。

采购预算是实现采购政策目标最为重要的管理手段，是控制采购支出的源头。单位应根据业务需求、经费预算标准和设备配置标准制定部门预算，特别要注意采购预算与其他预算的协调性，防止出现数据不符或脱节现象。单位应根据批复的预算及实际需求安排采购计划，对于确因业务需要产生的超预算和预算外采购项目，应先按照规定申报追加或调整预算，获得批准后方能实施采购。

6.4.2 采购计划流程与控制要点

年初已确定采购需求的，或者年初未确定采购需求但拟购货物属于年度政府采购集中采购目录范围的，由资产管理部门根据业务需要提出货物采购需求后报财务部门。财务部门审核货物采购预算。资产管理部门按照年度政府采购集中采购目录范围和采购限额标准确定采购方式，并将货物采购的具体需求、采购方式、预算经费等上报分管财务的单位领导审批。

在年度中提出货物采购需求，且拟购货物不属于年度政府采购集中采购目录范围的，由资产管理部门拟写签报并交财务部门会签，明确具体采购需求，确定采购方式和经费，并报资产管理部门和分管财务的单位领导审批。其中，属于信息化设备的采购还应由信息管理部门审核。

合同的签订按照“谁组织采购，谁负责签订”的原则执行。货物采购过程中，按照法律法规的规定需要起草合同文本的，由资产管理部门草拟合同并与财务部门、政策法规部门会签，报经分管领导审批后，与供应商签订合同。

采购单位应当对合同进行备案登记和保管，限额以上的重大合同应上报上级单位备案。若采购代理机构代理采购的，采购单位还需将采购合同副本送采购代理机构归档。在协议采购方式下，采购单位依据收到的协议通知采购供应商，与中标供应商签订采购合同，并对采购合同进行备案。

计划环节的关键点是控制需求或采购计划的合理性，是否与单位发展目标协调，是否结合库存、交货（交工）或提供服务的时间要求科学、有序地安排计划，需求部门是否指定或变相指定供应商。

其主要管控措施：一是需求部门应当根据职能、业务开展的实际需求尽可能准确、详尽地编制需求计划；二是采购计划的制定应综合考虑单位的整体发展目标、年度工作计划和重大项目的实施要求；三是采购计划应纳入采购预算管理，作为单位的刚性指令严格执行，不得随意变更或撤销。

6.4.3 请购和审批流程与控制要点

有了预算计划以后，在具体实施采购行为之前，应当经过请购与审批程序，这是指相关部门或人员依据职责权限进行请购与审批的业务环节。

这一环节的关键点是控制是否建立并实施了请购制度；请购是否经适当审批，是否存在越权审批。

其主要管控措施：一是建立采购申请制度，依据采购商品、服务或工程的类型，确定归口管理部门统筹申请；二是请购单应经具备相应审批权限的人员审核，审核时应重点关注请购内容是否准确、完整，是否符合采购计划，是否在采购预算范围内；三是购置的资产是否符合配置标准；四是重大的、技术性较强的采购业务是否经专家论证，是否实行集体决策审批；等等。

6.4.4 采购执行流程与控制要点

采购执行是指按照法定的采购方式和相应程序实施采购，按照公平、公正和竞争的原则择优确定供应商，以最优性价比确定采购价格，依法签订采购合同，对管理供应过程进行实时跟踪的一系列业务环节。

这一环节的关键控制点在于是否按照法定要求选择采购方式，确定采购渠道，采购定价机制是否科学，定价方式是否恰当；是否未经授权对外订立采购合同，合同内容是否存在重大疏漏或欺诈，是否对采购合同履行情况进行了有效跟踪；等等。

其主要管控措施：一是依照政府采购法、招投标法等相关规定合理确定采购方式，涉及节能、环保、安全生产的采购项目还应执行相关政策；二是建立科学的供应商评估、准入和淘汰制度，建立供应商管理信息系统；三是健全采购定价机制，采取公开招标、邀请招标、竞争性谈判、协议供货、询价采购等多种方式，科学合理地确定采购价格；四是根据确定的供应商、采购内容、采购价格等拟定采购合同，准确描述合同条款，明确双方权利、义务和违约责任，按照规定的权限签署合同；五是建立严格的采购合同跟踪制度，依据采购合同中确定的主要条款跟踪合同履行情况，确保按质按时完成采购。

单位在政府采购内部管理制度中应当明确规定涉密政府采购项目的信息管理

职责，要求工作人员未经允许不得向物资管理人员透露政府采购信息。单位应当对涉密采购项目严格履行安全保密审查程序，并与相关供应商或采购中介机构签订保密协议或者在合同中设定保密条款，强化供应商或采购中介机构的保密责任。

实证分析 6.3 | 采购执行的有效控制

某学校电脑采购项目于某年8月23日下达给政府采购中心，被列入政府采购范围。这次联合集中采购计算机3 120台，涉及120所学校，分布在C市D新区的各个地方，计算机的配置要求高，尤其是120台教师机的配置要求是具有极高性价比的高档多媒体个人机。

由于本次招标计算机数量多，因此在确定招标方式上，既考虑了120所学校需要计算机时间上的急迫性，又考虑了采购程序的严密性、招标的公开性，最终把招标方式确定为公开招标。8月24日，以公开招标方式在D新区政府采购网站发布招标公告；8月25日，在《××日报》上发布招标公告。招标文件将计算机分为A、B、C三个包，A包为2 000台学生机，B包为1 000台学生机，C包为120台教师机。

8月27日开始出售标书，共有15家公司购买了招标文件。

9月6日在D新区政府采购中心开标，邀请D新区公证处的两位公证员为开标公证，邀请D新区政府采购监督小组的两位监督员作为监标人，评标专家由该市政府采购中心提供，在评标当天通知D新区采购中心，保证了评标专家的保密性和公正性。

9月7日评标，邀请C市的4位资深专家和1位使用单位人员组成评标小组，决定将3 000台学生电脑项目授予L公司，120台教师电脑项目授予T公司。

为了确保大批量计算机的供货质量，上述项目在签订供货合同的时候，要求在计算机送到学校后，抽取一定数量的机器到技监部门做性能和防辐射检测，合格后使用，从而促使供应商在制造计算机时，加强对产品质量的控制，使用户对政府采购满意。

6.4.5 验收流程与控制要点

验收是指验收部门或专人根据验收制度和采购文件对采购的物品、工程或服务项目核对数量，检验质量，出具验收证明的业务环节。对重大采购项目应当成立验收小组，由技术、法律、财会等方面的专家共同参与验收工作。

这一环节的关键点：控制验收标准是否明确、验收程序是否规范、对验收中存在的异常情况是否进行了处理。

其主要管控措施：一是制定明确的采购验收标准；二是严格按照不相容岗位相互分离的要求组织验收及入库；三是验收时可要求供应商派人到现场，重点关注采购合同、发票等原始单据与采购项目的数量、质量、规格型号等核对一致，并签署验收证明，作为双方确定责任的依据；四是对验收过程中发现的异常情况及时报告，查明原因并及时处理。

6.4.6 付款流程与控制要点

付款是指财会部门审核采购预算、合同、单据、审批程序等，按合同办理款项的支付，进行账务处理的业务环节。

单位应当按照货币资金管理的有关规定办理采购付款业务；单位财务部门在办理付款业务时，应当对采购合同约定的付款条件、采购发票、检验报告、验收证明等相关资料的真实性、完整性和合法性进行严格审核；单位只有在完成内部必要的审核和批准程序后才能办理支付手续。

单位应当加强对采购业务的记录控制。采购业务所涉及的相关资料主要包括采购预算与计划、各类批复文件、招标文件、投标文件、评标文件、合同文本、验收证明等，应当做好采购业务相关资料的收集、整理工作，建立采购业务档案并按照国家规定的保管期限妥善保管，防止资料遗失、泄漏。参与采购的相关人员应当主动接受有关部门的监督检查，如实反映情况并提供有关材料。

这一环节的关键点：控制是否严格审查采购发票等票据；付款审核程序是否完备；付款方式是否恰当，是否有有效的预付账款和定金的配套管理。

其主要管控措施：一是建立付款授权审批制度；二是严格审查发票等票据的真实性、合法性和有效性；三是根据国库支付管理、银行结算等规定合理选择付款方式；四是建立预付账款和定金的管理制度，确保资金安全。

单位应当开展采购业务内部监督，通过建立内部监督制度，实现对内部控制活动的再控制与再评估。内部审计部门应定期或不定期对采购控制流程的执行情况进行监督检查，访谈内部控制流程中的相关人员，查阅相关业务凭证，形成对采购内部控制流程的评价，并指出其中存在的潜在控制风险。内审部门要将检查结果提交单位负责人，便于改进内部控制执行过程中存在的问题，促进单位内部控制体系的完善，不断防范采购风险，全面提升采购效能。

6.5 采购控制制度与控制措施

6.5.1 针对采购风险的应对措施

由于采购的业务流程较多，涉及政府、市场、供应商、中间商等方方面面，风险事故发生的概率较大，包括市场风险、计划风险、合同风险、意外风险、违约风险、价格风险、数量风险、发票风险、质量风险、脱销风险、滞销风险、库存风险等，尤其是采购员暗箱操作、以次充好、舍贱求贵、弄虚作假、收受回扣、权钱交易等腐败现象更是采购风险防范的重中之重。

面对采购风险，应当积极应对，有针对性地做好各项风险防范控制，谨防失控。某单位针对采购预算计划管理和采购实施管理中存在的风险点，编制主要防控措施如表 6.3 和表 6.4 所示，可供参考。

表 6.3　　采购预算与计划管理

<table>
<tr><th>流程</th><th>关键环节</th><th>风险点</th><th>主要防控措施</th><th>责任主体</th></tr>
<tr><td rowspan="4">采购预算计划管理</td><td>采购预算编制与审核</td><td>资产管理与预算编制缺乏沟通协调，采购活动与业务活动脱节，出现资金浪费或资产闲置</td><td>建立预算、采购和资产管理等部门或岗位之间的沟通协调机制，联合进行采购预算编制</td><td>采购预算编制部门、财会部门、业务部门</td></tr>
<tr><td>采购计划编制</td><td>超预算指标编制采购计划，影响采购预算的执行效果</td><td>业务部门严格按照采购预算范围、数量、金额和要求等编制采购计划</td><td>业务部门</td></tr>
<tr><td>采购计划审核</td><td rowspan="2">采购需求审批不严格，未按采购预算进行采购，影响采购预算的严肃性和政府采购效果，造成成本增加、积压浪费，甚至受骗上当等</td><td>①采购部门审核采购计划的合理性：采购计划是否列入预算，是否与业务计划和资产存量相适应，是否与资产配置标准相符合
②专业性设备附有相关技术部门的审核意见
③财会部门对采购计划是否在预算指标额度内进行审核</td><td>采购部门、财会部门</td></tr>
<tr><td>采购计划审批</td><td>①合理设置采购计划的审批权限、程序和责任
②经审核的采购计划按照相应程序进行审批
③审批后采购计划下达给各业务部门作为办理采购业务的依据，不得私自更改</td><td>采购部门</td></tr>
</table>

表 6.4　　采购活动(执行情况)管理

流程	关键环节	风险点	主要防控措施	责任主体
采购实施管理	业务部门采购的申请与审核	采购活动的开展不规范,未按规定选择采购方式、发布采购信息,化整为零或采用其他方式规避公共招标,甚至"暗箱操作",以权谋私	①业务部门应当以批复的采购预算和计划提出政府采购申请 ②业务部门负责人复核	业务部门
	采购部门审核		采购部门对业务部门的采购申请进行审核 ①审核是否符合政府采购计划,采购成本是否在预算指标额度内,采购组织形式是否合规等 ②对采购进口产品、变更采购方式等事项加强审批	采购管理部门
	采购信息发布		①在指定的政府采购信息发布媒体上发布 ②对招标公告、邀请招标资格预审公告、中标公告等信息依法公开	采购管理部门、业务部门、外部采购中心
	采购项目验收		①根据政府采购组织形式的不同,确定验收方式 ②组建验收小组 ③出具验收证明 ④财会部门根据验收证明办理款项支付	采购管理部门、财会部门
	投诉处理	投诉处理不及时、不规范,既不利于及时发现问题、发挥社会监督作用,又影响公信力	①专人负责投诉处理工作 ②规定质疑答复工作的职责权限和工作流程 ③答复中形成的各种文件由政府采购部门归档并保管 ④投诉问题要进行定期梳理和报告,发现问题并改进工作	采购管理部门
	政府采购业务记录控制	采购档案管理不善、信息缺失,影响采购信息和财务信息的真实性、完整性	①建立采购业务工作档案 ②定期分类统计政府采购信息 ③内部通报预算执行情况、采购业务开展情况	采购管理部门
	涉密政府采购项目	涉密事项被泄密	与相关供应商或采购中介机构签订保密协议或者在合同中设立保密条款	采购管理部门

6.5.2 政府采购控制制度

为了规范政府采购行为、加强经费支出管理、提高资金使用效率，防范采购活动失控风险，不少单位根据《采购法》等相关法律法规，并结合自身实际，制定了采购规程。

经验分享 6.1 ｜ 某局设计的政府采购管理制度摘要

第一，局机关各科室使用预算资金采购，属于政府采购项目的，或达到政府采购限额标准以上的单项或批量采购行为，适用本规程。

第二，政府采购遵循公开、公平、公正的原则，效益及维护公共利益的原则，在政府采购领域实现政务公开。

第三，局机关政府采购运行的主要程序为：编制采购需求计划、局长办公会议审定采购项目、批复采购计划、制订采购实施计划、组织采购、验收货物、办理结算、资料归集。

第四，局机关各科室作为需求部门，应当履行以下职责：一是根据本科室的职能，提出本科室政府采购需求计划；二是办公室负责汇总职能科室的需求计划，并结合资金情况，初步核定需求计划并报局长办公会议审定。

第五，各科室采购需求计划每年报送一次，按照规定的格式编报并报送办公室。经办公室汇总后，送局长办公会议审定。审定后的采购计划报财务以纳入当年预算。

第六，局办公室按照政府采购办法实施采购计划，由政府采购联络员具体实施采购；特殊采购项目，需求部门需派人参与。

第七，无须招投标的项目，在初步选定供应商范围后，形成采购方案，报局长办公会议审议，确定最终供应商。

第八，对于招投标项目，各需求部门负责按照政府采购评审结果，审核与最终确定的厂家或单位签订的合同或协议的主要条款，合同或协议由单位法定代表人或其授权人签订。

第九，财务人员按照最终签订的合同或协议办理有关结算事宜。

第十，需求部门负责验收本部门采购的货物，或按照采购确定单位接受服务。

第十一，因急需而必须采购的非计划审定项目，经局领导审批，报区财政审核同意后方可办理。

第十二，局机关任何部门和个人均有权对政府采购中的违法、违纪、违规行为进行检举和控告，局办公室负责受理、调查并及时进行处理。

第十三，实施采购活动的资料应归集、整理后交档案人员，并将一份采购合同或采购协议作为支付依据,随会计凭证存档保管。

第十四,采购资料主要包括投标邀请函、招标书、标书、评审意见表、中标通知书和合同等。

6.6 采购管理关键控制环节

6.6.1 权力制约与岗位分离

资产管理部门通常是采购业务的归口管理部门,负责对本单位各类物资、服务及工程采购工作进行统筹、组织和管理,按照需求合理、程序规范的方式进行采购。各职能部门负责本部门各类物资、服务和工程采购的申请、论证工作。财务部门负责对采购金额、预算执行等环节进行审核。

采购业务控制的关键岗位包括:各职能部门的采购预算编制岗位,资产管理部门的采购审批岗位、招标文件起草岗位、招标合同复核岗位、合同签订岗位、商品和服务验收岗位、商品保管岗位、采购执行岗位;财务部门的采购付款岗位、会计记录岗位。

采购业务各环节的不相容岗位(职务)至少包括以下几项:①政府采购预算的编制与审定岗位;②政府采购需求的制定与内部审批岗位;③招标文件的准备与复核岗位;④采购合同的订立与审核岗位;⑤合同的签订与验收岗位;⑥验收与保管岗位;⑦付款审批与付款执行岗位;⑧采购执行与监督检查岗位;⑨采购、验收与相关记录岗位;等等。

一般情况下,单位采购组织体系应当包括采购业务决策机构、采购业务实施机构及采购业务监督机构三个层次。

单位可以成立采购领导小组,由分管财务工作的领导任组长,成员由采购归口管理部门、财务部门和相关业务部门的主要负责人共同组成,作为专门履行采购管理职能的决策机构。采购领导小组在采购管理组织体系中居于核心地位。

采购业务实施机构包括业务部门、采购归口部门(采购工作小组或称“采购办”)、财务部门等。单位外部则涉及财政部门、采购代理机构(采购中心)和供应商等。

按照采购决策、执行与监督相互分离的原则,采购业务监督机构通常为内部审计部门,监督检查业务部门和采购部门执行政府采购法律法规和相关规定的情况,参与采购业务投诉答复的处理,受理供应商提出的回避申请,并按照回避制度对相关人员进行审核。在采购业务方面,单位还应当积极发挥纪检监察部门的监督作用。

采购的风险控制一直以来引为关注。采购业务中的“三权”分离控制(如表 6.5所示)对于防范采购风险不可或缺。

表 6.5　　　　采购控制“三权”分配表

业务与岗位＼“三权”分配		决策权	执行权	监督权
采购控制	单位领导	审批资产使用申请、资产处置申请、资产使用变更方案,重大资产使用应集体决议		上级对下级的日常审查、督导与审计监督
	资产管理人员		建立本部门资产使用管理制度,负责资产的日常管理工作;组织定期清查盘点;建立资产登记档案;按规定报送资产统计报告	
	业务部门		提出资产使用申请、资产处置申请、资产使用变更申请;资产使用与维护;定期报告资产使用状况	
	审计部门 纪检部门			定期或不定期检查资产对外投资、出租、出借等情况,评价资产的使用效率、效果;对未按规定进行资产决策和使用者问责

6.6.2　健全回避制度与问责制度

回避制度是防止国家公务人员利用职权徇私而对其任职和执行公务有所限制的人事行政制度。例如,法律制度要求对与本案有利害关系或其他关系的司法人员不参与该案的侦察、审判等活动。

政府采购实行回避制度,凡参与政府采购的人员与投标供应商有利害关系的,均应回避,即不得参加该项政府采购工作。

采购人员及相关人员与供应商有下列利害关系之一的,在政府采购活动中应当回避:①参加采购活动前 3 年内与供应商存在劳动关系;②参加采购活动前 3 年内担任供应商的董事、监事；③参加采购活动前 3 年内是供应商的控股股东或者实际控制人；④与供应商的法定代表人或者负责人有夫妻、直系血亲、三代以内旁系血亲或者近姻亲关系；⑤与供应商有其他可能影响政府采购活动公平、公正进行的关系。

供应商认为采购人员及相关人员与其他供应商有利害关系的，可以向采购人员或者采购代理机构书面提出回避申请，并说明理由。采购人员或者采购代理机构应当及时询问被申请回避人员，有利害关系的被申请回避人员应当回避。

政府采购过程中有如下情形之一的，还应当问责：①属于政府采购范围的项目，不依法试行政府采购的；②属于集中采购目录的项目，不委托集中采购机构或委托不具备政府采购代理资格的中介机构办理的；③属于公开招标或废标的项目，未经财政部门批准擅自改变采购方式的；④在公开招标、竞争性谈判、询价方式采购中，不按照规定程序开展采购活动，指定或变相指定供应商，非法干预、影响评审活动，以及改变评审结果的；⑤无正当理由不在规定期限内确认招标、竞争性谈判、询价结果并与中标和成交供应商签订政府采购合同的；⑥无正当理由不履行政府采购合同的。

6.6.3 申请采购方式变更的控制

关注采购方式的变更主要是为了谨防利用变更行为舞弊，从而造成采购失控。

采购单位将一个预算项目下的同一品目或者类别的货物、服务及工程进行拆分、多次采购，累计资金数额超过公开招标数额标准的，属于以化整为零方式规避公开招标。任何单位不得将应以公开招标方式采购的项目化整为零或者以其他任何形式规避公开招标采购。

凡是达到公开招标数额的货物采购，未经公开招标而需要变更采购方式的，由资产管理部门会同财务部门提出采购变更方式意见，上报资产管理部门、分管财务的单位领导审批。经单位领导审批，由财务部门上报财政主管部门批准后会同资产管理部门实施采购。

凡是达到公开招标数额标准的货物采购项目，如公开招标发生流标后申请变更采购方式，由资产管理部门会同财务部门组织从政府采购专家库中抽取相关专家组，请专家对招标文件中是否有不合理条款进行评审；经专家评审，由资产管理部门和财务部门报分管单位领导审核同意后，由财务部门将采购方式调整意见上报财政主管部门审批；经财政主管部门审批后，由财务部门按审批同意后的采购方式组织实施采购。

若公开招标发生废标，则由资产管理部门会同财务部门根据专家评审意见，将采购方式调整申请上报资产管理部门及财务部门的分管领导审批，并报经财政主管部门审批。经财政主管部门审批同意后，由资产管理部门组织实施采购。

第 7 章　资产业务控制规范

在资产分类管理的基础上，明确资产业务管理流程，健全资产内部管理责任制，谨防各项资产的流失与损失。

7.1　资产业务与风险评估

7.1.1　资产业务与资产管理

资产是单位开展业务活动的物质基础。任何单位都应当结合自身业务特点，对资产实行分类管理和过程管理，明确相关部门和岗位的职责权限，强化对资产配置、使用和处置等关键环节的管控。

资产管理信息系统是指财政部门根据资产管理流程，制定资产管理信息系统相关制度、推进系统建设、强化系统使用、管控系统风险，实现对国有资产全过程动态监管的信息化管理平台，包括资产卡片管理、资产配置管理、资产使用管理、资产处置管理、产权登记管理、资产清查核实、资产收益管理、资产报表管理和查询分析等功能。

从资产采购开始到资产信息系统管理贯穿于单位经营活动的全过程（如图 7.1 所示）。任何占用资产的单位都应当在全面梳理资产管理流程的基础上，全面查找资产管理漏洞，防范失控，确保各项资产管理处于不断优化的状态。

单位应按照“统一领导、归口管理、分级负责、责任到人”的原则，通过单位资产系统，确保资产的日常管理工作责任落实到管理部门和具体使用人，并通过单位资产系统完成资产配置、验收入库、分配、保管、维修、转移、归还、盘点和处置等日常管理工作。

资产管理应至少关注主要流程、关键环节、主要风险点与控制重点，包括是否实现资产归口管理并明确使用责任；是否定期清查盘点，对账实不符的情况及时进行处理；是否按照规定处置资产；等等。如果发生对外投资业务，应当予以特别关注。

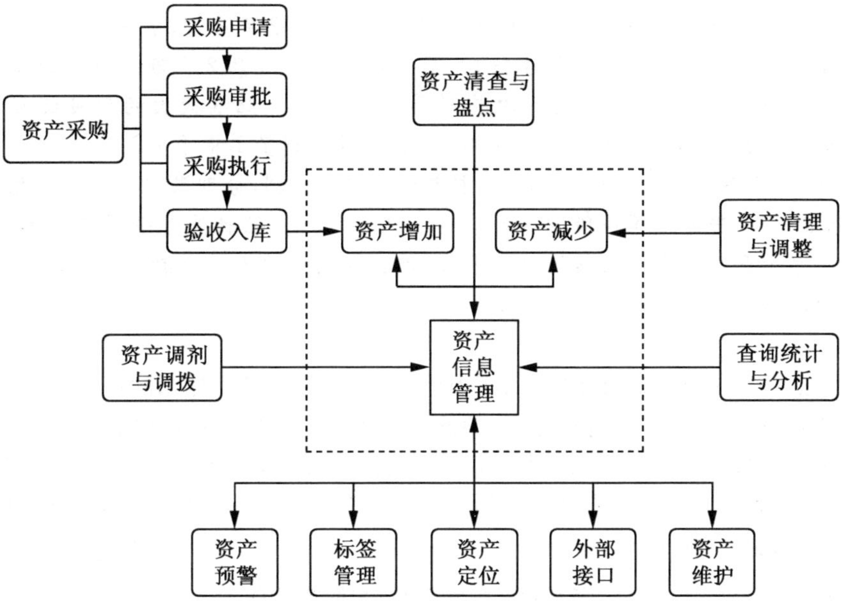

图 7.1　资产控制内容与资产信息系统

7.1.2　资产风险与应对措施

加强对各项资产的日常管控十分重要。尤其是货币资产，其流动性强、增减变动频繁、舞弊风险较高，应当严加控制，不可懈怠。近年来，个别财务人员由于法制观念淡薄、私心膨胀，滥用职权，再加上缺乏有效的法制教育和必要的内部控制制约，导致触犯法律而自毁前程。

实证分析 7.1　|　资金管理失控导致贪污挪用公款 2.2 亿元

卞中担任某基金委综合计划局计划财务处出纳和经费管理处会计，虽已过不惑之年，但依然单身，为了“爱情”，卞中将罪恶之手一次次伸向公款。

1994 年，卞中与其情人柴某相识在一次会计师资格考试中。为了博得柴某的欢心，卞中吹嘘一个朋友死后留给自己一笔钱，还谎称自己可以称得上是“国内首富”。他让柴某将此款存起来，而实际上，这笔钱是国家自然科学基金委员会财务局拨出的一笔项目经费，因银行账号错误被退回科学基金委员会账户。

2000 年年底，卞中认识了柴某的哥哥和妹妹。为了证明自己有本事，卞中将本应重拨给某科研单位的137.2万元项目款转入柴某哥哥提供的上海某实业公司账户。为了维持与柴某的关系，从2000年7月至2002年3月，卞中利用伪造给受资助单位拨款的进账单做账等手段，先后3次将公款1 242.2万元挪用给柴某哥哥所开的公司。此外，卞中还5次将科学基金委员会批准拨出的项目经费共计714万余元截留，以柴某妹妹的名义存入银行，最后到了卞中手中。

从1995年8月至2003年1月，卞中利用职务便利，分别采取伪造银行信用凭证、电汇凭证、进账单等手段贪污公款1 262.37万元，采取伪造银行进账单、编造银行对账单和编造支票配售记录等手段，单独或伙同他人将公款20 993.3万元挪用给他人从事经营活动。

虽然各单位资产的分布状况、使用情况、利用效率等不尽相同，但由于货币资产和实物资产(无形资产)占资产总额的比重较大，对外投资存在较高风险，因此，这些资产一直都是控制的关注点。某单位为此设计了3张相关风险点及其控制措施的表(如表7.1、表7.2和表7.3所示)，并配有相关的关键环节、相关风险点、主要防控措施和责任主体。

表7.1　　货币资产风险点及主要防控措施

流程	关键环节	风险点	主要防控措施	责任主体
货币资产管理	建立健全货币资产岗位责任制	岗位不健全，不相容岗位未实现有效分离，容易出现财会人员舞弊的可能	①不相容岗位相互分离，未经授权的部门和人员不得办理货币资金业务或接触货币 ②出纳人员不得担任稽核、会计档案保管和收入、支出、费用、债权、债务账目的登记工作；出纳不得由临时人员担任 ③财务专用章由专人保管，个人名章由本人或其授权人员保管，负责保管印章的人员配备单独的保险柜等保管设备 ④按照规定由有关负责人签字或盖章的，履行签字或盖章手续	财会部门
	银行账户管理	银行账户管理不善，多头开户，不及时销户，为违规转移、隐匿单位资金提供便利	①银行账户由财务部门统一集中管理，严格按照规定的审批权限和程序开立、变更和撤销银行账户 ②对已开立未使用或长期不用的账户及时销户，对已销户的银行账户应向银行核实销户情况，确保销户已得到执行 ③银行预留印鉴由不同人员分开保管，严禁一人保管所有预留印鉴 ④防范网上支付的风险	财会部门

续表

流程	关键环节	风险点	主要防控措施	责任主体
货币资产管理	货币资金核查控制	资金清查制度不完善，可能导致资金丢失和会计人员舞弊风险	①建立现金清查制度，指定不办理货币资金业务的人员定期或不定期地抽查，盘点库存现金 ②加强银行对账管理，指定不办理货币资金业务的会计人员核对银行存款余额，抽查银行对账单、银行日记账及银行存款余额调节表，核对是否账账相符、账实相符 ③出具资金核查报告，对发现的问题及时分析和整改，堵塞管理漏洞	财会部门
	债权管理	债权长期挂账，形成呆账、坏账损失	①建立有效的债权清理机制 ②定期核查债权信息，及时追索和清算 ③对临近诉讼时效的债权信息及时办理诉讼时效保全手续 ④对已经发生或可能发生的呆账、坏账及时通报并提出处置方案 ⑤对已核销的坏账，单位仍然保留追索权，应单独设置备查账	财会部门

表 7.2　　实物资产和无形资产风险点及主要防控措施

流程	关键环节	风险点	主要防控措施	责任主体
实物资产和无形资产管理	资产配置	超标准配置资产，造成资产损失浪费；资产配置不合理，影响工作运行	①资产预算编制参见预算业务预算编制控制 ②资产购置参见政府采购业务活动控制 ③资金支付参见收支业务控制	预算编制部门、资产需求部门、采购部门、财会部门
	资产使用	资产保管不善、维护不当造成资产毁损浪费，缺乏资产有效记录和清查盘点制度，产生账外资产、资产流失、资产信息失真、账实不符等问题	①资产管理部门建立并使用资产信息管理系统对资产进行管理 ②规定资产使用人在资产管理中的责任，对贵重资产、危险资产、有保密特殊要求的资产指定专人保管 ③建立资产清查盘点制度，资产管理部门、财会部门和资产使用部门定期对资产进行账实核对，出具资产清查报告，报经资产管理部门审批 ④及时做好资产统计、报告、分析工作，并进行资产信息的内部公开 ⑤做好固定资产日常保养、维修和维护工作，维修、维护应履行申报审批手续，严格控制支出 ⑥按照国有资产管理的相关规定，明确固定资产调剂、租借、对外投资以及处置的程序、审批权限和责任	资产使用部门及人员、资产管理部门

续表

流程	关键环节	风险点	主要防控措施	责任主体
实物资产和无形资产管理	资产收益管理	资产收益未及时收取，导致单位利益受损	①资产收益参见收入业务控制 ②资产对外签订合同参照合同控制 ③收益管理参见对外投资业务控制	资产归口管理部门、财会部门
	资产处置	资产处置没有严格执行审批程序，未按照国家有关规定执行，有关人员徇私舞弊，可能导致资产流失、单位利益受损	①对重大资产处置，建立集体议事决策机制 ②对资产的调剂、出租、出借、对外投资、处置等制定管理制度，明确处置程序和审批权限 ③重大资产处置需要按规定进行资产评估或技术审核 ④资产处置收益按照国家规定上缴或管理 ⑤资产管理部门对处置的资产及时记录并提交财会部门进行账务处理	资产管理部门、相关审批权限负责人、财会部门

表 7.3　　对外投资风险点及主要防控措施

流程	关键环节	风险点	主要防控措施	责任主体
对外投资管理	对外投资决策	未按国家规定进行对外投资，对外投资决策程序不当，未经集体决策，缺乏充分可行性论证，导致投资失败	①对外投资要进行可行性论证和集体决策 ②重大对外投资实行专家评审制度 ③对外投资必须按照管理权限履行审批手续 ④主管部门详细记录投资决策过程、各方面意见，与可行性论证报告等资料一起交由资产管理部门归档保管，以便落实投资决策责任	单位负责人
	对外投资追踪管理	对投资业务缺乏有效追踪管理，未能及时根据外部环境变化调整投资策略或收回投资，造成投资损失和资产流失	①确定投资方案后，财会部门编制投资计划，按照投资计划进行对外投资 ②投资签订合同的，按照合同控制进行管理 ③资产管理部门及时了解被投资单位情况，进行动态监控 ④主管部门加强对投资收益的会计核算和对外投资资料的归档管理 ⑤建立责任追究制度，对于对外投资出现重大决策失误，未履行集体决策程序和不按规定执行对外投资业务的部门及人员进行责任追究	单位负责人、资产管理部门、财会部门

7.2　资产管理政策与文件支持

公共部门大量占用和使用国有资产，无论是中央文件，还是地方的、主管部门的文件，都对资产管理做出过许多规定，政策性很强。例如，自 2016 年 1 月 20 日财政部发布了《行政事业单位资产清查核实管理办法》(财资〔2016〕1 号)后，上海市财政局连续发布了《上海市事业单位国有资产管理办法》(沪财教〔2016〕26 号)、《上海市市级事业单位国有资产使用管理办法》(沪财教〔2016〕27 号)、《上海市市级事业单位国有资产处置管理办法》(沪财教〔2016〕28 号)、《上海市市级事业单位国有资产清查核实管理办法》(沪财教〔2016〕29 号),各级主管部门对此也做出过不少具体的规定。

公共部门确定资产业务控制的目标和撰写资产管理制度都应当有法律法规作为依据。为方便读者查找,现摘要列示资产控制的相关法律法规文本如表 7.4 所示。

表 7.4　与资产控制相关的法律法规

序号	文件名称与文号
1	行政单位国有资产管理暂行办法(中华人民共和国财政部令第 90 号)
2	事业单位国有资产管理暂行办法(中华人民共和国财政部令第 100 号)
3	中央级事业单位国有资产管理暂行办法(财教〔2008〕13 号)
4	中央级事业单位国有资产处置管理暂行办法(财教〔2008〕495 号)
5	中央级事业单位国有资产使用管理暂行办法(财教〔2009〕192 号)
6	中央行政事业单位国有资产处置管理办法(国管资〔2009〕168 号)
7	关于进一步规范和加强中央级事业单位国有资产管理有关问题的通知(财教〔2010〕200 号)
8	财政部关于中央行政事业单位所属企业国有资产监督工作归口管理的通知(财办〔2010〕35 号)
9	中央固定资产投资项目预算调整管理暂行办法(财建〔2007〕216 号)
10	中央国家机关通用资产配置管理暂行办法(国管办〔2007〕293 号)
11	财政部　中国人民银行关于零余额账户管理有关事项的通知(沪财预〔2009〕47 号)
12	事业单位及事业单位所办企业国有资产产权登记管理办法(财教〔2012〕242 号)
13	行政事业单位资产清查核实管理办法(财资〔2016〕1 号)
14	行政事业单位国有资产年度报告管理办法(财资〔2017〕3 号)
15	政府投资条例(中华人民共和国国务院令第 712 号)
地方发布的法律法规(略)	
主管部门制定的有关管理办法和实施细则(略)	

7.3 资产控制的具体目标

资产控制的具体业务目标为保证单位的资产安全、提高资产使用效率，从而改善公共服务的效果。

单位应当对资产实行分类管理，建立健全各类资产的内部管理制度。分类管理属于公共部门资产控制的基本原则，也是单位实施资产控制的重要方法之一。

从类型上来分，公共部门的资产主要分为货币资金、实物资产、对外投资等，个别单位还存在无形资产和其他资产。不同类型的资产具有不同的存在形态和特点，相应的控制目标也不尽相同(如表 7.5 所示)。

表 7.5 资产控制的具体目标

资产环节	具体控制目标	目标属性
货币资金管理	①确保资金安全、完整，避免资金被盗窃、贪污和挪用 ②确保账实相符，不存在白条抵库、私设“小金库”等情况 ③确保“收支两条线”，不得“坐支”现金 ④确保资金运转有效，不存在流动性风险，提高资金的使用效率 ⑤确保银行账户的开立和管理符合国家法律法规的规定 ⑥确保相关印章的保管和票据管理符合规定 ⑦确保库存现金、银行对账单、余额调节表等账实相符、账账相符	合法性、完整性、准确性、保密性
实物资产(无形资产)管理	①对资产实施归口管理，落实资产使用人和保管责任人在资产管理中的责任 ②按照国有资产管理的相关规定，明确资产的调剂、租借、对外投资、处置程序、审批权限和责任 ③建立资产台账，加强资产的实物管理 ④建立资产信息管理系统，做好资产的统计、报告、分析工作，实现对资产的动态管理 ⑤坚持“谁使用、谁保管、谁负责”的原则，定期清点、盘点，做到账实相符，防止资产流失 ⑥合理配置和有效利用资产，避免资产闲置或浪费，提高资产使用效率	合法性、合理性、有效性、完整性
对外投资管理	加强事前、事中、事后投资行为的控制，保证对外投资经过科学的论证，投资项目过程中有一定的跟踪和监督，投资事后有责任追究	合法性、准确性、有效性

为规范各项资产管理，维护各项资产的安全、完整，不少单位按照具体目标的

指引和本单位的实际情况，制定相关资产的控制制度。

经验分享7.1　某单位资产管理制度摘要

1. 资产采购

(1)固定资产

①各类固定资产统一由办公室管理。各科室如需添置根据规定纳入固定资产管理的物资，须列入预算，填制申请购买单，由科室负责人审核后报办公室，由局长室审批。

②办公室做好各类固定资产的采购工作。对列入政府采购目录项目(集中采购和采购限额标准)的固定资产(含信息化软件)，按照政府采购管理制度和政府采购流程审批后集中采购。

③固定资产须经采购人员和物资保管人员共同验收并签字后入库，在未办理入库手续前不得领用，相关资料应及时整理后归档。

(2)低值易耗品

各类低值易耗品统一由办公室管理。物资保管人员应根据低值易耗品的实际使用情况、使用频率和库存数，及时提出购买补充，保证工作的正常开展。

2. 资产领用与发放

(1)固定资产入库后，根据申请购买单送达各申请科室，即完成发放。

(2)各科室领用低值易耗品须到物资保管人员处办理领用登记手续，并定期领用。

(3)对于低值易耗品，物资保管人员在发放时应按照先进先出法进行管理，避免物资积压或缺货。在发放的同时，应与领用人当面交接并签收，避免差错。

3. 资产使用与维修

(1)各科室应设立资产保管相对责任人，负责资产的日常使用、管理和保管，相对责任人应指导本科室按照各类设备说明书对设备进行正常操作。

(2)在设备正常使用过程中发生正常损耗、损坏等情况的，使用科室先与办公室相关人员联系，办公室根据设备的归属负责联系、协调、报修，及时进行维修，以保证业务工作的顺利开展。

(3)对于不再需要使用的设备，各科室应及时上交办公室物资保管人员保存，妥善保管，保持其完好状态。

4. 资产管理

(1)固定资产

①实行固定资产卡签管理制度。财产按规定登记贴签并定期核对，每项固定资产应及时登记并贴上标签编号，每年至少核对一次，做到账、卡、物相符。

②固定资产盘点。对固定资产每年进行盘点，发现盈亏应及时查明原因，上报

相关领导。各科室应配合办公室做好固定资产的盘点工作。

③固定资产因科室间工作职能调整需调拨的，应填制“固定资产调拨单”上报办公室，经局长审核同意后进行实物调拨，物资保管人员应及时调整固定资产卡片和固定资产软件系统的相关信息，对固定资产调拨单进行存档。

④人员调动工作属局内部调动的，其使用、保管的固定资产根据工作变动做相应调整；个人因调离、退休、退养、辞职等原因离开本单位的，应及时办理固定资产移交手续后方可办理相关手续。

(2)低值易耗品

①办公室人员、物资保管人员对库存低值易耗品每年进行盘点。

②因调离、退休、辞职等原因离开单位的，所保管、使用的低值易耗品经物资保管人员确认有必要继续留存单位使用的，应及时上交物资保管人员，物资保管人员应检查该设备的保存状态正常后，入库进行再分配；如果该设备已损坏无法继续使用的，由物资保管人员根据具体情况进行清理。

5. 资产报损、报废

(1)固定资产

①由于自然灾害、意外事故、报废、强制淘汰等原因造成固定资产减少的，由使用人提出意见，填制“固定资产核销审批表”，经科室负责人审批后报办公室、局长室审批。其中，单件金额 5 万元(含)或批量金额 10 万元(含)以下的，经局长审批后核销，报区财政部门备案；单件金额 5 万元或批量金额 10 万元以上的，经局长办公会议审批后，报区财政部门审批，通过后予以核销。财务人员应及时对准予核销的固定资产进行账务处理，物资保管人员应及时做好固定资产卡片的核销和调整工作，同时，更新固定资产软件系统的相关信息。

②列入电子废弃物目录中的设备报废时，必须由指定废弃物回收公司进行回收处理，不得擅自折价卖出。未列入电子废弃物目录中的设备报废时，凡能转让或折价处理的，转让或折价处理的收入纳入局财务管理。

(2)低值易耗品

资产保管人员应每年一次定期进行低值易耗品清理，对于毁损或确实无使用价值的，年终统一上报办公室主任，经审批通过后进行相应处理；凡能转让或折价处理的，转让或折价处理的收入纳入局财务管理。

6. 资产损坏、遗失赔偿

(1)各类物资、设备的报损要严格按“先验审、后报损”的要求处理，物资保管人员要加强对各类报损物资的管理，并按规定妥善处理。

(2)因个人原因保管不善，造成资产损坏、遗失、被盗的，根据情节轻重，对使用人给予批评教育，并酌情要求使用人承担维修费用或赔偿经济损失。

7.4 货币资产控制措施

7.4.1 货币资产的主要风险点

货币资产是指单位拥有的现金、银行存款、零余额账户用款额度等，是流动性最强的流动资产，也是风险较高的资产。

货币资产业务控制的关键岗位：单位主要领导，分管财务的主管领导；财务部门负责人，财务部门的会计岗位、出纳岗位；各职能部门主要负责人和发生货币业务的工作人员。

货币资产的主要控制环节：资金支付申请、支付审批和支付复核。

货币资产业务的主要表单：付款申请表、货币资金盘点表和银行对账单等。

货币资产管理的主要风险点如下：①未建立健全货币资金管理制度和岗位责任制，对相关岗位任职资格、轮岗、具体业务办理等内容缺乏书面规定，可能滋生舞弊或造成货币资金管理效率低下；②会计部门未实现不相容岗位相互分离，出纳人员既办理资金支付又经管账务处理，由一个人保管收付款项所需的全部印章，可能导致货币资金被贪污挪用的风险；③对资金支付申请未严格把关，支付申请缺乏必要的审批手续，大额资金支付未实行集体决策和审批，可能导致资金被非法套取或者被挪用的风险；④未按照有关规定加强银行账户管理，出租、出借账户，可能导致单位违法违规或者利益受损的风险；⑤未建立健全票据管理程序和责任制度，对各类票据的申领、启用、核销、销毁缺乏明确的规定，未建立票据管理台账，可能导致票据管理混乱；⑥未设置专人对票据进行登记管理，可能导致票据丢失、相关人员发生错误或舞弊的风险，造成资金损失；⑦货币资金的核查控制不严，未建立定期、不定期抽查核对库存现金和银行存款余额的制度，可能导致货币资金被贪污挪用的风险；等等。

7.4.2 现金收支控制流程与控制要点

完整的现金收支控制流程应当包含如图7.2所示的14个控制点。

不同单位的现金收付流程可能略有差异，但以下8个重要控制点应当作为现金收支控制的要点，不可马虎：

(1)审批

业务经办人员办理现金收支业务，须得到一般授权或特殊授权。经办人员须在反映经济业务的原始凭证上签章；经办部门负责人审核原始凭证，并签字盖章。审查原始凭证，可以保证现金收支业务按照授权进行，增强经办人员和负责人员的

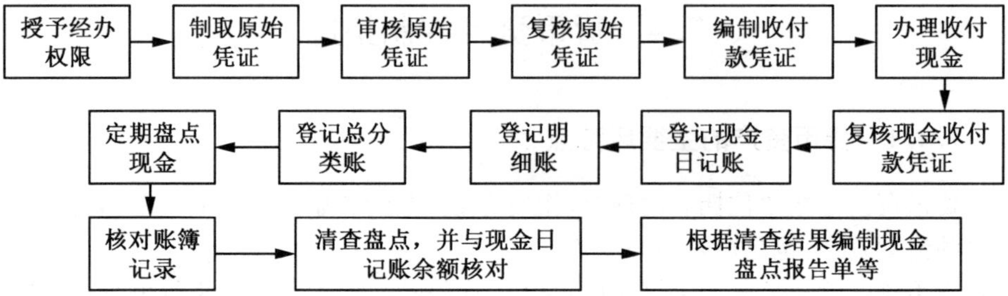

图 7.2 现金收付控制流程

责任感，保证现金收付的真实性和合法性，避免乱收乱支、假收假支及现金舞弊等问题的发生。

(2)审核

会计主管人员或其指定人员审查现金收支原始凭证，主要审核原始凭证反映的现金收支业务是否真实、合法，原始凭证的填制是否符合要求；审核无误后，签章批准方可办理现金收付记账凭证。审核原始凭证，可以保证现金收支凭证真实、合法，提供正确的现金支付和核算依据，保证出纳人员支付现金正确、合法。

(3)收付

出纳人员复核现金收支记账凭证及所附原始凭证；按照凭证所列数额收付现金，并在凭证上加盖“收讫”或“付讫”戳记及私章。出纳人员收到现金后应当面清点，及时入账。例如，收到的款项属于往来款项，办公室应开具往来结算票据；属于“八项收入”的款项，办公室应开具《非税收入一般缴款书》，将收入及时上缴国库。不得截留、挪用、私分应缴财政的收入，严禁私设“小金库”、账外账。

(4)复核

稽核人员审核现金收支记账凭证及所附原始凭证，并签字盖章。复核记账凭证，可以保证现金收支业务的正确性和会计核算的真实性，防止记账失实，及时纠正收付错误。

(5)记账

出纳人员根据现金收付记账凭证登记现金日记账，记账人员根据收付凭证登记现金对应科目的相关明细账，总账会计登记总分类账。分工登记现金账簿可以保证现金收支业务有据可查，并保证各账之间相互制约，及时提供准确的现金核算信息。

(6)核对

稽核人员或其他非记账人员核对现金日记账和有关明细账、总分类账，并签字盖章;如有误差,报批准后予以处理。稽核人员核对现金记录有助于现金核算信息正确和现金实物安全、完整。

(7)清点

出纳人员每日清点库存现金,并与日记账余额相核对;发现现金短缺或溢余,应及时查明原因,报经审批后予以处理。每天清点现金,能够防止现金丢失和收支、记账发生差错,经常保持账实相符。

(8)清查

财务部门应不定期地对库存现金进行抽查,主管会计应经常与出纳人员核对库存现金情况。每个季度财务负责人至少与主管会计抽查一次库存现金,对差异进行分析,形成库存现金盘点报告,提出改进意见,以书面形式呈报财务经理。清查时,需有出纳人员在场,核对账实;根据清查结果编制现金盘点报告单,填制账存与实存的符合情况;如有误差,须报批准后予以调整处理。通过清查,有利于加强对出纳工作的监督,防止贪污盗窃和挪用现金等非法问题的发生。

在上述现金控制流程中,"业务审批""财务稽核"和"清查盘点"最为关键。由业务部门进行的原始凭证审批可以保证经济业务的真实性、合理性和合法性;由稽核人员实施核对控制可以保证现金收付核算的正确性,这是及时发现现金收付和现金账务记录错误的主要环节,对于保证核算工作质量十分重要;由清查人员进行的库存现金清查盘点可以确保现金安全、完整,是保护现金安全的最后一环。三个关键控制点不可或缺。

实证分析7.2 | 核对疏漏与截留医药费

司某是某医院收费挂号处负责人。她利用管理上的漏洞,少上缴医药费94.8万余元,被中级人民法院一审判处无期徒刑。据司某供述,有一次她故意将缴款凭证上的金额少写了300元,财务人员在收款时仅核对了缴款单与现金的数据而没有复核收费存根联与现金是否相符,便盖上了收款专用章,300元就这样轻而易举到手了,事后也没人察觉。这之后她一发不可收拾,贪污的次数越来越多,贪污的数额也越来越大。后来,她索性在地摊上私刻了医院财务室现金收款专用章,专门用于自己填写的缴款单。最后发展到将整本收费本和缴款凭证盖上私刻的公章,侵吞大额公款。至案发时,司某已在360余本收据上做过手脚。

缴款凭证是收费员自行编制的,现金也是收费员收取并上缴的,财务人员在收款时不仔细核对,反映到内部控制上,不仅职务分离制度没有贯彻执行,而且日常的财务复核形同虚设,司某正是利用了管理环节上的漏洞实施犯罪的。

7.4.3 银行存款控制流程与控制要点

一个完整的银行存款控制流程应当包含如图 7.3 所示的 16 个控制点。

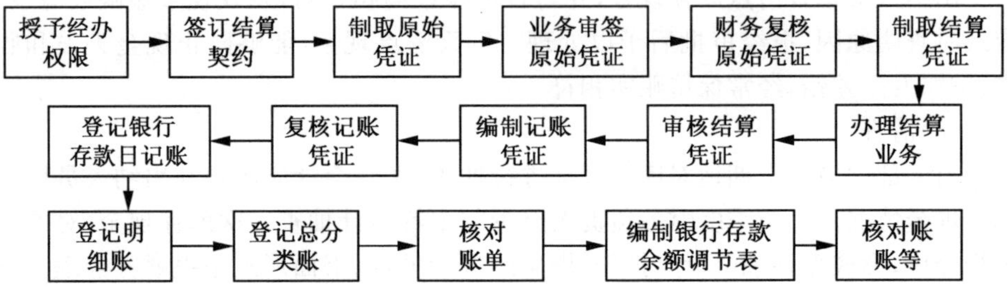

图 7.3 银行存款收付控制流程

由于银行存款结算方式的不同等原因，不同单位银行存款收支流程和业务环节略有差别，但对以下控制要点不能懈怠：

(1)审批

业务人员办理有关银行存款事项或经办有关业务须核实原始凭证内容并签章，交业务部门负责人审核并签章；超出业务部门权限规定的银行存款收支业务，须报上级主管部门审批并签章。审批银行存款收支业务可以保证业务办理的正确性和合法性，加强经办人员的责任感，避免违纪违规情况的发生。

(2)审核

会计主管人员或指定人员审核原始凭证和结算凭证，签章同意办理银行存款结算。审核原始凭证可以检查经济业务是否合理、合法，保证银行存款结算正确、有效；审核结算凭证可以检查银行存款结算是否正确，保证存款安全、核算正确。

(3)结算

出纳人员根据审签的凭证或按照授权办理银行存款收付业务；出纳人员办理结算前，复核原始凭证及有关合同文本；按不同的结算方式填制结算凭证或取得结算凭证；结算凭证应加盖财务专用章和出纳人员私章；财务专用章、签发支票印鉴和财务负责人印鉴应由主管会计和出纳人员分别保管；转账支票和结算凭证必须按编号顺序连续使用；作废的转账支票应加盖“作废”戳记；收付款项后应在凭证上加盖“收讫”或“付讫”戳记；非出纳人员不得经管银行存款业务。应有效监督银行存款的各项收付工作，防止套取存款、出借账户和转让支票等舞弊行为的发生。

(4)复核

稽核人员审核银行存款收付记账凭证是否附有原始凭证及结算凭证，结算金额是否一致，记账科目是否正确，有关人员是否签章等，审核无误后签字盖章。复核记账凭证可以发现银行存款收付错误和记账凭证编制差错，保证核算正确无误。

(5)记账

出纳人员根据银行存款收付记账凭证登记银行存款日记账，会计人员根据收付凭证登记相关明细账，总账会计登记总分类账银行存款科目，各记账人员在记账凭证上签章。登记银行存款账可以保证银行存款收支业务的可查性，防止或发现结算弊端，及时提供可靠的银行存款核算信息。

(6)核对

稽核人员或其他非记账人员核对银行存款日记账和有关明细账、总分类账；如有误差，报经批准后予以处理；核对人员签字盖章。核对银行存款账簿可以及时发现银行存款核算错误及记账失误，保证账账相符和记录正确。

(7)对账

由非出纳人员逐笔核对银行存款日记账和银行对账单，并编制银行存款余额调节表，调整未达账项。出纳人员一般不得同时从事银行对账单的获取、银行存款余额调节表的编制等工作；确需出纳人员办理上述业务的，应当指定其他人员定期进行审核、监督。核对对账单可以及时发现单位或银行记账差错，防止银行存款非法行为的发生，保证银行存款真实和货款结算及时。

在以上控制要点中，"业务审批""财务稽核"和"对账审核"至关重要。对于这三个关键控制点必须严格把控，千万不能掉以轻心。

实行网上交易、电子支付等方式办理资金支付业务的单位，应当与承办银行签订网上银行操作协议，明确双方在资金安全方面的责任与义务、交易范围等。操作人员应当根据操作授权和密码进行规范操作，并强化职务分离牵制。切记：使用网上交易、电子支付方式的单位办理资金支付业务，不因支付方式的改变而随意简化、变更货币资金控制所必需的授权批准程序。

单位在日常管理中要注意建立会计人员按时对账责任制，对每月发生的单位、银行往来账项进行核对，坚持做到日清月结，对未达账项要建立台账，注明原因。单位应把做好银企对账工作作为强化内部控制管理的一项重要措施，落实责任，做到按时对账、及时对账，把一切隐患消灭在萌芽状态。

单位应当建立岗位责任追究制。无论是单位的出纳人员，还是财务主管、主管领导，都要实行岗位责任制。对工作不负责任、图省事、走过场的直接责任人和负领导责任的人员，要进行经济、行政处罚；对失职、渎职造成严重经济损失的人员，要追究其法律责任，以确保银企之间账账相符、资金安全完整。

7.4.4 票据业务控制流程与控制要点

票据是办理货币资金结算最常见的工具，其中，财政票据是指单位依法征收政府非税收入或者从事有关财务活动向公民、法人及其他组织开具的凭证。

单位的出纳人员负责对票据业务的日常管理，财务部门负责人负责对票据业务的审核。

票据控制的具体目标就是确保票据的保管、使用、核销等符合国家有关法律法规的规定，确保票据的安全，避免票据遗失、被盗、挪用。

票据控制的具体流程如图 7.4 所示。

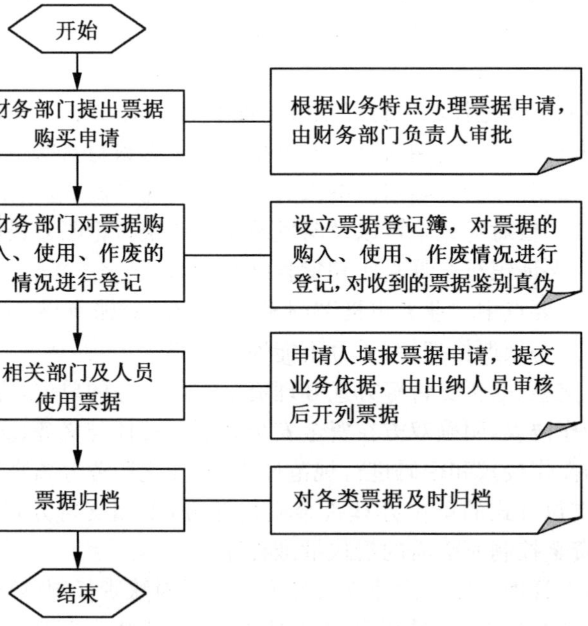

图 7.4 票据业务控制流程

在上述票据管理流程中，以下几个控制要点值得重视：

一是财务部门应当根据实际需要，分别向财政票据管理部门和银行提出票据购买申请。除支票、往来结算票据以外的其他票据，按实际需要购买。财政票据管理部门或银行审核相关材料，按规定出售相关票据。财务部门在取得票据后应妥善保管并及时登记入库。

二是财务部门应当设立专门的登记簿用以记录支票及往来结算票据的购入、

使用、作废等情况。各类票据应当按照序号使用，不得拆本使用，做好废旧票据管理。不得违反规定转让、出借、代开、买卖票据，不得擅自扩大票据的适用范围。对收取的重要票据应留有复印件并妥善保管，不得跳号开具票据，不得随意开具印章齐全的空白支票。

三是单位应重点检查是否存在办理付款业务所需的全部印章交由一人保管的现象，各种票据的购买、领用、保管手续是否健全，票据保管是否存在漏洞等。

四是应当加强与资金相关票据的控制，明确各种票据的购买、保管、领用、背书转让、注销等环节的职责权限和处理程序，防止空白票据的遗失和被盗用。单位因填写、开具失误或者其他原因而导致作废的法定票据应当按规定予以保存，不得随意处置或销毁。对已使用和作废的往来结算票据在使用完毕后，需填写相关的收费票据购买核销审核表，向财政票据管理部门办理核销手续。作废的银行票据不得随意销毁，应按相关规定归档。对超过法定保管期限、可以销毁的票据，在履行审批手续后销毁，但应当建立销毁清册并由授权人员监销。

7.4.5 货币资金控制的重要措施

实证分析 7.3 | 为什么小出纳员能够肆意贪污

北京某区教委出纳员周某三次挪用、贪污公款达211万元，被法院以挪用公款罪和贪污罪两罪并罚判处有期徒刑20年，但200万元的教育资金却难以收回。周某15年的出纳经历使他对教育局的财务状况了如指掌，其中的漏洞也心中有数。周某说："我可以决定提取现金的数量，支票也由我处理，可随时加盖支票印鉴。在每月与会计对账时，只对总额而不进行明细核对；另外，我挪用公款，银行账上有反映，但银行对账单由我保管，单位不易发觉。"

这是一起典型的不相容职务不分离导致罪犯有机可乘的案例。一是15年出纳没有轮岗；二是支票开具、记录与印鉴管理的职务没有分离；三是银行对账单的保管人与负责现金收支的职务没有分离；四是货币资金核对形同虚设；五是缺乏必要的监督检查。

绝大多数单位十分重视对货币资金的管控，不少控制措施值得借鉴与分享。

一是建立健全货币资金管理岗位责任制，明确财务部门和相关岗位的职责权限，形成相互分离、相互制约和相互监督的机制。例如，行政事业单位货币资金控制主要在财务部门内部进行，设置出纳、会计、稽核、财务部门负责人、单位分管领导等岗位，在某些行政事业单位，还包括具有收款职能的业务部门。

二是严格出纳责任制，对不相容职务进行分离，主要是：出纳人员必须根据经过审签的记账凭证收支现金，而不能直接根据原始凭证办理现金结算；出纳人员不能编制收付记账凭证，不能兼管收入、费用、债权、债务账簿的登记、稽核和会计档案保管工作；现金支票、印鉴不能全部由出纳人员保管；非出纳人员不能兼任现金管理工作；等等。加强现金收付控制是保证现金实物安全、完整的主要环节，对于明确现金收付责任，防止贪污、挪用、私存现金，以及重付、漏收现金等具有重要作用。

三是加强对出纳人员的管理。出纳人员应当具备会计从业资格，出纳岗位不得由临时人员担任。

四是加强印章管理，确保印章的保管符合相关规定。银行印鉴章应由财务部门出纳人员以外的专人保管，财务专用章由专人保管，个人名章由本人或其授权人员保管，严禁一人保管收付款项所需的全部印章。负责保管印章的人员要配置单独的保管设备，并做到人走柜锁。

五是建立授权审批制度。按照规定应当由相关负责人签字或盖章的，应当严格履行签字或盖章手续。经办人应当在职责范围内，按照审批人的批准意见办理货币资金业务。对于审批人超越授权范围审批的货币资金业务，经办人有权拒绝办理。使用电子支付方式的单位办理货币资金支付业务，不应因支付方式的改变而随意简化、变更支付货币资金所必需的授权批准程序。单位在严格实行电子支付操作人员不相容岗位相互分离控制的同时，应当配备专人加强对支付行为的审核。财政国库集中支付有特殊规定的，按照其规定执行。

六是按照规定的程序办理货币资金支付业务。第一步是支付申请：单位有关部门或个人用款时，应当提前提交货币资金支付申请，注明款项的用途、金额、预算、支付方式等内容，并附有效原始单据或相关证明。第二步是支付审批：审批人根据其职责、权限和相应程序对支付申请进行审批；对不符合规定的货币资金支付申请，审批人应当拒绝批准，如性质或金额重大的，还应及时报告有关部门。第三步是支付复核：单位可根据需要，安排财务人员在审批前先对支付申请进行初步审核，再按规定审批。复核人应当对批准后的货币资金支付申请进行复核，复核无误后交出纳人员办理支付手续。单位不得因审批前已进行初步审核而免除复核程序。第四步是办理支付：出纳人员应当根据经审批、复核无误的支付申请，按规定办理货币资金支付手续，及时登记现金和银行存款日记账。

7.5 实物资产控制措施

7.5.1 实物资产的主要风险点

实物资产是单位使用的有形资产，主要包括存货和固定资产。单位应当采用先进的管理技术和方法，规范实物资产的管理流程，明确取得、验收入库、仓储保管、领用发出、盘点处置等环节的管理要求，充分利用信息系统，强化会计、出入库等相关记录，确保存货管理全过程的风险得到有效控制。

单位应当建立实物资产管理岗位责任制，明确内部相关部门和岗位的职责权限，切实做到不相容岗位相互分离、制约和监督。单位内部除存货管理、监督部门及仓储人员外，其他部门和人员接触存货，应当经过相关部门的特别授权。

实物资产的主要控制环节包括资产配置预算、实物资产管理、资产验收入库、实物资产领用、实物资产日常保管维护、实物资产处置和实物资产清查盘点。

实物资产业务的主要表单包括物资领用申请表、资产处置申请表和资产盘点表等。

实物资产管理的主要风险点如下：①未建立健全物资保管、领用审批、登记记录、盘点清查等专项制度，资产管理职责不清，无明确归口管理部门，未明确资产的使用和保管责任，可能导致资产毁损、流失或被盗的风险；②未建立物资的领用审批和接触限制控制，大批物资和属于贵重物品、危险品或需保密的物资未单独制定管理制度，物资保管与领用控制管理不善，可能滋生舞弊、造成资产损失；③未按照国有资产管理的相关规定办理资产的调剂、租借、对外投资、处置等业务，可能导致资产配备超标、资源浪费、资产流失、投资损失等风险；④资产管理不严，没有建立资产台账和定期盘点制度，可能导致资产流失、资产信息失真、账实不符等风险；⑤未建立健全固定资产（无形资产）管理岗位责任制，相关部门和岗位权责不清，对固定资产（无形资产）的验收、使用、保管和处置等环节缺乏明晰的规定，可能导致账实不符、资产管理效率低下或资产损失；等等。

7.5.2 存货业务控制流程与控制要点

存货是日常使用或消耗的物资、物料。完整的存货业务控制流程包括存货采购、验收、保管、领用、盘点等环节（如图 7.5 所示）。

（1）在存货购置环节

各职能部门根据预算批复，提交存货购置申请，经本部门负责人审核后交资产管理部门；资产管理部门根据各职能部门的申请，编制存货综合采购计划，经部门负责人审批；报财务部门的进行经费审核；属于重大采购的，应由单位分管领导审核。经审核后，由资产管理部门采购，应由政府采购的，按照政府采购流程处理；应签订合同的，按照合同业务流程处理。

单位业务活动涉及存货的类别可能较多，其中符合政府采购要求的，需要按照政府采购流程执行；可以自行采购的，职能部门自行采购后，按照付款和报销流程处理。

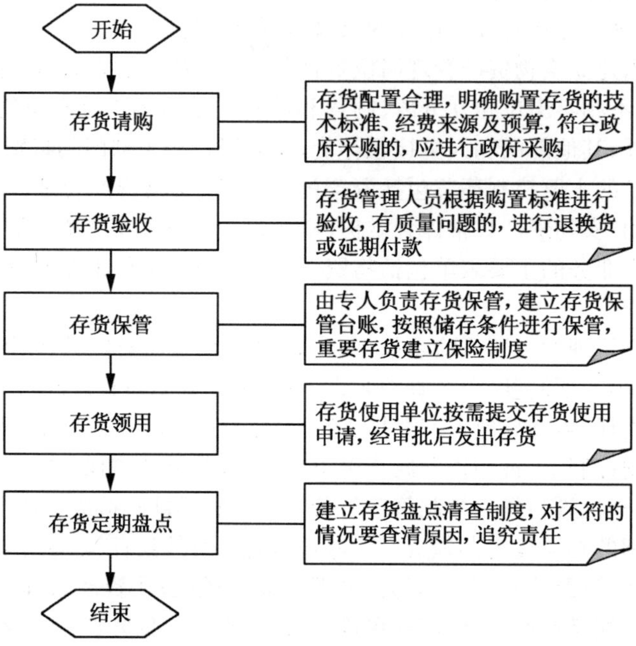

图 7.5　存货业务控制流程

(2)在存货验收环节

单位应当重视存货验收工作，规范存货验收程序和方法，对入库存货的数量、质量、技术规格等进行查验，验收无误后方可入库。

外购存货的验收应当重点关注合同、发票等原始单据与存货的数量、质量、规格等核对一致。对于涉及技术含量较高的货物，必要时可委托具有检验资质的机构或聘请外部专家协助验收。

(3)在存货保管环节

单位应当建立存货保管制度，定期对存货进行检查，按各类物资所要求的储存条件储存，并健全防火、防洪、防盗、防潮、防病虫害和防变质等管理规范。对代管、代销、暂存、受托加工的存货，应单独存放和记录，避免与本单位的存货混淆。

(4)在存货领用环节

单位应当明确存货发出和领用的审批权限，大批、贵重商品或危险品的发出应当实行特别授权。资产管理部门应当根据经审批的销售(出库)通知单发出货物。

(5)在存货盘点环节

单位应当建立存货盘点清查制度，结合单位实际情况确定盘点周期、盘点流程等相关内容，核查存货数量，及时发现存货减值迹象，至少应当于每年年度终了开展全面盘点清查，盘点清查结果应当形成书面报告。盘点清查过程中发现的盘盈、盘亏、毁损、闲置以及需要报废的存货，应当查明原因、落实并追究责任，按照规定的权限批准后处置。

某单位对上述业务流程予以细化，编制了存货业务控制流程及控制要求如图 7.6 和表 7.6 所示。

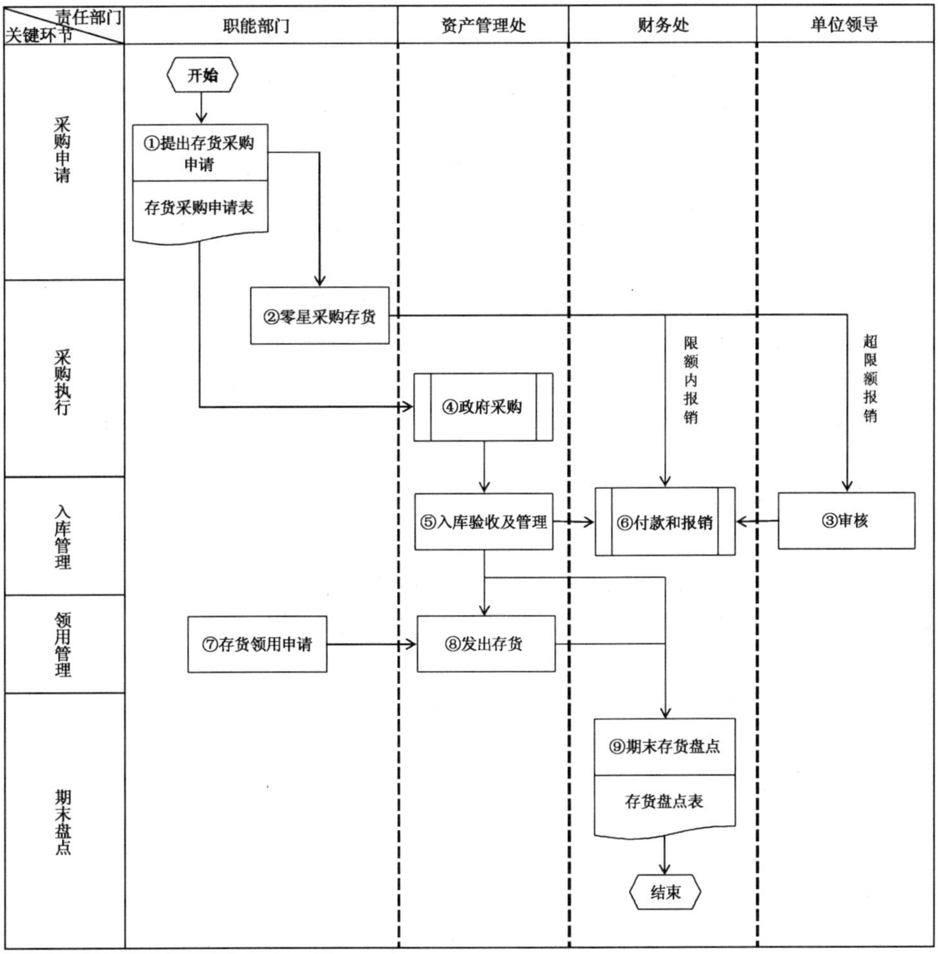

图 7.6　存货业务控制流程

表 7.6　　存货业务控制要点

流程序号	责任部门	业务控制要点
②	职能部门	申请人根据职能部门的业务需要，提交存货采购申请，明确采购存货的类别、数量、金额、用途，由部门负责人审批；需要通过政府采购的存货，按政府采购流程执行
⑤	资产管理处	对入库存货的类别、数量、型号等进行验收，需要专业技术人员验收的存货，应与专业技术人员一同验收
⑨	财务处	应每年至少组织一次存货盘点，确认库存存货的类别、数量和型号等

7.5.3　固定资产控制流程与控制要点

固定资产是指一般设备单位价值在 1 000 元以上，专用设备单位价值在 1 500 元以上，并在使用过程中基本保持原有物质形态的资产，一般分为房屋及构筑物、通用设备、专用设备、文物和陈列品、其他固定资产。固定资产是单位资产最重要的部分，是日常工作的物质保障。

单位应当编制固定资产目录，对每项固定资产进行编号，按照单项资产建立固定资产卡片，详细记录各项固定资产的来源、验收、使用地点、责任单位和责任人、运转、维修、改造、折旧、盘点等相关内容；严格操作流程，对重要资产实行岗前培训和岗位许可制度，确保设备安全运转。单位应当加强各类固定资产的管理，重视固定资产维护保养，切实消除安全隐患，积极促进固定资产处于良好运行状态。

完整的固定资产业务流程包括固定资产请购、采购、验收、领用、日常管理、维修维护、期末盘点和处置等环节。其简要的控制流程如图 7.7 所示。

(1)在资产请购环节

各职能部门根据预算批复，提交固定资产购置申请，经本部门负责人审核后交资产管理部门；资产管理部门根据各职能部门的申请，编制存货综合采购计划，经部门负责人审批；报财务部门的进行经费审核；属于重大采购的，应由单位分管领导审核。经审核后，由资产管理部门进行采购，应由政府采购的，按照政府采购流程处理；应签订合同的，按照合同业务流程处理。

(2)在采购和验收环节

财务部门根据预算金额和数量要求，按照年度集中采购目录的范围和采购限额标准，分别采取不同的采购方式进行采购。信息化设备由信息管理处负责验收，非信息化设备由财务部门负责验收。设备验收后，登记固定资产实物账和资金账。

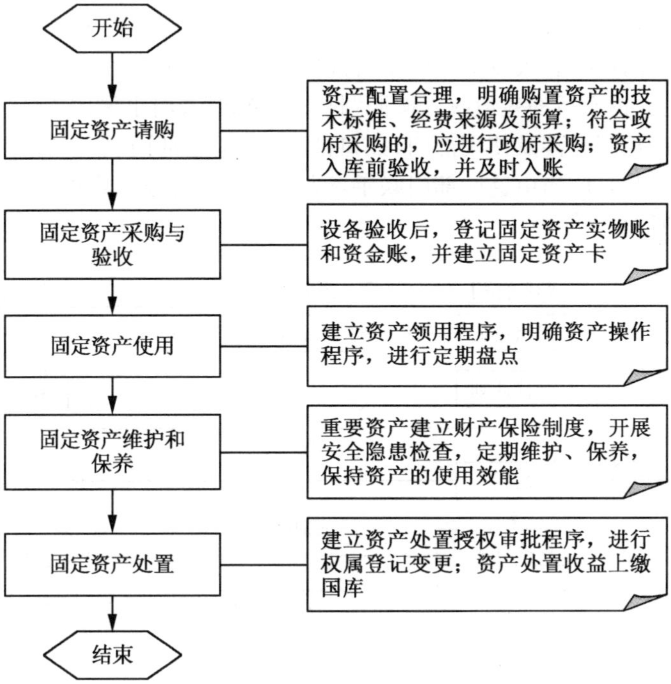

图 7.7　固定资产业务控制流程

(3)在资产领用环节

财务部门负责所购资产的发放工作。资产使用部门填写领用单，注明所领用资产的名称、规格、型号等基础信息，并经使用部门经办人、负责人签字确认。

(4)在资产盘点环节

由财务部门牵头，使用部门配合，组织单位资产盘点工作。使用部门根据盘点结果，在财务部门提供的盘点登记表上签字确认。对在盘点过程中出现的账实不符情况，及时查明原因并提出处理意见报请领导审批。财务部门实物资产管理人员和财务人员定期进行资产检查与核对。

(5)在资产处置环节

一般性资产经使用部门申请、财务部门审核、社会中介机构鉴定后，由财务部门对符合报废条件的资产办理处置手续；信息化资产经使用部门申请，财务部门会同信息管理部门审核、社会中介机构鉴定后，属单位审批权限范围内的资产由财务部门报请分管财务的单位领导审批，信息化资产由财务部门会同信息管理部门分别报请分管财务的单位领导和信息管理部门的分管单位领导审批；超过单位审批权限范围的，由财务部门报请分管财务的单位领导（信息化资产由财务部门会同信息管理部门分别报请分管财务的单位领导和信息管理部门的分管单位领导）审批后上报主管部门审批。报废资产由主管部门指定单位按照“公开、公正、公平”原则进行公开拍卖，拍卖后的残值收入按照“收支两条线”及时上缴国库。

固定资产控制会涉及使用部门、归口部门（如基建部门、资产管理部门）、主管领导、财务部门等，应当由这些部门联手参与管理，一般分工管理的情况与流程控制如图7.8所示。

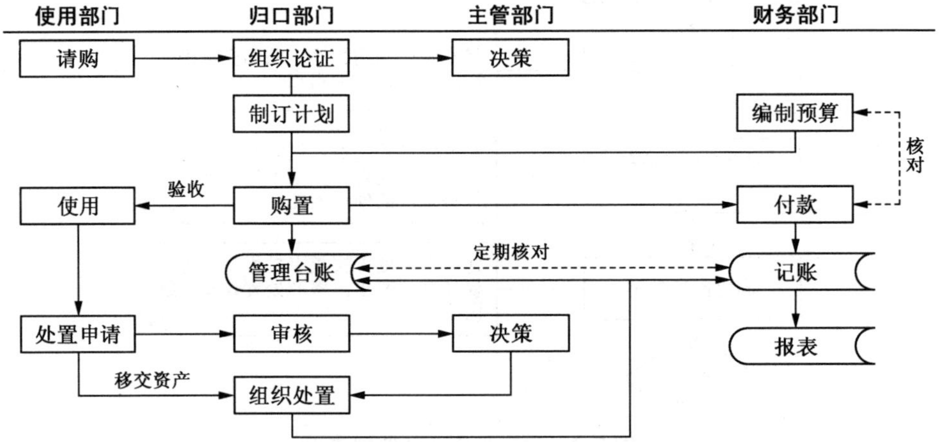

图7.8　固定资产分工管理与控制流程

在实务中，固定资产处置不仅规定多、要求细，而且需要多方面配合，难度较大。某单位细化了固定资产处置业务控制流程及控制要求如表7.7和图7.9所示。

表7.7　　固定资产处置业务控制要求

流程序号	责任部门	业务控制要求
②	职能部门	根据固定资产的状态，提交资产处置申请，明确处置资产的类别、数量、金额、用途，经部门负责人审批后由资产管理处、单位领导审批 资产管理处需明确被处置资产的处置方式，需其他机构处置的，按照规定选取提供处置服务的第三方机构 需上级主管部门审批的，需进一步报上级主管部门审批
⑥	资产管理处	由资产管理处组织资产移交

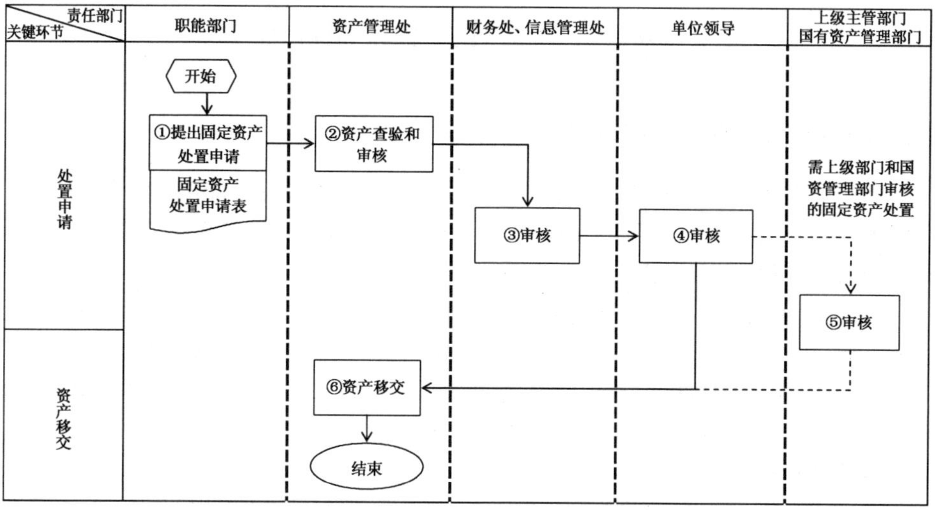

图 7.9　固定资产处置业务控制流程

7.5.4　资产控制的重要措施

第一，建立资产岗位责任制，明确岗位职责、权限，确保办理资产的不相容岗位相互分离、制约和监督。同一个部门或个人不得办理资产业务的全过程。

资产管理部门的职能：一是根据国有资产管理的法律法规和政策规定，制定资产内部管理制度；二是负责资产的产权登记、资产记录、日常保管、清查盘点、统计分析等工作，协调处理资产权属纠纷；三是提供资产增减变动和存量信息，配合财务部门和政府采购部门开展政府采购预算和计划的编制及审核工作；四是督促业务部门按照资产内部管理制度的规定使用资产，定期检查资产的使用情况，确保资产得到有效使用；五是按照国家有关规定办理资产处置；六是负责对投资项目的追踪管理；七是定期与财务部门等相关部门核对资产信息，确保资产安全、完整。

第二，建立严格的授权批准制度，明确审批人对资产的授权批准方式、权限、程序、责任和相关控制措施，规定经办人办理资产的职责范围和工作要求，审批人应当根据资产业务授权批准制度的规定，在授权范围内审批，不得超越审批权限。

第三，实现对资产的动态管理。建立资产信息管理系统，编制资产统计报告来反映资产使用情况和增减变动情况，帮助管理人员全面掌握各部门占有、使用资产的种类、数量、状况等信息。创造条件实现资产信息管理系统与财务管理系统和政府采购业务管理系统的对接，实现信息共享，保障资产安全，提高资源配置的效率。

7.6 资产管理关键控制环节

7.6.1 权力制约与岗位分离

资产业务控制的关键岗位包括:单位主要领导及各相关职能部门分管领导;资产管理部门负责人,固定资产管理岗;各职能部门负责人、各职能部门资产保管人和使用人;财务部门负责人、会计、出纳;等等。

资产管理部门是资产业务的归口管理部门,负责对本单位资产使用、维护、处置等工作进行统筹、组织和管理,确保资产的完整和正常使用。货币资金由财务部门归口管理,负责对本单位货币资金的收款、支付进行日常管理。各职能部门负责本部门实物资产的使用管理、维修维护申请和审核工作,负责对本部门货币资金支付的申请和审核工作等。

通过资产管理的"三权"分配(如表 7.8 所示),可以达到"三权"分离,对于防范资产失控风险必不可少。

表 7.8 资产控制"三权"分配表

业务与岗位 \ "三权"分配		决策权	执行权	监督权
资产控制	单位领导	审批资产使用申请、资产处置申请、资产使用变更方案,重大资产事项集体决议		上级对下级的日常审查、督导与审计监督
	资产管理员		建立资产使用管理制度,负责资产日常管理工作;组织定期清查盘点;建立资产登记档案;按规定报送资产报告	
	业务部门		提出资产使用、处置申请,资产使用变更申请;资产使用与维护;定期报告资产使用状况	
	审计部门 纪检部门			定期或不定期检查对外投资、出租、出借等情况,评价资产使用效率、效果;对未按规定进行资产决策和使用者问责

资产业务的不相容岗位至少包括以下几个部分：

货币资产的不相容岗位相互分离至少包括以下几项：①货币支付的审批与执行岗位分离；②货币资金的保管与收支账目的会计核算岗位分离；③货币资金的保管与盘点清查岗位分离；④货币资金的会计记录与审计监督岗位分离；等等。

非货币资产的不相容岗位相互分离至少包括以下几项：①非货币资产购置预算的编制、请购与审批岗位，审批与执行岗位分离；②非货币资产采购、验收与款项支付岗位分离；③非货币资产处置的申请与审批岗位、审批与执行岗位分离；④非货币资产的取得、保管及处置业务的执行与相关会计记录岗位分离；等等。

对外投资业务的不相容岗位相互分离至少包括以下几项：①对外投资的可行性研究与评估、对外投资决策与执行岗位分离；②对外投资处置的审批与执行岗位分离；③对外投资执行与会计核算岗位分离；④对外投资执行与监督岗位分离；⑤对外投资处置的审批与执行岗位分离；⑥对外投资业务的执行与相关会计记录岗位分离；等等。

7.6.2 对外投资控制措施

单位一般不能擅自进行对外投资，因为对外投资风险大、变化多、可能难以掌控。如果需要对外投资，应当严格规定控制程序与控制措施。

对外投资的主要风险点如下：①对外投资的可行性未进行充分论证，超过单位的资金实力进行投资，可能导致投资失败和财务风险；②对外投资未经过集体决策，由个人擅自决定，可能导致对外投资失控、国有资产重大损失甚至舞弊；③未明确管理责任并建立科学有效的资产保管制度，未加强对投资项目的追踪管理，可能导致对外投资被侵吞或者严重亏损；等等。

对外投资业务控制要点如下：

(1)建立岗位责任制和授权审批控制

单位应当合理设置对外投资业务的相关岗位，明确岗位的职责权限，未经授权的部门或工作人员不得办理对外投资业务；同时，确保不相容岗位相互分离、制约。建立授权审批控制，投资决策的做出、投资合同的签订、投资资产的处置等必须履行严格的审批手续。明确审批人的授权批准方式、权限、程序、责任及相关控制措施，规定经办人的职责范围和工作要求。严禁未经授权的部门或人员办理对外投资业务。经授权的人员必须在授权范围内开展业务，任何越权行为都必须受到追究。制定对外投资业务流程，明确投资决策、资产投出、投资持有、对外投资处置等环节的内部控制要求，如实记录各环节业务的开展情况。

(2)完善议事决策机制，领导班子集体决策

单位进行对外投资和处置对外投资一般属于重大经济事项，应当由单位领导

班子在专家论证和技术咨询的基础上集体研究决定;同时,财务部门应当详细记录投资决策过程,各方面意见与可行性论证报告等相关资料一同由资产管理部门妥善归档保管,以便落实投资决策的责任。对未经批准的投资行为,无论该行为是否造成经济损失,都应当进行调查,追究责任,及时做出处理。

(3)实施追踪管理,及时、全面、准确地记录价值变动

一是确定投资方案后,财务部门应当编制投资计划,严格按照计划确定的项目、进度、时间、金额和方式投出资产;二是资产管理部门应当加强对投资项目的追踪管理;三是财务部门应当加强对外投资有关文件资料的管理,妥善保管对外投资的权益证书,建立详细的记录,定期检查有关权益证书的保管情况,确保权益证书的安全、完整,同时加强对审批文件、投资合同或协议等文件资料的管理;四是财务部门应加强对外投资业务的会计核算,及时、全面、准确地记录对外投资的价值变动和投资收益情况。

(4)建立责任追究制度

对在对外投资过程中出现重大决策失误、未履行计提决策程序和不按规定执行对外投资业务的部门及人员,应当追究相应的责任。

(5)加强对外投资的监督检查

应当建立对外投资内部控制的监督检查制度,明确监督检查机构或人员的职责权限,定期或不定期地进行检查。检查内容包括对外投资业务授权批准制度的执行情况、对外投资业务的决策情况、对外投资资产的投出情况、对外投资持有资产的管理情况、对外投资的处置情况和对外投资的会计处理情况等。

7.6.3 定期盘点和账实核对

定期盘点是指定期对各项资产进行盘点,并将盘点结果与会计记录相比较。任何单位都应当定期对各项资产计点数量、核对账实等,这是最常见的资产监控方法之一,而且非常有效。例如,应定期组织盘点固定资产实存情况。盘点工作应由负责保管、记账等不同职能的人员以及与实物无关的其他人共同进行。盘点结果记录在盘点清单上,清单内容包括固定资产的名称、类别、编号、存放地点、目前使用状况和所处状态等,盘点人员(一般要求两人以上)应在盘点清单上签字。实地盘点结束后,应将盘点清单的内容与固定资产卡片相核对,如发现差异或固定资产已处于不能正常使用状态,应由固定资产保管部门负责查找原因,经过一定的批准程序才能进行账面调整。盘点清单应归档保存。对实物资产盘点数与账面数之间的差异应进行调查分析,查明原因,采取改正措施。

各单位应当定期对资产管理台账、会计账簿记录的有关数据与实物资产进行核对,保证账证相符、账账相符、账实相符、账表相符。

第 8 章　建设项目控制规范

建设项目与重大决策相关，与风险控制相连。管理难度越大的项目，越要加强全过程的控制。

8.1　建设项目与风险评估

8.1.1　建设项目与项目管理

建设项目是指单位自行或者委托其他单位进行的建造、安装活动。建造活动主要是指各种建筑的新建、改建、扩建及修缮活动；安装活动主要是指设备的安装工程。

建设项目属于单位的重大决策。单位应建立与建设项目相关的议事决策机制，严禁任何个人单独决策或者擅自改变集体决策意见。决策过程及各方面意见应当形成书面文件，与相关资料一同妥善归档保管。

建设项目投资大、环节多、管理复杂，属于风险高发领域，如不能有效管控，可能引发合规风险或资金损失等。所以，建设项目管理应至少关注的主要流程、关键环节、主要风险点与控制重点包括：是否按照概算投资；是否严格履行审批程序；是否建立有效的招投标控制机制；是否存在截留、挤占、挪用、套取建设项目资金的情形；是否按照规定保存建设项目相关档案并及时办理移交手续；等等。

8.1.2　建设项目管理的主要环节

在建设项目前期阶段，包括项目立项、初步设计及概算的审批等环节。

在建设项目实施阶段，包括项目招标、工程项目施工等环节。

在建设项目竣工阶段，包括竣工验收与竣工决算、项目后评价等环节。

建设项目的具体业务流程如图 8.1 所示。建设项目业务的主要表单包括基建项目审批表、建设项目合同审批表、工程款申请批复单、基建合同备案表等。

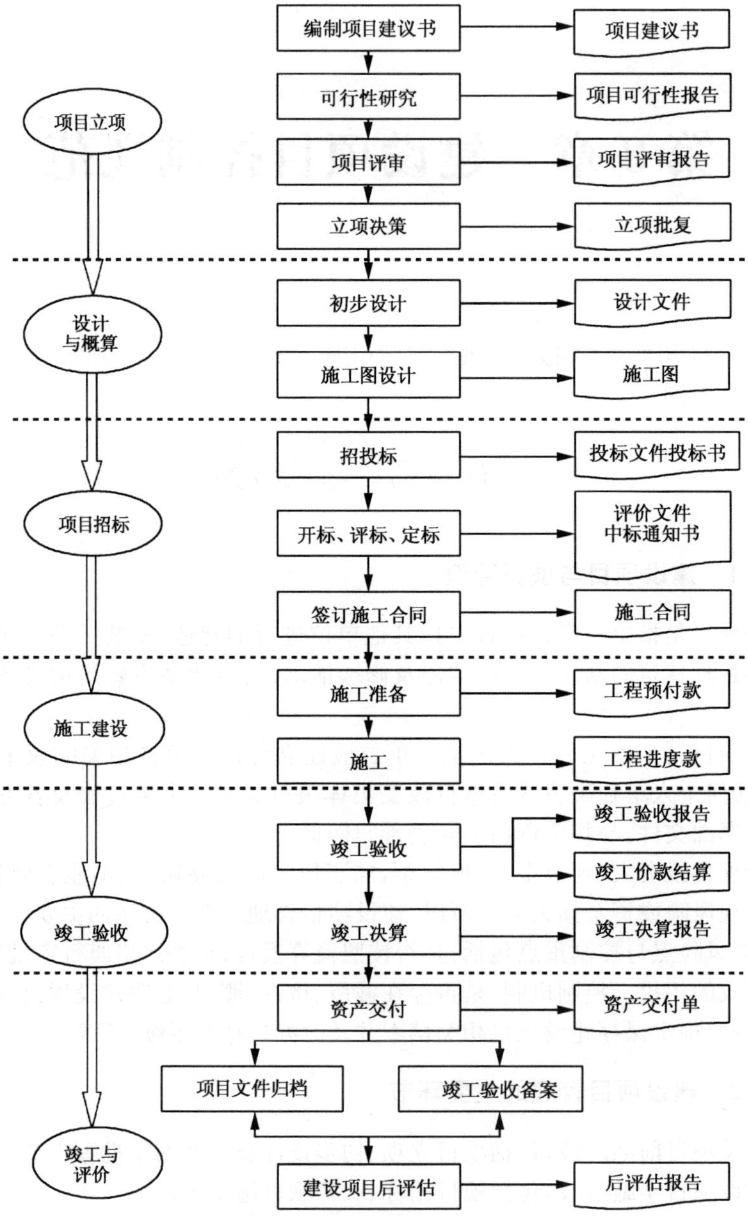

图 8.1 建设项目业务流程

8.1.3 建设项目中的风险识别

在建设项目内部控制设计中，查找风险点是最重要的环节之一。因为工程建设领域腐败易发、多发，尤其是资金量大、利润丰厚的工程项目已经成为腐败问题的“高发区”。风险不防，后患无穷。治愈工程建设领域的腐败“顽疾”要用制度管权、管钱，念好约束权力的“紧箍咒”，把工程建设项目招投标等公共资源交易纳入规范化、法制化轨道，形成不敢腐、不能腐的有效机制，在重要领域“重拳出击”。

实证分析 8.1 | 交通厅长“前腐后继”的惨痛教训

一些地方交通厅长“前腐后继”，重大工程建设不断出现腐败问题。河南省交通厅原厅长石发亮直接插手高速公路招投标，为有关单位和个人谋取利益；湖南省交通运输厅原党组书记陈明宪利用其家人、下属、情妇等“代理收钱”，合伙分赃；贵州省交通厅原厅长程孟仁与情妇共谋受贿唱“双簧戏”……一个项目建起来，一批干部倒下去。如此惨痛的教训发人深省。

建设项目可能存在的主要风险点如下：①建设项目缺乏可行性研究或者可行性研究流于形式、决策不当、审批不严、盲目上马，导致建设项目难以达到预期目标，甚至项目失败；②违规或超标建设楼、堂、馆、所，可能导致财政性资金极大浪费或单位违纪；③建设项目设计方案不合理、不周全，概预算脱离实际，可能导致工程项目质量或安全存在隐患、投资失控以及项目建成后运行成本过高等风险；④招投标过程中存在串通、暗箱操作或商业贿赂等舞弊行为，可能导致招标工作违法违规，以及中标人难以胜任等风险；⑤项目变更审核不严格、工程变更频繁，可能导致预算超支、投资失控、工期延误等风险；⑥未建立健全建设项目管理制度，对建设项目立项、概预算编制和招标等环节的管理缺乏明确规定，可能导致建设项目管理无据可依、效率低下；⑦未按照国家统一会计制度的规定设置会计账簿对建设项目进行核算，可能引发合规性风险或账实不符；⑧施工现场控制不当，施工材料以次充好，可能导致工程质量低劣，施工监理不到位，可能导致施工安全隐患；⑨竣工验收不规范、最终把关不严，可能导致工程交付使用后存在重大隐患；⑩虚报项目投资完成额、虚列建设成本或者隐匿结余资金，可能导致竣工决算失真；⑪建设项目未及时办理资产档案移交、资产未及时结转入账，可能导致存在账外资产等风险；⑫建设项目价款结算管理不严格、价款结算不及时、项目资金不落实、使用管理混乱，可能导致工程进度延迟或中断、资金损失等风险；⑬竣工验收不规范、最终把关不严，可能导致工程交付使用后存在重大隐患；⑭虚报项目投资完成额、虚列建设成本或者隐匿结余资金、未经竣工财务决算审计，可能导致竣工决算失真等风险；等等。

8.2 建设项目管理政策与文件支持

从中央到地方，不少法律法规三令五申对建设项目管理做出明文规定，必须谨防各种风险和舞弊。因此，确定建设项目控制的目标和撰写建设项目管理制度都应当以法律法规作为依据。为了方便读者查找，现摘要列示建设项目控制的相关法律法规如表 8.1 所示。

表 8.1　　建设项目控制相关的法律法规

序号	文件名称与文号
1	国有建设单位会计制度(财会字〔1995〕45 号)
2	基本建设财务管理规定(财建〔2002〕394 号)
3	关于解释基本建设财务管理规定执行中有关问题的通知(财建〔2003〕724 号)
4	建设工程价款结算暂行办法(财建〔2004〕369 号)
5	中央预算内基建投项目预算调整管理暂行办法(财建〔2006〕689 号)
6	中央固定资产投资项目预算调整管理暂行办法(财建〔2007〕216 号)
7	工程建设若干违法违纪行为处罚办法(中华人民共和国建设部、监察部令第 68 号)
8	中华人民共和国建筑法(中华人民共和国主席令第 91 号)
9	建筑工程勘察设计管理条例(中华人民共和国国务院令第 293 号)
10	建设工程勘察设计资质管理规定(中华人民共和国建设部令第 160 号)
11	建设工程安全生产管理条例(中华人民共和国国务院令第 393 号)
12	建设工程质量管理条例(中华人民共和国国务院令第 279 号)
13	工程建设项目招标范围和规模标准规定(中华人民共和国国家发展计划委员会令第 3 号)
14	工程建设项目施工招标投标办法(中华人民共和国发改委令第 30 号)
15	建设工程监理范围和规模标准规定(中华人民共和国建设部令第 86 号)
16	建设工程监理规范(GB 50319—2000)
17	建设工程项目管理规范(GB/T 50326—2006)
18	建筑工程施工发包与承包计价管理办法(中华人民共和国建设部令第 16 号)
19	建设用地审查报批管理办法(中华人民共和国国土资源部令第 3 号)

续表

序号	文件名称与文号
20	关于印发整合建立统一的公共资源交易平台工作方案的通知(国办发〔2015〕63 号)
21	建筑工程设计招标投标管理办法(中华人民共和国建设部令第 33 号)
地方发布的法律法规(略)	
主管部门制定的有关管理办法和实施细则(略)	

8.3 建设项目控制的具体目标

建设项目控制的具体目标主要体现在提高工程质量、保证工程项目安全及时完成、控制工程成本、防范工程舞弊等方面。建设项目前期工作阶段、项目建设实施阶段和项目竣工验收阶段各流程的控制目标如表 8.2 所示。

表 8.2　建设项目控制的具体目标

建设项目	具体控制目标	目标属性
项目前期工作	对项目的建设进行科学论证,保证项目建议书、可行性研究报告以及项目设计方案的合理有效	合法性、合理性、有效性
项目建设实施	保证招投标过程的合法保密;保证资金使用环节的合法合理;对施工过程进行监督和控制,保证工程合理有效地进行	合法性、保密性、合理性、有效性
项目竣工验收	按照规定的时限办理竣工决算,组织竣工决算审计;根据批复的竣工决算和有关规定办理建设项目档案和资产移交等	合法性、及时性、完整性、准确性、合理性

8.4 建设项目业务流程与控制要点

8.4.1 健全建设项目内部管理制度

建设项目内部管理制度包括:明确建设项目的归口管理部门和相关岗位的设置及其职责权限,明确建设项目的工作流程,明确与建设项目相关的审核责任和审批权限,明确与建设项目相关的检查责任等。

单位应当合理设置岗位,明确内部相关部门和岗位的职责权限,确保项目建议和可行性研究与项目决策、概预算编制与审核、项目实施与价款支付、竣工决算与竣工审计等不相容岗位相互分离。做好定期轮岗与定期审计工作。

建设单位要根据国家有关法律、规范、标准，结合单位发展规划编制建设规划，提出建设项目，并进行充分论证，确保其经济性、合理性和科学性。

8.4.2 健全项目审核机制与立项控制

单位应当根据发展战略和年度投资计划提出项目建议书，开展可行性研究并编制可行性研究报告，同时要对可行性研究报告的质量进行控制。

对项目建议书、可行性研究报告、概预算、竣工决算报告等由具备评审能力和资质的专业人员和中介机构进行审核，出具评审意见。项目审核时，要结合不同环节进行重点审核，包括项目是否获得国家批准的有关文件，方案设计单位及有关人员是否具有专业资质，报送材料是否符合建设项目的国家标准，建设项目是否在质量、功能、工期、概预算等方面符合要求等。

8.4.3 建立建设项目议事决策机制

根据单位的建设规划和经费情况，拟订建设方案，明确建设项目的必要性，对建设内容和规模、使用功能、资金来源、资源利用和生态环境影响、项目效益等方面进行分析研究；建设项目需进行债务融资的，要进行债务风险分析，制订偿债方案。

健全内部民主管理机制和科学决策机制，在重大基建项目论证时，要多方听取意见，经专家和专业性中介机构评估评审、单位集体讨论后慎重决策，防止因盲目建设而造成浪费。

建设项目决策应当明确相关机构和人员的职责权限，建立建设项目投资决策的责任制度，决策过程应有完整的书面记录，任何个人不得单独决策或者擅自改变集体决策意见。建设项目决策失误应当实行责任追究制度。

根据建设项目的建设规模、性质和资金来源，按照有关规定准备报批材料，报行政主管部门、财政主管部门、建设项目审批部门审批。

8.4.4 建设项目招标与合同审查控制

建设项目招标是招标人通过招标文件将委托的工作内容和要求告知自愿参加的投标人，按规定的条件提出计划或价格，然后通过评审选出中标人，并以合同的形式完成委托。

为了规范招标投标活动、提高工作效率、降低成本、预防腐败，建设项目应当执行《必须招标的工程项目规定》(国家发展改革委令第 16 号)。

招标是一个择优的过程，如果建设单位采用自行组织招标的方式，潜在的技术风险将更大，因而建设单位就必须从招标文件的编制、投标人资格的审查、标底的制定以及评标四个方面来加强对招标的控制。除自营项目、小型项目及按国家和地方政府规定可不招标的项目外，所有建设项目均采用招标方式确定施工单位。招投标原则主要有：公平、公正、公开，投标单位不得少于3家，合理设定中标条件，保密等。招投标与合同控制包括招标、投标、开标、评标、定标和合同管理等环节，其中，招标、评标、定标和合同管理应纳入单位内部控制体系。

建设单位应严格按照建设项目审批文件和建设项目的有关规定，组织建设项目方案设计招投标工作，并主动接受行政主管部门、财政主管部门、建设项目主管部门的监管。

建设单位应当严格按照招标投标法及政府采购的有关规定，对工程的勘察、设计、施工、监理及重大设备材料进行采购。

建设单位的工程项目招标文件及合同在发布前，应征求本单位财务、审计、纪检监察、法律事务等部门的书面意见。合同一经签订，不得再转包或分包，并报有关管理部门备案，办理建设施工许可相关手续。

方案设计中标单位应根据中标方案进行初步设计，初步设计方案报建设项目主管部门审批；项目设计与项目批复文件有差异的，单位应及时按原程序向行政主管部门、财政主管部门、建设项目主管部门报批后进行调整。

建设单位要建立严格的合同管理，及时认真检查各项合同约定条款的执行情况，发现问题及时处理。

为了谨防风险，对于大型工程项目，应设立项目合同管理小组，专门负责与该项目有关的合同管理工作。对于一些特大型的、合同关系复杂的、风险大的、争执多的项目，应聘请合同管理专家或将整个工程的合同管理工作委托给咨询公司或专业管理公司。对于一般的、较小的工程项目，可设合同管理员，在项目经理领导下进行施工现场的合同管理工作。

8.4.5 建设项目投资概算控制

单位应当建立合理的概预算程序与制度，实现对建设项目造价的控制。预算编制口径的确定应当考虑固定资产核算的要求。单位应当组织会计人员对编制的设计概算进行演算；审查编制依据的合法性、时效性及适用范围，概算项目是否完整；是否存在错列、漏列、多列的现象；设计概算是否包括项目从筹建到竣工投产的全部投资。设计概算若超过经批准投资估算的规定比例，单位应当进行论证，决定修改初步设计或重新办理报批事项。单位应明确初步设计概算、施工图预算的编制方法，将建设项目的实际投资额严格控制在设计概算之内，并组织会计机构或人员根据工程的特点，按照规定的权限和程序进行审批，确保概预算科学、合理。

8.4.6 工程项目的建设控制

由于工程本身规模较大，技术难度及要求较高，控制上难免顾此失彼，因此，单位应当加强对工程建设过程的监控，实行严格的概预算管理和工程监理制度，切实做到及时备料、科学施工、保障资金、落实责任，确保建设项目达到设计要求。工程建设过程中涉及项目变更的，应当严格审批；重大项目变更还应当按照项目决策和概预算控制的有关程序和要求重新履行审批手续。

建设单位和设计部门必须在批准的初步设计的基础上组织施工设计，并按照有关规定进行施工图审查。建设项目必须先勘察、后设计、再施工，严禁边勘察、边设计、边施工。

建设单位在施工过程中应严格执行施工图纸、施工合同和工程概算，严格控制设计变更，严禁擅自扩大建设规模、提高建设标准、增加建设投资。

加强施工质量管理，全面执行建筑工程质量规范标准，确保建设工程质量。加强安全管理，严格执行安全建设规范，确保建设工程顺利实施。

建设单位应建立基本建设重大事项报告制度，在建设项目实施过程中，发生重大质量、安全事故，重大经济损失，重大违纪违法案件等，应及时上报相关部门，并认真做好应对工作。

8.4.7 建设项目的资金控制

单位应当严格执行建设项目预算，对建设项目资金实行专款专用，严禁截留、挪用、超批复内容使用资金。

单位应当严格按照工程进度和合同约定支付资金，并预留一定比例的工程质量保证金，待工程竣工验收一年质保期到期后结清。

财务部门应当加强与建设项目承建单位的沟通，准确掌握建设进度，加强价款支付审核，按照规定办理价款结算。试行国库集中支付的建设项目，单位应当按照财政国库管理制度的相关规定支付资金。

8.4.8 工程项目的物资控制

由承建单位采购工程物资的，建设单位应加强监督，确保工程物资的采购符合设计标准和合同要求，严禁不合格工程物资投入工程项目建设。建设单位自备工程物资的，需建立相应的控制程序，强化工程物资采购、验收和付款控制。

8.4.9 建设项目竣工决算控制

建设项目竣工决算阶段一般要经过建设项目验收、竣工决算、竣工结算等环节。建设项目验收即在建设单位、勘探设计单位、施工单位分别对建设项目的决策论证、勘察设计及施工过程进行评价，办理建设项目的交接手续，交付使用，标志着投入的建设资金转化为使用价值。虽然这是建设项目的最后阶段，但仍然存在很多风险和潜在的引发风险扩大的因素，因而不能掉以轻心。单位收到承包单位的工程竣工报告后，应当及时编制竣工决算，开展竣工决算审计，办理竣工验收手续；同时，应建立完工项目后评估制度，重点评价建设项目预期目标的实现情况和项目投资效益等，并以此作为绩效考核和责任追究的依据。

建设项目竣工后，单位应当按照规定的时限及时办理竣工决算，组织竣工决算审计，并根据批复的竣工决算和有关规定办理建设项目档案和资产移交等工作。建设项目已实际投入使用但超时限未办理竣工决算的，单位应当根据对建设项目的实际投资暂估入账，转作相关资产管理。

建设单位应当自工程竣工验收合格后，及时向有关管理部门提交有关工程竣工验收备案所需文件。

8.4.10　建设项目的档案控制

单位应当加强对建设项目档案的管理，做好相关文件、材料的收集、整理、归档和保管工作；应当按照国家有关档案管理的规定，及时收集、整理工程建设各环节的文件资料，建立完整的建设项目档案，具体包括建立建设项目档案管理制度，落实档案工作责任制，提高档案管理质量，及时、齐全、准确归档。

8.4.11　建设项目监督检查的控制要点

单位内部审计机构应按规定对建设项目实行全过程跟踪审计和不定期抽查审计，及时发现建设项目管理中存在的问题，及时纠正和整改；涉及违法违规情况的，应及时查处。

单位应当加强建设项目的绩效评价。通过对建设项目完成的能效与预期目标进行比较分析，作为绩效考评和责任追究的基本依据。

8.5　建设项目控制制度与控制措施

8.5.1　针对建设项目风险的应对措施

建设项目由于投资额大、建设周期长，其所面临的不仅有市场风险、经济风险、技术风险等，更令人关注的是决策失误风险、管理失控风险和舞弊腐败风险。有些风险爆发的后果是灾难性的。虽然各种建设项目所面临的风险并不一定相同，但谨慎防范风险和积极应对风险是十分重要的。某单位针对项目管理和资金管理两大方面排查出的风险点，编制的主要防控措施如表8.3、表8.4所示。

表8.3　　项目管理风险点及主要防控措施

流程	关键环节	风险点	主要防控措施	责任主体
项目管理	项目决策	立项缺乏可行性研究或流于形式，决策不当、审批不严、盲目上马，导致建设项目难以实现预期目的甚至项目失败	①建设项目属于重大经济事项的，应当由单位领导班子集体决定，适用集体研究、专家论证和技术咨询相结合的议事决策机制 ②项目决策程序、相关责任、决策过程和各方面意见要形成书面文件，妥善保管，落实项目决策责任	单位负责人
	项目审核	项目未经过有效审核、项目设计方案不合理、概预算脱离实际、技术方案不能落实等，导致建设项目质量存在隐患、投资失控等问题	①建设项目文档的编制与审核应当相互分离 ②审核工作由具备相关技术和专业知识的专家参与或委托具有相应资质的中介机构进行审核，出具评审意见 ③负责审核工作的机构或人员应当对出具的审核意见或评审意见承担责任	建设项目归口管理部门、项目审核机构
	招标管理	招投标过程存在串通、暗箱操作或商业贿赂等舞弊行为，可能导致招标工作违法违规，以及中标人实际难以胜任等风险	①建立建设项目招标管理制度，明确招标范围和要求，规范招标程序，发布招标公告 ②需要编制项目标底的，财会部门要对标底计价内容、计价依据进行审核 ③对标底保密，落实保密责任 ④开标要委托公证机构进行检查和公证 ⑤组成评标小组负责评标，评审小组成员对出具的评审意见承担个人责任，小组成员名单保密 ⑥及时向中标人发出中标公告，签订书面合同，明确权利和责任	建设项目归口管理部门、财会部门
	建设项目变更	建设项目变更审核不严格，工程变更频繁，可能导致预算超支、投资失控、工期延误等风险	①项目确需变更的，建设项目管理部门、项目监理机构要进行审核，并履行审批程序 ②因设计变更造成价款支付方式及金额发生变动的，建设项目归口管理部门要提供完整的书面文件和其他资料 ③财会部门要加强对建设项目设计变更所涉及价款支付的审核	建设项目归口管理部门、财会部门、项目监理机构

续表

流程	关键环节	风险点	主要防控措施	责任主体
项目管理	建设项目档案管理	建设项目未及时办理资产及档案移交,资产未及时结转入账,可能导致账外资产等风险	①建设项目档案统一管理 ②建设项目档案的归档与项目建设同步,工作任务结束后及时移交建设项目管理部门	建设项目归口管理部门、财会部门

表 8.4　资金管理风险点及主要防控措施

流程	关键环节	风险点	主要防控措施	责任主体
资金管理	建设项目资金支付	建设项目资金管理不严,价款结算不及时,项目资金使用管理混乱,导致工程建设进度延迟或中断、资金损失等风险	①单位要按照审批下达的投资计划和预算对建设项目资金实行专款专用 ②财会部门及时掌握工程进度,根据工程进度支付工程款 ③价款支付要取得监理机构相关人员的签字确认	财会部门
	建设项目资金投资概算变更		工程投资概算一般不允许调整,确需调整的,应当履行审批程序,报经批准后才能调整投资概算	建设项目归口管理部门、财会部门
	建设项目竣工决算管理	虚列建设成本、隐匿结余资金,未及时办理竣工验收,导致竣工决算失真和账外资产等风险	①建设项目管理部门和财会部门及时编制竣工决算 ②及时提请主管部门或审计部门进行竣工决算审计 ③及时提请有关部门进行竣工验收 ④办理建设项目资产移交手续,财会部门及时将资产入账	建设项目归口管理部门、财会部门

8.5.2　建设项目内部控制制度

为了加强工程建设项目管理、规范工程管理流程、严格审计监督、提高工程项目管理水平、推进廉政建设、促进建设资金的合理使用,不少单位根据文件要求、具体目标任务和实际情况设计了建设项目内部控制制度。

经验分享 8.1　某单位建设项目控制制度摘要

1. 建设项目控制范围

项目前期工作控制包括应对项目的建设进行科学论证,保证项目建议书、可行性研究报告以及项目设计方案的合理、有效。

项目建设实施控制包括保证招投标过程的合法、保密;保证资金使用环节的合法、合理;对施工过程进行监督和控制,保证工程合理、有效地进行。

项目竣工控制包括应当按照规定的时限及时办理竣工决算,组织竣工决算审计,根据批复的竣工决算和有关规定办理建设项目档案和资产移交等工作。

2. 项目立项审批

(1)根据事业发展的需要提出的建设及修缮项目,须经所在单位党组织集体讨论通过后方可提交项目立项申请。项目立项申请书的内容包括:项目概况(包括项目名称、实施地及规模等),项目可行性与必要性分析,项目的初步设计及实施方案,项目的投资概算及资金来源,项目实施的组织及责任人等。项目立项申请书经党委审核后,根据权限审批。

(2)工程项目的审批权限:①30 万元以下的项目由本单位审批立项;②30 万元(含 30 万元)以上、3 000 万元以下的项目上报市委××部审批立项;③3 000 万元(含 3 000 万元)以上的项目,由市委××部上报市发展和改革委员会审批立项。

3. 委托招标

工程涉及的各项招标应本着公开、公平、公正、优质、低价、高效的原则。

(1)设计单位招标:大型项目的设计原则上要通过公开招投标(也可采取邀请招标方式)方式比选,招投标工作可委托社会中介机构代理。设计单位的比选,除了设计理念、方案优选外,还应把控制投资(即限额设计)作为重要条件之一。

(2)投资监理招标:100 万元以上的大型项目必须选配投资监理,30 万元以上的中型项目必须选配审价单位。投资监理单位的招标可以委托社会中介机构代理,也可以由区县中心审计部门牵头,由单位自行组织邀请招标,但邀请投标的单位不得少于 3 家。

投资监理的职责是:负责项目预算的编制与控制投资;负责审查与项目投资有关的经济合同;负责设备、材料采购价格的比选与审核;负责施工招标工程量清单的编制与审核;负责工程全过程的跟踪及进度款支付的核定;负责工程签证的会签;负责工程结算的审价及参加与施工单位的审价谈判。

(3)审价复核单位及财务竣工决算审计单位招标:30 万元以上的大中型项目的审价初稿形成后,必须由第三方进行复核。工程完工后,涉及新增固定资产及交付使用财产的,必须由会计师事务所进行财务竣工决算审计,建设单位只有依据审价报告和财务竣工决算报告才能结转在建工程。审价复核单位及财务竣工决算审计单位的招标可以委托社会中介机构代理,也可以由区县中心审计部门牵头,由单位自行组织邀请招标,但邀请投标单位不得少于 3 家。

审价复核单位及财务竣工决算审计单位的职责是:对投资监理的工作及工程

审价初稿进行复核，参加与施工单位的审价谈判，最大限度地维护建设单位的利益。负责工程项目财务竣工决算的审计，出具竣工决算报告及交付使用财产明细。

(4)工程监理招标：建设工程项目及大中型修缮项目在实施过程中必须聘请专职的工程监理单位进行全过程、全方位的专业监管。工程监理单位的招标可以委托社会中介机构代理，规模较小的项目(一般指100万元以下的项目)也可以由项目所在单位自行组织邀请招标，但邀请投标单位不得少于3家。

工程监理单位的职责是：协助建设单位负责工程项目实施中的全过程、全方位监督管理，并定期向建设单位报告工程监管情况；负责召集施工现场碰头会，协调施工中出现的各种问题；把握施工进度，确保按进度实施；负责施工质量的检查与监督，及时组织对隐蔽工程的验收；负责对工程用料，设备品牌、质量、数量的核对与检测，发现与采购合同不符的材料、设备应坚决制止使用；负责工作量变更的核实与见证，会签工程量变更的签证单；负责工地安全生产、文明施工的检查，发现安全隐患和事故苗子，应及时处置并落实整改。

(5)施工单位招标：根据招投标管理办法，200万元以上的项目必须委托专职代理机构进行社会公开招投标；200万元以下的项目，虽然可以不组织社会公开招投标，但必须委托专职代理机构进行邀请招标，由代理机构制定统一招标书和评标办法，由建设单位内部各有关职能部门组成评委会进行评选，邀请招标的施工单位必须有3家以上。

4. 工程合同审签

(1)建设工程所涉及的合同由项目管理部门负责承办，合同拟定以后须经有关部门会签并提出修改意见后方能呈送领导审签。

(2)合同会签的流程如下：承办部门→法务部门(律师)→投资监理→技术部门→财务部门→审计部门→分管领导→法人代表→办公室。

(3)合同会签部门的职责：

承办部门：负责审查合同内容的完整性，负责合同执行的跟踪。

法务部门：负责审查法律条款，维护建设单位的权益。

投资监理：负责审查商务标的的内容，协助建设单位控制工程投资。

技术部门：负责审查技术标的的内容，确保所采购的设备、材料及施工质量符合技术工艺的需求标准。

财务部门：负责审查合同标的及费用支付方式，确保符合预算计划要求及合同执行的资金落实。

审计部门：负责建设项目总投资的控制与调整，确保经济合同留有一定比例的质保金。

分管领导：负责审查合同内容，综合各部门的会签意见，组织协调和修改。

法人代表：最终审定合同并签署。

办公室：办理合同盖章及编号归档，合同副本要分送承办部门和财务部门备案。

5. 财务核算与管理

(1)建设工程项目必须根据项目的性质与资金来源确定不同的财务核算方式。由财政拨款并列入基本建设管理序列的项目，必须单独设立基本建设账套，执行基本建设会计制度，每月编制基本建设报表。由财政或上级单位拨入的专款用于专项工程的项目(如改扩建项目、大中型修缮项目等)，可在业务账套内设立专项支出明细进行核算；根据项目规模的大小，有些还必须开列银行专户。若上级单位没有特殊要求的，一般不需设立独立的账套。

(2)建设工程项目的财务核算与管理由所属单位的财务部门兼任；列入基本建设管理序列的项目，必须落实专人负责核算。

(3)项目建设资金使用的审批权限：①1 万元以下的零星费用报销由项目管理部门负责人审批；②1 万元以上 10 万元以下的支付款项，由项目所在单位的分管领导审批；③10 万元以上的支付款项，由项目所在单位的法人代表审批。

(4)工程款项支付的有关规定：①勘测、设计、监理、审计、报建等费用的支付，按合同约定的条款执行，由工程管理、财务和审计部门把关；②建设单位自行采购的设备、材料款项的支付，按合同约定的条款执行，由工程管理、财务、审计部门把关；③工程进度款的支付，按合同约定的条款执行，同时须取得投资监理的书面审批意见，由工程管理、财务、审计部门把关；④工程余款及质保金的支付必须在工程审价完成及质保期满后方能办理支付，由工程管理、财务、审计部门把关。

6. 项目施工管理

(1)施工前期准备：①组建项目管理机构，确定项目责任人，大型建设项目的管理机构应由项目实施的主办部门、财务部门、审计部门、资产管理部门、安全保卫部门、纪检监察部门等有关人员组成；②确定设计单位、工程监理单位和投资监理单位；③审定工程设计图，项目管理部门会同投资监理审核工程预算；④项目管理部门根据审定的施工图，委托代理单位实施对施工单位的招投标工作，并签订合同；⑤按规定向有关行政管理部门办理消防、规划、安监、质监等报建手续，办理施工许可证；⑥审查施工单位的资质及施工队伍的人员结构，签订安全协议，并对施工人员进行安全常识、安全规范及文明施工的教育。

(2)项目管理部门的职责：

安全管理：不发生人员伤亡、火灾、盗窃等重大安全事故，建立安全生产三级监管体系，施工单位、工程监理单位、建设单位必须落实安全管理责任人，建设单位负有检查监督的职责。

质量管理:健全质量保证体系,对项目的技术工艺把关,确保项目施工符合质量标准,争创质量优良工程。

进度管理:严格执行项目进度计划,在确保安全、质量的前提下,按期完工。

投资控制:协助投资监理加强预算控制,未经批准,不得突破项目投资预算。

现场协调:会同工程监理单位定期召开工程例会,协调解决工程施工中出现的问题。

廉政建设:遵守廉政建设规定,内部管理人员无违纪违规行为。

(3)施工现场管理:①施工单位必须向建设单位和工程监理单位报送工程实施的组织方案,确定项目经理和技术负责人;②施工单位在每一具体工种、子项目启动前必须制订详尽的施工方案,经施工单位项目经理及工程监理审核认可后方可实施,并报建设单位项目管理部门备案;③项目管理部门要督促施工单位牢固树立"安全第一、文明施工"的观念,并遵照有关规定进行施工管理;④项目管理部门与工程监理共同管理工程质量、工程安全和工程进度,工程监理应定期召集施工单位召开施工碰头会,审查工程状况,如发现问题,应监督、指导施工单位及时整改;⑤项目管理部门应定期向单位领导通报工程进度、施工进展中的重要情况,财务部门每月应上报投资完成情况及工程用款情况;⑥项目发生重大工程(或质量)事故的,施工单位或项目管理部门应在第一时间向单位领导报告;⑦项目资金应严格按批准的投资预算执行,凡确因发生不可预见的重大因素导致项目支出突破预算的,项目管理部门应详细说明超支原因,并会同投资监理编制调整预算方案,按程序报单位领导审议和决策。

7. 项目竣工验收

(1)项目竣工后,施工单位应提出项目竣工验收申请,并按项目管理部门的要求申报消防、规划、安监、质检等有关行政管理部门验收,验收合格后办理交付使用手续。

(2)施工单位应向项目管理部门移交完备的竣工图纸。

(3)项目竣工后须按照相关规定进行财务竣工决算审计,项目建设单位应按审计结果支付工程款。

(4)项目管理部门应在项目竣工后,将有保存价值的文件材料整理归档。

(5)根据财务竣工决算报告及交付使用财产明细清单,办理资产移交和财务入账等事宜。

(6)做好项目资料的归档整理工作。

8.6 建设项目关键控制环节

8.6.1 权力制约与岗位分离

单位应设立建设项目工作小组，对涉及单位建设项目的立项、概预算编制等进行讨论和集体决策。建设项目业务的关键岗位包括：单位主要领导及建设项目分管领导；基建处负责人、规划管理岗、项目投资岗、项目管理岗；财务部门负责人、会计、出纳；等等。

基本建设项目实施过程中的“三权”分离是为了有效控制风险，谨防舞弊与腐败发生。某单位“三权”分配控制如表 8.5 所示。

表 8.5 基本建设控制的“三权”分配

业务与岗位 \ “三权”分配		决策权	执行权	监督权
基本建设控制	单位领导	进行项目决策与审批，重大项目履行集体决议程序		上级对下级的日常审查、督导与审计监督
基本建设控制	基建部门		对项目建设进行论证，提出项目建议书或可行性研究报告；确保招投标过程的合法、保密；对施工过程进行监督和控制；按照规定的时限及时办理竣工决算，组织竣工决算审计；办理建设项目档案和资产移交等工作	
基本建设控制	财务部门		复核项目合同、投资概预算等；审查项目收支，实施项目资金控制	
基本建设控制	审计部门 纪检部门			定期进行基建项目情况评价，对未按规定履行项目控制规范的行为进行追责

基建部门（基建组）是建设项目的归口管理部门，负责受理项目申请和项目建议；组织项目的可行性论证或前期论证工作；组织编制概预算；负责建设项目招投标、合同签订；负责与建设单位工程进度的确认和结算；负责与建设单位、工程监理单位进行沟通协调；负责建设项目竣工验收及项目竣工后的资料归档工作；组织项目后评价；等等。

财务部门参与建设项目的可行性研究论证与评估、决算事项；负责建设项目核算与工程价款支付；参与工程概预算、结算审核；参与工程建设监督。

审计部门实施工程审计和委托工程审计；合同审计；参与建设项目的可行性研究论证与评估、决算事项；参与工程建设监督；负责对建设项目的跟踪审计。

建设项目的不相容岗位至少包括以下几项：①建设项目的建议（申请）、可行性研究与项目决策岗位分离；②建设项目概预算编制与审核岗位分离；③建设项目决策与项目实施岗位分离；④建设项目实施与项目验收岗位分离；⑤建设项目实施与价款支付岗位分离；⑥建设项目竣工决算与竣工审计岗位分离；等等。

8.6.2 依法控制招标投标活动

串通招标投标，是指招标者与投标者或者投标者与投标者之间采用不正当的手段，对招投标事项进行串通，以排挤竞争对手或者损害招标者利益的行为。

实证分析 8.2 | 串通投标的舞弊行为

2013 年 12 月底，芜湖市政府第一招标采购代理处发布某小区绿化工程项目招标公告。刘甲想做该工程，但他的公司只有园林绿化三级资质，不符合招标文件中要求的必须是一级资质的招标条件。在该工程开标前半个多月，刘甲找到从某、刘乙商量，由刘甲负责出资，刘乙负责寻找具备一级资质的单位来围标，从某负责提供参加围标单位的投标保证金；三人同时口头约定，该工程中标后由刘甲来做，刘甲支付给刘乙找来的参加围标的每家公司好处费 1.1 万元，并按月息 5 分的利率支付从某提供的投标保证金利息。

按照分工，刘乙找来了 2 家陪标公司，又联系谈某帮忙找了 8 家陪标公司，从某找了 1 家陪标公司。其间，从某向他人以高息借款 1 500 万元用于 10 家陪标公司的投标保证金。刘甲自己出资 150 万元作为中标单位的投标保证金，并找人帮忙制作了 11 家公司的投标标书，确定由 3 家公司报中间价，另外 8 家公司报高价，利用招标文件设置的双控线以内的中间价格，增加中标概率，并抬高中标价格。

2014 年 1 月下旬，该工程在芜湖市招标办开标，并进行预中标公示。前三名预中标单位中有两家是刘某等人安排的公司，而预中标第一名的却是东阳市某生态建设公司。为中标，刘甲等人打电话给东阳市某生态建设公司挂靠人李某，以举报其项目经理造假为名企图让该公司主动放弃预中标资格，并向芜湖市招标办进行了举报。2014 年 2 月初，李某在与刘甲协商以后，同意支付刘甲 50 万元好处费，刘甲等人遂向芜湖市招标办撤回举报投诉。

芜湖市招标办发现问题后取消了这次招标。刘甲等人因犯串通投标罪被区人民法院判刑。

针对招投标领域存在的围标串标、明招暗定等突出问题，国务院办公厅发出

《关于印发整合建立统一的公共资源交易平台工作方案的通知》(国办发〔2015〕63号),要求整合分散设立的工程建设项目招标投标、土地使用权和矿业权出让、国有产权交易、政府采购等交易平台,在统一的公共资源交易平台上实现信息和资源共享,并按照"管办分离、依法监管"的要求进一步减少政府对交易活动的行政干预,强化事中、事后监管和信用管理,创新电子化监管手段,健全行政监督与社会监督相结合的监督机制。

建设工程招标投标活动既要依据《中华人民共和国招标投标法》《中华人民共和国招标投标法实施条例》等法律法规操作,又要遵循《上海市建筑市场管理条例》《上海市建设工程招标投标管理办法》等地方法规办事,以保护好国家利益、社会公共利益和招投标活动当事人的合法权益。

建设工程达到法定招标规模标准的,应当在统一的建设工程招投标交易场所进行全过程招投标活动。其他建设工程达到法定招标规模标准的,可以由招标人自行确定是否进入招投标交易场所进行招投标活动。招标人决定不进入招投标交易场所的,应当依法自行组织招投标活动。

应当落实招标人为第一责任人的职责,按照有关规定组织建设项目招标工作,并接受有关部门的监督。招投标过程要严格保密,由纪检监察部门全程监督。评标小组要独立、客观地评标。

采用资格后审方式招标的,招标人可以选择是否采用投标人筛选方式进行招标。未采用投标人筛选方式,投标人少于3人的,招标人应当重新招标;采用投标人筛选方式,经筛选入围的投标人少于15人的,应当重新招标。

评标委员会由招标人或者其委托的代表,以及有关技术、经济等方面的专家组成,成员人数为5人以上单数。勘察、设计合并招标的,评标委员会成员人数应当为7人以上单数。工程总承包招标的评标委员会成员人数应当为9人以上单数。

有下列情形之一的,在分析招标失败的原因并采取相应措施后,招标人应当依法重新招标:①通过资格预审的申请人少于3人或者在资格预审文件发售期内获取资格预审文件的潜在申请人少于3人的;②在投标截止时间之前提交投标文件的投标人少于3人的;③在招投标过程中,因项目发生变更,现有招标条件无法满足项目工程规模的;④评标委员会否决全部投标的;⑤评标委员会认为按照评标办法,无法确定中标候选人或者中标人的。

投标人在招投标过程中有下列情形之一,经调查属实的,视为投标人相互串通投标:①不同投标人编制的投标文件存在两处以上错误一致;②不同投标人使用同一台电脑或者同一加密工具编制投标文件;③不同投标人的投标文件从同一投标人处领取或者由同一投标人分发;④参加投标活动的人员为同一标段其他投标人的在职人员;⑤投标人之间为谋取中标或者排斥特定投标人而采取的其他联合行动。

招标人在招投标过程中有下列情形之一，经调查属实的，视为招标人与投标人串通投标：①发现不同投标人的法定代表人、委托代理人、项目负责人属于同一单位，仍同意其继续参加投标；②投标截止后，更换、篡改特定投标人的文件内容；③投标截止后，向特定投标人泄露其他投标人的投标文件内容或者其他应当保密的评审情况；④以胁迫、劝退、利诱等方式，使特定投标人以外的其他投标人放弃投标或者使中标人放弃中标；⑤依法应当公开招标的建设工程未确定中标人前，投标人已开展该工程招标范围内的工作；⑥招标人与投标人为谋求特定投标人中标而采取的其他串通行为。

8.6.3 严格控制建设项目的变更情况

建设项目在实施过程中受各种经济因素、自然因素或人为因素的影响较大，特别是在施工过程中，由于受现场条件、新材料和新技术的应用、产品的更新换代等因素的影响，可能造成工程变更的发生。由于工程变更会带来相应工程造价、进度以及工期的变更，特别是对基础、结构形式的变更影响范围更大，甚至可能从中营私舞弊，因此，对工程变更进行控制就显得十分重要。

工程变更是指在工程项目实施过程中，根据约定的程序对已经批准的设计文件进行位置、标高、尺寸、功能、工艺、材料等方面的改变。必要、合理的工程变更能够加快建设项目的进度，更好地满足工程的使用功能和应用功能，从而达到加快施工进度、节省投资等作用；反之，将造成投资、进度、质量的负面影响，甚至影响建设项目各方的利益，带来索赔风险，产生新的矛盾。

单位应当加强建设项目的过程控制，确保建设工期、质量等符合设计要求，尤其应当严格控制建设项目的设计变更。经批准的投资概算是工程投资的最高限额，未经批准不得突破。建设过程中需调整投资概算和工程设计变更等，应当按照有关规定履行相应的审批程序。在设计阶段，如果对原有已批复的方案进行了变更，包括建筑功能的改变、建设规模的变更等需要重新报原审批部门审批，在重新获得批复后方可进行设计变更。

建设项目变更不仅要考虑经济后果，而且要考虑法律后果，因而有必要请律师提前介入，谨防法律风险。

第9章　合同业务控制规范

合同管理应从识别合同错弊开始，认真做到事前风险防范、事中过程控制、事后法律监督与补救。

9.1　合同业务与风险评估

9.1.1　合同与合同管理

合同是平等主体的自然人、法人、其他组织之间设立、变更、终止民事权利义务关系意思表示一致的协议。广义合同是指所有法律部门中确定权利义务关系的协议。狭义合同是指一切民事合同。

合同是当事人协商一致的产物，只有当事人所做出的意思表示合法，合同才具有法律约束力。依法成立的合同从成立之日起生效，具有法律约束力。

合同管理是指单位对以自身为当事人的合同依法进行订立、履行、变更、解除、转让、终止以及审查、监督、控制等一系列行为的总称。其中，订立、履行、变更、解除、转让、终止是合同管理的内容，审查、监督、控制是合同管理的手段。

合同的签订、履行、变更、解除必须遵守《中华人民共和国合同法》及有关法律、法规、规章，参照有关政策，并注意做到合同的拟定、审批、执行、监督互相分离、相互牵制，有效保证合同管理符合内部控制的规范要求。

合同管理必须遵循依法办事，预防为主，层层把关，跟踪监督，及时调处，维护单位合法权益的原则。合同管理必须是全过程的、系统性的、动态性的，应当关注主要流程、关键环节、主要风险点与控制重点，至少包括是否实现合同归口管理、是否明确应签订合同的经济活动范围和条件、是否有效监控合同履行情况、是否建立合同纠纷协调机制等，从而确保合同立项民主科学，合同订立周密严谨，合同履行有效监控，合同档案齐全完整，合同风险有效防范。

9.1.2 合同管理的主要环节

合同管理过程可以概括为合同订立、合同履行、合同后评估三个方面。其中，合同的履行可能是一个持续性的过程，包括对合同的履行情况进行监控和合同纠纷的处理等，具体控制流程如图 9.1 所示。其涉及的主要表单包括合同订立审批表、合同文本等。

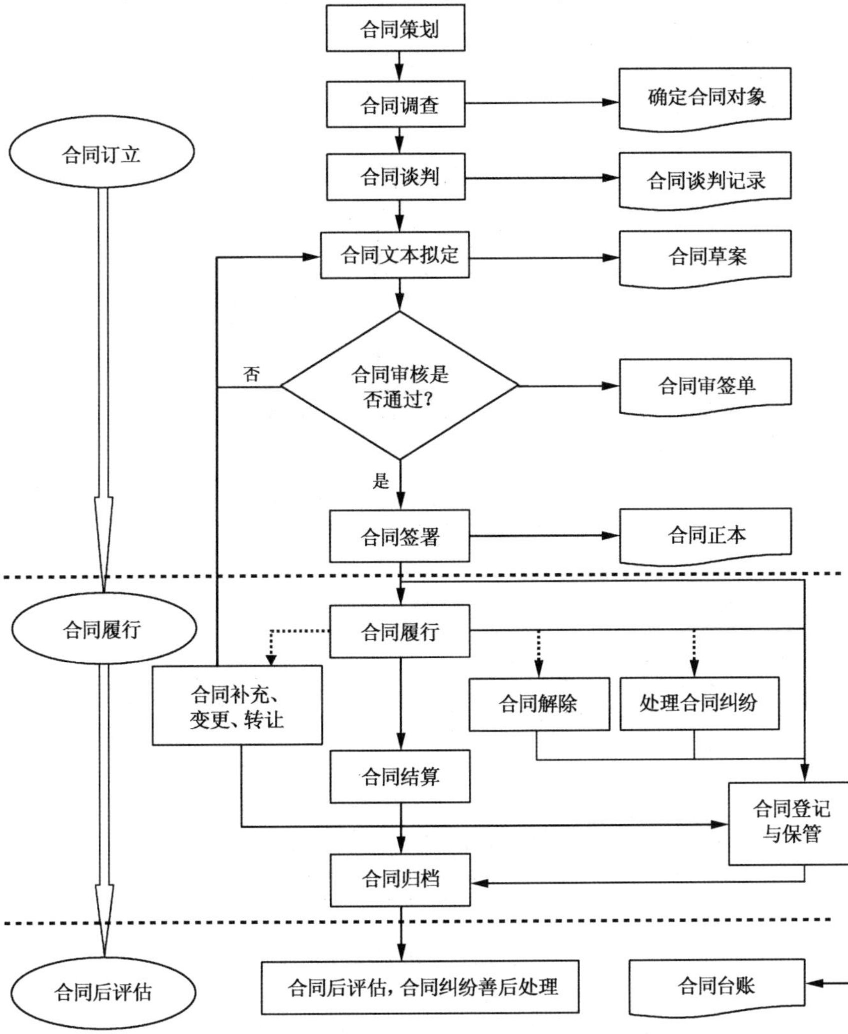

图 9.1 合同管理的主要环节

9.1.3 合同管理中的风险识别

合同控制可以从识别合同风险开始至合同归档与后评估。至今，一些单位还是延续过去的行政体制，没有完全适应内部控制的思想方法，忽视对合同的管理，如不签合同、合同条款不明确、基本要素不完备、合同管理不规范、合同登记与保管制度形同虚设等，个别单位的合同分散于各个相关业务部门和财务部门等，当合同需要更新和查询时，甚至无法找到原件，按照单位组织架构承担合同归档责任的办公室多年没有对档案进行分类整理等。

某单位在制定合同控制制度之前，经过分析，列出合同业务流程及其可能出现的风险点如图 9.2 所示。

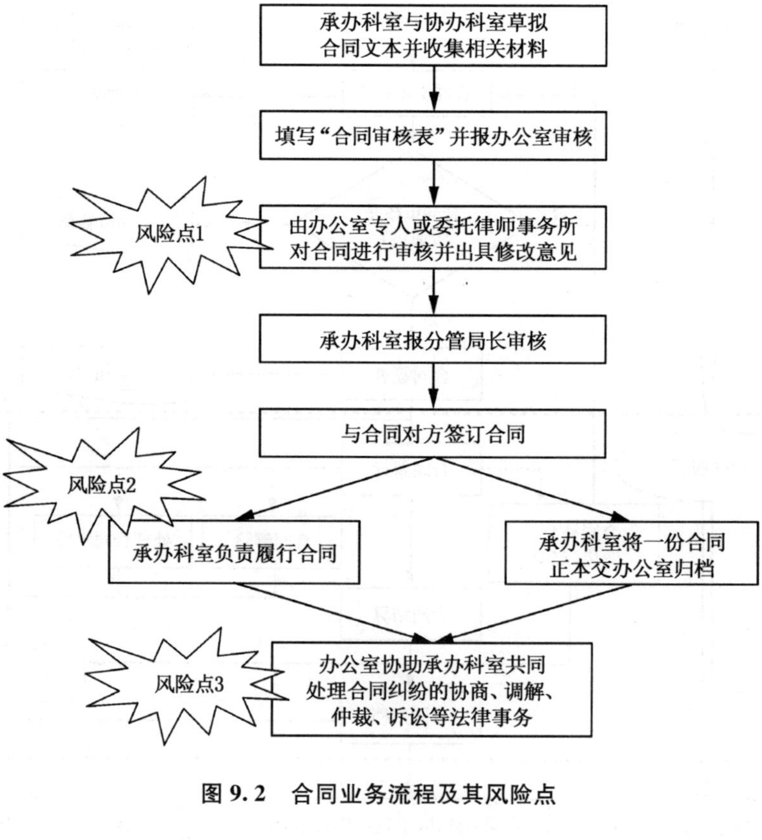

图 9.2 合同业务流程及其风险点

风险点 1：在合同管理过程中，未将合同交予专人或律师事务所审核，导致合同存在对单位不利的条款。

应采取的防范措施:合同审核采用登记签名制度,保留审核痕迹。

风险点 2:承办部门在合同履行过程中出现违约行为,导致合同纠纷。

应采取的防范措施:在合同履行过程中,可采用登记、签收等措施保留合同履行痕迹,减少违约行为的发生。

风险点 3:办公室和承办部门对合同纠纷的协商、调解、仲裁、诉讼等法律事务处理不当,导致败诉。

应采取的防范措施:可委托专业律师事务所共同处理相关事务。

上述问题的整改责任人为采购业务经办人,整改监督人为各部门的科长、分管领导。

9.1.4 合同管理中的主要风险点

任何单位在与其他民事主体发生经济业务往来时不仅应当订立书面合同,而且应当在合同管理的各个阶段妥善管理相关风险。合同可能是钱权交易的“腐败滋生地”,应当尽可能梳理出单位合同管理存在的主要风险点。例如:①未确定经济合同归口管理部门,对经济合同缺乏统一规范管理,权责不清、程序不明,可能造成经济合同管理效率低下;②未明确经济合同的签订权限,可能滋生舞弊风险或法律纠纷;③应签订合同的经济活动未订立合同而导致纠纷;④因合同条款不完备或只订立口头合同而导致合同无效或责任不清;⑤违规签订担保、投资和借贷合同,可能导致单位经济利益受损;⑥合同对方主体资格审查不严,或未经授权私自对外签订合同,可能导致签订的合同无效或存在风险;⑦合同内容未经审查,存在重大疏漏和欺诈等,可能导致单位经济利益受损;⑧对于影响重大、涉及较强专业技术或法律关系复杂的合同,未组织法律、技术、财会等专业人员参与谈判,可能造成单位利益受损或滋生法律风险;⑨对合同内容和条款在执行过程中把关不严,可能导致单位利益受损;⑩对于合同的订立、履行缺乏登记,合同副本未交存单位备案,政府采购合同未于签订之日起 7 个工作日内交所属主管部门备案,可能造成档案不完整或导致法律风险;⑪合同未全面履行或监控不当,发生纠纷事项未及时向单位有关负责人汇报,可能导致单位诉讼失败、经济利益受损;⑫合同纠纷处理不当,可能导致单位利益、信誉和形象受损;⑬由于不及时行使请求权,使自己的权利失去法律保护;等等。

9.2 合同管理政策与文件支持

合同管理的政策性很强,法律风险较大。为了谨防出现各种意想不到的问题,在设计制度、确定合同控制的目标和撰写合同制度文本时都应当明确相关法律条款的规定，严格以法律法规作为依据。为了方便读者查找，现摘要列示合同控制的相关法律法规文本如表 9.1 所示。

表 9.1　　与合同控制相关的法律法规

序号	文件名称与文号
1	中华人民共和国合同法(中华人民共和国主席令第 15 号)
2	中华人民共和国劳动法(中华人民共和国主席令第 28 号)
3	中华人民共和国仲裁法(中华人民共和国主席令第 31 号)
4	中华人民共和国担保法(中华人民共和国主席令第 51 号)
5	中华人民共和国劳动合同法(中华人民共和国主席令第 65 号)
6	中华人民共和国产品质量法(中华人民共和国主席令第 71 号)
7	中华人民共和国价格法(中华人民共和国主席令第 92 号)
8	中华人民共和国劳动合同法实施条例(中华人民共和国务院令第 535 号)
9	违反和解除劳动合同的经济补偿(劳部发〔1994〕481 号)
地方发布的法律法规(略)	
主管部门制定的有关管理办法和实施细则(略)	

9.3　合同控制的具体目标

合同管理业务的具体控制目标为维护单位权益、避免法律风险、为经济活动提供支持，并提高管理效率。合同的业务流程主要包括合同的订立与审批、合同的履行与监督、纠纷处理以及合同登记归档等环节，各环节的控制目标如表 9.2 所示。

表 9.2　　合同控制的具体目标

合同环节	具体控制目标	目标属性
合同订立	确定相应的归口管理部门，订立过程中应当进行充分论证和研究分析	合法性、完整性、合理性
合同履行	及时发现合同履行过程中存在的问题，对合同进行统一管理，以确保合同归档的完整性，并对涉密合同采取保密措施	有效性、完整性、保密性
纠纷处理	控制合同纠纷，维护合法权益	合法性

9.4 合同业务流程与控制要点

9.4.1 合同订立的控制要点

为了确保合同订立周密严谨，在合同订立前，应经过公平有效的谈判和协商，确保起草的合同内容完整、合法有效，无法律漏洞和权利义务瑕疵。合同文本应做到用词准确，措辞严密，逻辑严谨，无歧义。正式订立合同前应当经过合同控制程序所规定的审核与审批，防止因合同文本失当而导致利益受损，因而，需要关注以下几个控制要点：

一是要建立健全合同对方主体资格调查制度。合同订立前，应当充分了解合同对方的主体资格和信用状况，确保对方当事人具备履约能力，减少合同履约风险，从而在一定程度上保证合同能够正常履行。

二是依法依规拟定合同文本。应依据有关法律、行政法规的规定和合同内容的具体要求，做到标的明确、内容齐全、条款完备、责任明确、用语规范。国家和市政府有关部门已印制格式合同的，按格式合同的要求确定合同内容。对于影响重大、涉及较强专业技术或法律关系复杂的合同，应当组织法律、技术、财会等专业人员参与谈判，必要时聘请外部专家参与谈判。

三是建立健全合同授权审批制度，对拟定的合同进行合法性等方面的审查，确保合同的基本要素齐全。

正式对外签订合同应当由单位法定代表人或由其授权的代理人签名或加盖有关印章；授权签署合同的，应当签署授权委托书。

合同承办部门会同相关部门根据谈判要求拟定合同草案，对于合同中的重要条款应向主要领导汇报请示。

实施已明确的合同的审批程序，其中，财务人员应对合同中涉及的经济条款进行审核，法律人员应对合同条款的合法合规性进行审核。上一级审核若未通过，则不应进入下一级审核。

合同审查包括业务审查和法律审查等，即审查业务条款是否符合本单位业务管理的规定、是否符合上级部门的审批意见、是否超越业务授权、业务操作是否可行、业务流程是否与实际操作相符等。

某单位合同承办的内部管理流程如图 9.3 所示。

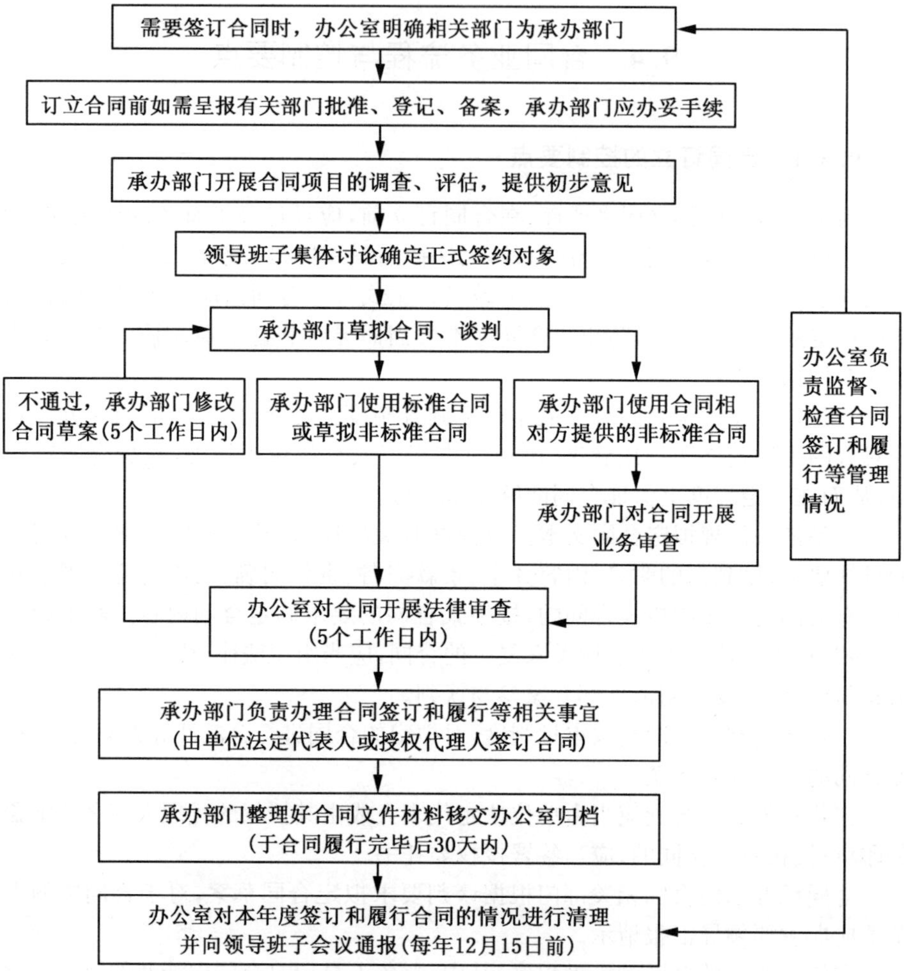

图 9.3　合同承办内部管理流程

合同签订的控制要点之一是界定不同种类合同的授权签字人。例如，5 万元以下的采购合同授权办公室主任签字，这种授权可以通过制度进行，也可以通过授权书的形式进行；如果单位的合同数量不多，也可全部由单位负责人签批。

以防万一，单位应当建立严格的合同专用章保管制度。印章管理人员应根据合同授权情况等相关规定予以盖章，对于超过一页的合同应加盖骑缝章。

合同经编号、审批及法定代表人或由其授权的代理人签署后，方可加盖合同专用章。应当加强合同信息安全保密工作，未经批准，不得以任何形式泄露合同订立和履行过程中涉及的商业秘密或国家机密。

专题讨论9.1 | 合同的审核要点

一审合同的合法性：当事人有无签订、履行合同的权利能力和行为能力；合同内容是否符合法律、政策和制度的规定；资金来源、资金使用、结算方式是否合法。

二审合同的严密性：合同应具备的条款是否齐全；当事人双方的权利、义务是否具体、明确；文字表述是否准确无误；数量、金额等标的是否准确。

三审合同的可行性：当事人双方特别是对方是否具备履行合同的能力、条件；预计取得的经济效益和可能承担的风险；合同非正常履行时可能造成的经济损失。

9.4.2 合同履行的控制要点

合同依法成立，具有法律约束力。一切与合同有关的部门、人员都必须本着"重合同、守信誉"的原则，严格执行合同所规定的义务，确保合同的实际履行或全面履行。

合同的承办部门有责任和义务对合同的履行情况进行监控。因对方或单位自身原因可能导致无法按时履约的，应当及时采取应对措施。对于合同履行过程中发生变更、解除合同或签订补充协议等情况，单位应组织财务、法律人员等进行评估，给单位造成损失的，视情节严重程度追究对方或单位相关人员责任。

对于合同履约过程中产生的纠纷，应按当初的约定先行与对方进行协商。协商达成一致的，双方应签订书面协议；协商未能达成一致的，报相关负责人审批后，按合同约定选择仲裁或诉讼方式解决。

合同签订后，应及时向归口管理部门提交。管理人员应进行合同编号与台账登记。该台账应对合同实施全过程管理，即对合同订立、合同变更、合同付款、合同终止等情况予以一一列示。对于合同后期的借阅/借用应订立相应的审批程序予以控制，保证合同信息的安全、保密。

9.4.3 合同后评估的控制要点

每年应组织对合同的总体情况及重大合同的履行情况进行分析，发现不足，及时采取有效措施加以改进。

要建立健全合同纠纷处理机制，合理、依法解决合同履行过程中出现的各项纠纷与善后事项。办公室应当协助承办部门共同处理合同纠纷的协商、调解、仲裁、诉讼等法律事务，努力维护单位的合法权益。

9.5 合同控制制度与控制措施

9.5.1 合同风险的应对措施

合同风险千奇百怪，单位应当具有防患于未然的心态。某单位针对合同订立和履行两大方面排查出来的风险点，编制出主要防控措施如表 9.3 和表 9.4 所示。

表 9.3　合同订立风险点及主要防控措施

流程	关键环节	风险点	主要防控措施	责任主体
合同订立	合同调查	对合同对方未调查或未履行恰当的调查程序，致使合同履行存在风险，单位利益受损	①建立合同调查报告制度，合同签订前必须履行调查工作程序，出具调查报告 ②建立牵制和复核机制，慎重选择调查成员	合同调查组织部门
	合同谈判	与合同对方合谋在重大问题上做出不当让步或泄露本单位合同谋略，导致单位利益受损	①实行合同谈判联席制度，法律、技术、财会人员进行联合谈判 ②重大经济合同应聘请外部专家参与合同谈判 ③建立责任追究制度，谈判的重要事项和各方意见应当进行记录并妥善保存，作为追究责任的重要凭据	合同谈判负责部门
	合同文本拟定	在合同拟定过程中故意隐藏重大疏漏和欺骗，导致单位利益受损	①采用标准合同文本，订立书面合同 ②重大经济合同应聘请法律顾问和第三方技术专家审查合同条款	合同文本拟定负责部门
	合同审核	对合同条款、格式审核不严格，可能使单位面临诉讼风险或造成经济利益损失	①建立会审制度，归口管理部门、业务部门、财会部门联合审查 ②审查人员对得出的审查结果负责，归口部门对合同审查结果负全面责任	财会部门、业务部门、合同业务归口管理部门
	合同签订	授意或合谋串通签订虚假合同，谋取私利或套取、转移资金	①严格各类合同的签署权限 ②严格合同专用章保管制度 ③采取恰当措施，防止已签署的合同被篡改	合同签订经办部门

表 9.4　　合同履行风险点及主要防控措施

流程	关键环节	相关风险点	主要防控措施	责任主体
合同履行	合同履行情况监控	发现合同履行过程中的风险不采取措施，合同纠纷处理不当致使国家利益受损	①明确相关责任人在合同履行过程中的责任 ②建立合同履行定期调查制度，检查、分析合同履行情况及效果，敦促对方积极履行合同 ③制定应急预案，对无法继续履行的合同及时采取措施，减少损失	合同业务履行部门、合同归口管理部门
	合同履行监督审查	不按照规定的程序办理合同的变更、解除等程序，致使单位利益受损	①合同补充、变更及解除需按规定进行报告和审查 ②以书面形式变更和解除合同 ③对造成的损失及时提出索赔	合同业务履行部门、合同归口管理部门
	合同价款支付	未按照合同规定的期限、金额和方式付款，可能导致单位经济利益遭受损失或面临诉讼风险	①建立合同管理信息系统，跟踪合同履行情况，在临近结算期限的合理时间提醒财会部门进行资金结算提示 ②合同承办人员及时收集凭证资料，经审批后在规定时间内提交财会部门办理结算 ③财会部门对合同条款和经审批的结算申请资料进行审核 ④未按合同条款履约或应签订书面合同而未签订的，财会部门应在付款之前向单位负责人报告 ⑤财会部门应当定期与合同归口管理部门核对，根据合同履行情况办理价款结算和进行账务处理，确保按合同约定及时结算相关价款	合同归口管理部门、财会部门
	合同登记归档	①合同及相关资料的登记、流转和保管不善，导致合同及相关资料丢失，影响合同的正常履行和纠纷的有效处理 ②未建立合同信息安全保密机制，致使合同订立与履行过程中涉及的国家秘密、工作秘密或商业秘密泄露，导致单位或国家利益遭受损失	①合同归口管理部门定期对合同进行统计、分类，登记合同的订立、履行、结算、补充或变更、解除等情况 ②建立合同文本统一分类和连续编号制度 ③合同终结应及时办理销号和归档手续 ④明确合同流转、借阅及归还的职责权限和审批程序等有关要求 ⑤签订合同保密承诺，未经批准，不得以任何形式泄露合同订立与履行过程中涉及的国家秘密、工作秘密或商业秘密	合同归口管理部门

续表

流程	关键环节	相关风险点	主要防控措施	责任主体
合同履行	合同纠纷处理	在合同订立、履行过程中出现合同纠纷问题，如果处理不当，可能损害单位利益、信誉和形象	①明确合同纠纷的处理办法和处理责任，在纠纷处理过程中，未经授权批准，相关经办人员不得向对方做出实质性答复或承诺 ②在履约过程中发生纠纷，应当在规定时效内与对方协商谈判 ③合同纠纷协商一致的，双方应当签订书面协议进行确认 ④合同纠纷协商无果，经办人员应向单位负责人报告，并根据合同约定选择仲裁或诉讼方式解决	单位负责人、合同归口管理部门

9.5.2 合同内部控制制度

大多数单位为了加强合同管理工作，预防、减少和及时解决合同纠纷，维护单位合法权益，根据《中华人民共和国合同法》和有关政府部门的规定，结合自身的实际情况，制定了合同管理制度。

经验分享 9.1 ｜ 某单位合同管理制度摘要

1. 合同管理范围与职责

(1)合同管理职责范围：办公室是单位合同业务的归口管理部门，负责建立和完善内部合同管理制度，负责对各职能部门草拟合同的审核、用印管理及归档，加强对合同履行的监控和评价。各职能部门负责对本单位合同的起草和初步审核。

合同业务的关键岗位包括各职能部门负责人、分管领导和单位主要领导。

(2)单位合同管理人员的主要管理职责：①认真学习、贯彻执行《中华人民共和国合同法》和有关条例，依法保护本单位的合法权益；②制定、修订本单位合同管理制度、办法，组织实施合同管理工作；③审查合同，防止不完善或不合法合同的出现；④协助合同承办人员依法签订合同，参与重大合同的谈判与签订；⑤做好合同统计、归档、保管工作；⑥监督、检查本单位合同的签订、履行情况；⑦宣传合同法和有关法规，培训合同管理人员、业务人员、采购人员；⑧依法处理本单位的合同纠纷；⑨制止单位或个人利用合同从事违法活动；⑩按期统计、汇总本单位合同签订、履行以及纠纷处理的情况并向单位领导汇报。

2. 合同审签管理

(1)单位对外签订合同，应由法定代表人或法定代表人授权的代理人进行；未经授权，任何人不得以单位名义对外签订合同。

(2)严禁将合同业务介绍信转借其他单位或个人使用。

(3)除及时清结者外，合同应当采用书面形式，合同文本应当采用法务人员发布的合同示范文本，合同相对方提供的合同文本必须送交法务人员审核。

(4)所有合同都应按顺序由法务人员统一编号。

(5)合同及其有关的书面材料应当语言规范，字迹(符号)清晰，条款完整，内容具体，用语准确、无歧义。

(6)订立合同必须完备合同条款。合同条款一般包括当事人的名称或者姓名和住所，标的，数量和质量，价款和报酬，履行的期限、地点和方式，违约责任及解决争议的方法等。

(7)合同标的没有国家标准又难以用书面语言确切描述的，应由合同双方共同封存样品，加盖公章或合同章，分别交由各单位经理、各部门经理或主管负责保管。

(8)订立依法可以设定担保或者对对方当事人的履约能力没有把握的合同，应当要求对方当事人依法提供保证、抵押、留置、定金等相应形式的有效担保。

对方当事人提供的保证人必须是法律许可的具有代为清偿债务能力的法人、其他组织或者自然人，对其主体资格和清偿债务能力要按规定进行审查。

(9)对外签订合同要明确选择纠纷管辖地，并力求选择本单位所在地法院。

(10)法定代表人或合同承办人应当亲自在合同文本上签名、盖章。

(11)签订合同应当加盖单位的合同专用章或公章。严禁在空白合同文本上加盖合同专用章或公章。单份合同文本达两页以上的，须加盖骑缝章。

3. 签订合同的流程

(1)市场调查：凡需要订立合同的项目，应当进行市场调查，形成书面的可行性研究报告，并根据合同标的物的市场状况和合同内容的具体要求，提出要约邀请或要约，报送单位负责人审定并签署意见。

(2)资信调查：应当对潜在签约对象的注册登记情况、股权结构、经营业绩、管理水平、财务状况、行业声誉、以往信用情况等进行调查研究，形成书面资信调查报告并报送单位负责人审查。

(3)谈判：合同标的额巨大或法律关系复杂的合同，应由本部门负责人和具有相应技术、经济和法律知识的人员组成谈判小组或招标小组。

(4)拟定合同文本：应依据有关法律、行政法规的规定和合同内容的具体要求，做到标的明确、内容齐全、条款完备、责任明确、用语规范；国家和市政府有关部门已印制格式合同的，按格式合同的要求确定合同内容。

(5)合法性审查：合同在正式签约前应当交由法务部门进行合法性审查；未经合法性审查或者审查不合格的，不得签订合同。

4. 履行合同

合同生效后应当按照合同约定全面、诚实地履行义务，不得擅自变更或者解除合同。办公室应全面适当地执行合同义务，敦促对方认真积极执行合同，确保合同全面有效地履行。在合同执行过程中如出现合同补充、变更等情形的，应在合同双方协商一致的情况下办理签订补充协议等相关手续。办公室按照合同约定付款。

对于显失公平、重大误解或对方有欺诈行为的合同，以及发生不可抗力、情势变更或预期对方违约，应及时与对方协商解除合同，并立即采取合法有效的措施，制止危害行为的发生，必要时可依合同约定或法律规定提请仲裁机构或人民法院撤销或者解除合同。

5. 合同纠纷处理

发生合同纠纷，如合同双方协商不一致，则由办公室报请单位领导，并依法采取和解、调解措施；和解、调解不成的，应当做好仲裁、起诉、应诉等工作。

加强对本单位合同的管理，确定专（兼）职合同管理人员；建立健全合同登记、合同文本和印鉴使用、合同备案、合同档案等合同存放管理制度。

健全合同定期清理制度。每年12月15日前将本年度签订和履行合同的情况进行清理，排查法律风险，并将清理情况通报上级主管部门。

违反本办法的规定，导致单位财产损失或其他权益损害的，由人事、监察部门追究其主管人员和直接责任人员的行政责任；构成犯罪的，移交司法机关依法处理。

6. 合同资料与归档管理

承办科室负责收集合同文件材料，包括：①合同正本及其附件；②合同签订的审查意见及审批文件；③合同签约相对方已通过最近年检的营业执照副本复印件等具有相应资质的文件；④合同签约相对方签约人的身份证明及授权书（如签字人非法定代表人或负责人）；⑤合同的补充或变更协议文件（如有）；⑥履行合同的证明材料；⑦合同争议的处理情况及材料（如有）；⑧合同谈判、签订、变更及履行过程中与合同相对方的往来文件，包括信函（含信封）、传真、会议纪要、电报、电子邮件或备忘录等，确保合同有据可查。

单位的所有合同必须统一编号，由法务人员妥善保管。合同承办人办理完毕签订、变更、履行及解除合同的各项手续后10日内应将合同档案资料移交法务人员。法务人员应定期将履行完毕或不再履行的合同有关资料按合同编号整理后交办公室档案管理人员存档，不得随意处置、销毁、遗失。

凡因未按规定处理合同事宜、未及时汇报情况和遗失合同有关资料而给单位造成损失的，应追究相关负责人和责任人的经济责任、行政责任。

9.5.3 合同承办的内部管理流程

某单位规定，凡需要签订合同的，办公室应明确相关部门为承办部门，负责履行下列职责：①合同项目的调查、评估、提供初步意见；②订立合同的协商与谈判，合同文本的拟定与修改；③合同业务审查工作，提供办公室法律审查所需的相关资料；④合同签订、履行及履行过程中产生的合同变更、解除、纠纷等相关事宜的处理；⑤合同相关文件资料的整理与移交；⑥积极配合办公室开展其他合同管理工作。

9.6 合同管理关键控制环节

9.6.1 权力制约与岗位分离

合同业务的关键岗位包括：各职能部门的负责人和合同岗人员；政策法规部门负责人和法律审核岗人员；分管合同业务的单位领导和单位主要领导。

办公室通常是单位合同业务的归口管理部门，负责建立和完善内部经济合同管理制度，负责对各职能部门和二级单位草拟合同的审核、用印管理及归档，加强对合同履行的监控和评价。

各职能部门根据业务需要，在职责和权限范围内起草协议，交政策法规部门审核，经分管合同业务的单位领导和主要领导审批后签约。

合同管理的不相容职务岗位分离至少包括以下几项：①合同的拟定与审核岗位分离；②合同的审核与批准岗位分离；③合同的审批与订立岗位分离；④合同的执行与监督岗位分离；等等。

合同控制中的“三权”分离对于谨防风险很重要。某单位编制的合同控制中的“三权”分配如表9.5所示。

表9.5　　合同控制的“三权”分配

业务与岗位 \ “三权”分配		决策权	执行权	监督权
合同控制	单位领导	审批合同的签订、履行、修改、补充、变更、解除解决方案等		上级对下级的日常审查、督导与审计监督
	合同管理员		审核合同的签订、补充、修改、变更、解除，以及合同结算	
	业务部门		合同策划、调查、谈判，拟定合同文本，签署、履行合同	
	审计部门 纪检部门			定期进行合同履行情况评价，对未按规定履行合同控制规范的行为进行问责

9.6.2 合同业务的归口管理

单位应当对合同实施归口管理，可以统一由某一部门/岗位进行合同编号归档、台账登记、借阅/借用登记等，也可以将合同按照性质分到 2～3 个部门进行归口管理，如劳动合同统一由人事部门进行管理，其他合同由办公室进行管理等。对于整个单位而言，尽量不要将合同散落在各部门分别进行管理，甚至散落在个人手中，如此容易造成合同的丢失、毁损、泄露等风险。

应当建立财会部门与合同归口管理部门的沟通协调机制，实现合同管理与预算管理、收支管理相结合。

合同归口管理部门应定期向其他部门催收合同，并归类、编号、登记；其他部门应主动、及时向合同归口管理部门提交合同。

9.6.3 谨防合同变更风险

在合同履行过程中遇到困难的，首先应尽一切努力克服困难，尽力保障合同的履行。如实际履行或适当履行确有人力不可克服的困难而需变更、解除合同时，应在法律规定或合理期限内与对方当事人协商。

如对方当事人提出变更、解除合同的，应从维护本单位合法权益的角度出发，从严控制。

变更、解除合同必须符合《中华人民共和国合同法》的规定，并应在单位内办理有关手续。变更、解除合同的手续应按制度规定的审批权限和程序执行。变更、解除合同一律采用书面形式（包括当事人双方的信件、函电、电传等），口头形式无效。变更、解除合同的协议在未达成或未批准之前，原合同仍有效，仍应履行；但特殊情况经双方一致同意的除外。因变更、解除合同而使当事人的利益遭受损失的，除法律允许免除责任的以外，均应承担相应的责任，并在变更、解除合同的协议书中明确规定。以变更、解除合同为名，行以权谋私、假公济私之实，损公肥私的，一经发现，从严惩处。

第 10 章　内部控制评价与报告

内部控制的生命力与权威作用在于实施，并有赖于有效的评价，这应当成为实现内部控制目标的自觉行为。

10.1　内部控制评价概述

10.1.1　内部控制评价的逻辑程序

内部控制评价是指单位对内部控制的有效性进行全面评价，形成评价结论，出具评价报告的过程。它要求通过对单位层面和业务层面的测试（包括内部控制各要素）并进行检查、评价，发现内部控制缺陷，及时改进，促进内部控制机制健全和完善，其“自我体检”式的逻辑思维程序如图 10.1 所示。

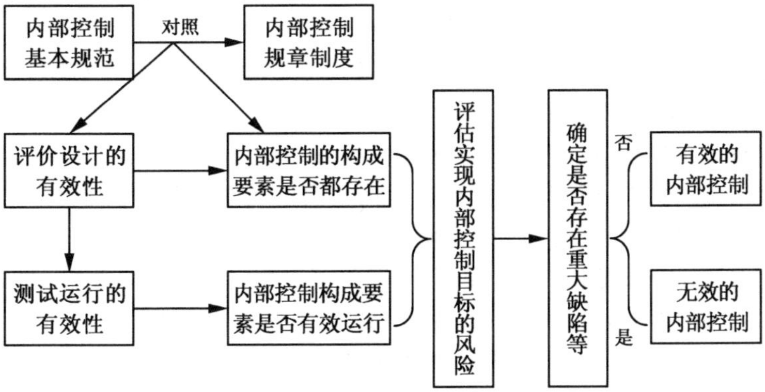

图 10.1　内部控制评价的基本逻辑程序

内部控制评价标准是进行评价工作所遵循的依据，既可以从管理和控制的目标方面制定，也可以从控制要素方面制定。

单位主要负责人应当对内部控制评价结论的真实性负责。办公室是内部控制自我评价的归口管理部门，负责组织单位的各职能部门开展内部控制自我评价工作。各职能部门按照内部控制自我评价的要求，配合办公室完成各项工作。开展内部控制评价就是以“钉钉子”精神抓好内部控制的“落地”和“落实”，促进各单位有效开展内部控制建立和实施工作。

10.1.2 内部控制基础性评价

内部控制基础性评价是指以量化评价为导向，在单位开展内部控制建设之前，或在内部控制建设的初期阶段，对单位内部控制的基础情况进行测试的基础性评价工作。

内部控制基础性评价的对照基础源于《规范试行》提出的各项基本要求，并结合国内外对于公共部门内部控制体系的研究成果，采用专家打分法、层次分析法等方法形成指标体系。

设计内部控制基础性评价的主要作用在于“摸底”，并不完全适用于单位内部控制过程建设之中或不断完善过程的评价。因为该项评价的对象是基础性工作，重点在于摸清开展基础工作的一些情况而并非全部。所以，内部控制基础性评价突出基础性而非全面性，突出针对性因而具有即时性。

10.1.3 内部控制有效性评价

内部控制的有效性是指单位的内部控制体系在保证控制目标的实现上不存在重大偏差，单位的风险可以被控制在合理的可接受水平。

从正面分析，一个单位内部控制的有效性主要包括设计有效（建设情况）和执行有效（运行情况）两个方面。

设计有效是指单位在内部控制体系的控制措施设定上做出了合理的要求。当某项控制措施由拥有必要授权和专业胜任能力的人员按照规定的程序与要求执行，并能够实现控制目标时，表明该项控制的设计是有效的。

执行有效是指单位所有人员都严格按照流程和制度要求运行相应的内部控制措施。如果某项控制正在按照设计运行，执行人员拥有必要的授权和专业胜任能力，并能够实现控制目标，则表明该项控制的运行是有效的。

表10.1可运用于单位层面和业务层面的内部控制自我评价测试，用以了解单位内部控制制度的建设情况和执行情况。

表 10.1　内部控制自我评价测试表

控制层面:业务控制——预算控制

控制类别	一级指标	二级指标	评价的主要内容(指标要素定义)	建设情况			执行情况		
				尚未建设	基本建成	完成建设	尚未执行	基本执行	完全执行
预算业务控制	预算编制	预算编制责任	明确预算编制人的职责						
		预算编制合规	预算编制合法、合规						
		预算编制依据	预算编制依据充分、合理						
		预算编制审核	预算逐级审核及重大事项评审机制						
	预算执行								
	……								

编制人:　　　　　　　　　　　　　　　　　复核人:

10.1.4　内部控制缺陷评价

控制缺陷是客观存在的,只是不同单位的缺陷程度和差异性质并不一样。

单位对内部控制评价过程中发现的问题应当从定量和定性等方面进行衡量,判断是否构成内部控制缺陷。

存在下列情况之一的,单位应当认定内部控制存在设计缺陷或运行缺陷:①未实现规定的控制目标;②未执行规定的控制活动;③突破规定的权限;④不能及时提供内部控制运行有效的相关证据;等等。单位在内部控制评价过程中,应对内部控制缺陷进行分类分析。

表 10.2 为某单位设计的关键岗位内部控制缺陷(有效性)测评表,通过该表的测试可以记录并掌握内部控制缺陷存在的状况,并予以分析评价,从而有助于整改措施的落实。

表 10.2　关键岗位内部控制缺陷(有效性)测评表

业务领域或部门:会计科

序号	管理环节	关键控制活动	测评内容	测评方式	测试频率(次/年)	测评记录	测评结果	缺陷程度	管控建议
1	会计控制	岗位设置	是否合规	询问、查看	1—2				
2	会计控制	不相容岗位	是否分离	询问、抽查	1—2				
3	会计控制	轮岗	是否实施	询问、检查	1—2				
4	会计控制	岗位培训	是否实施	询问、查看	1—2				

续表

序号	管理环节	关键控制活动	测评内容	测评方式	测试频率(次/年)	测评记录	测评结果	缺陷程度	管控建议
5	会计控制	稽核工作	是否开展	抽查、复核	4—8				
	……								

编制人：　　　　　　　　　　　　　　　　　　复核人：

测评活动的记录可以附在该测评表之后，作为测评工作底稿备查。

测评结果分为1级、2级、3级。1级表明执行效果较好；2级表明执行效果适中，可能存在一般缺陷；3级表明执行效果较差，可能存在重大缺陷或重要缺陷。所有发现的缺陷都应当寻找整改措施，提出加强管控的建议。

10.1.5　内部控制要素评价

公共部门内部控制评价可以围绕内部控制环境、风险评估、控制活动、信息与沟通、内部监督5个要素进行，以促使单位不断完善内部控制构成要素的建设与健全。

(1)评价控制环境

控制环境主要是指单位领导、各职能部门负责人和工作人员对内部控制的重视程度、工作胜任能力、行为规范和内部工作流程的制定、岗位职责确定、人员培训、制度建设等内部控制环境。内部控制环境应当不断改善。

目前，有些单位的领导人没有意识到内部控制既是单位的一项重要管理活动，又是一项重要的制度安排，是单位治理的基石；不少单位的领导人没有认识到内部控制建设的重要性，以为对于单位的管理只要依据行政手段就可以，这种陈旧和失之偏颇的观念是对内部控制建设的一大阻碍；相当一部分单位缺乏内部控制理念，对内部控制知识缺乏了解，认识不到建立和完善内部控制体系的重要意义，可有可无的思想依然存在；部分单位简单地把上级财政部门的预算控制作为单位的内部控制，片面地认为内部控制就是内部会计控制，以至于把内部控制的执行力量全放到财务部门，忽视了不同参与主体之间的相互监督和控制；在建立了内部控制制度的单位中，更多的是流于形式，“有章不循，有律不依”，或者仅仅是简单遵循相关的规章制度，未能积极主动地参与内部控制管理活动；有人甚至认为内部控制工作对日常工作造成了束缚，有抵触情绪，阻碍内部控制制度的执行。

内部控制环境存在的普遍问题就是风险意识不强、内部控制观念淡薄、控制文化缺失。在组织架构方面，一些单位没有根据外部监管要求和单位实际情况对组织架构进行优化、调整，有的没有形成决策权、执行权和监督权“三权”分离、互相制衡的有效机制；在决策机制方面，有的单位没有实行领导班子集体决策，未能形成集体研究、专家论证和技术咨询相结合的议事决策机制，未能充分发挥内部控制的制衡作用；在另一些单位，“一言堂”“一支笔”现象时有发生；不少内部审计机构设置在财务部门，很难发挥对本单位的监督作用。

(2)评价风险评估

风险评估主要是指单位各职能部门识别、监测、评估外部和内部风险，以及确定各种应对措施的过程。公共部门对风险评估普遍认识不足。

公共部门是从事公共服务活动的，对社会公众事先有承诺，要将风险控制在可承诺的范围内，既不能从事超出可承诺风险范围的活动，又要杜绝低级错误。通过有效的风险评估，有助于合理把握从事的各项活动的风险程度，采取有针对性的控制措施，将风险管控关口前移，防患于未然。

然而，大多数单位还未建立经济活动风险定期评估机制，对经济活动存在的风险未能进行全面、系统和客观的评估。当外部环境、经济活动或管理要求等发生重大变化时，根本做不到及时对经济活动风险进行重估。一些单位年报审计和内部控制测试发现的问题表明，公共部门风险评估的工作还没有得到应有的重视，风险评估机制尚未建立。

(3)评价控制活动

控制活动主要是指单位各职能部门有关授权批准、岗位职责分离、财务资料保管、查验与核对、业绩考核、工作督导等方面的制度和程序的建立与有效执行。控制活动不够具体、深入的情形具有普遍性。有的地方搞形式主义，控制活动形同虚设。不少单位不同程度地存在控制措施不够全面、不够恰当，部分控制措施的实施效果不够理想等问题。有的单位未严格按照内部控制的有关要求对工作流程中的不相容岗位实施分离，且其控制措施往往只停留在财务层面，忽视了其他层面的不相容岗位，这就给一些伺机作案的人员提供了机会。

(4)评价信息与沟通

信息与沟通主要是指单位各职能部门及时、准确地收集、传递与内部控制相关的信息，并确保信息在单位内部、单位与外部相关部门之间有效沟通。目前，不少单位没有建立起必要的信息沟通机制，致使单位内外部信息沟通不畅，导致信息失真和决策失误。

①对信息与沟通制度建设重视不够。有的单位没有系统规范的信息沟通制度，直接导致信息在单位向上、平行和向下的流动中不够顺畅，致使单位领导、业务人员、普通员工对所面临的工作任务很难做出准确判断和正确决策，降低了工作效率。

②信息化平台建设滞后。一些单位由于受人力、财力等方面的限制，信息化网络平台建设进展缓慢，有的单位虽然建立起了各类信息化平台，但仍存在功能不完整、信息量不足、互动性不强的问题，难以满足内外部日益膨胀的各类需求，缺乏与

服务对象之间的有效沟通。

③信息利用率较低。信息沟通不畅使得单位在处理大量信息时容易产生“阻塞”现象，导致决策层无法根据所掌握的信息及时、准确地做出决策，这在很大程度上降低了信息的利用率，也使得决策的时效性大大弱化。

(5)评价内部监督

内部监督包括对建立并执行内部控制的整体情况进行评价，对内部控制的某一方面或者某些方面进行专项检查，以及提交相应的评估报告、提出有针对性的改进措施等。

监督不力将导致单位无法及时发现和弥补内部控制中的漏洞；处罚力度小、违规成本低将使一些单位经常整改不到位，屡审屡犯；而绝大多数单位没有定期对内部控制的有效性进行书面的自我评价，更没有委托外部中介机构进行审计评价，导致内部控制系统作用滞后、控制与被控制脱节等失控现象发生。

10.1.6 内部控制年度评价

内部控制年度评价是指单位在年度终了，结合本单位的实际情况，按照内部控制评价与报告的规定对内部控制建立和实施情况进行总结的工作。年度评价报告具有定期性、系统性、总结性、持续性评价等特点，对于单位持续开展内部控制工作具有促进与完善的作用。

表10.3从单位层面和业务层面两个方面对年度内部控制进行综合评价。通过设置评价指标、指标权重，计算测评分数，从而把握单位内部控制的建设状况和执行两个维度的情况，对于全面评价单位内部控制的现状很有帮助。

表10.3　　内部控制综合评价计算

评价领域或部门：单位层面

一级指标	二级指标	权重(%)①	评价小组测评结果		综合评分计算结果	
			建设情况②	执行情况③	建设情况④=①×②	执行情况⑤=①×③
组织架构	内部控制机构设置					
	岗位职责权限规定					
	部门协调沟通机制					
	内部监督部门设置					
工作机制	……					
……						

编制人：　　　　　　　　　　　　复核人：

年度内部控制评价报告至少应当包括下列内容：①组织实施内部控制评价的总体情况；②内部控制责任主体的声明；③内部控制评价的范围和内容；④内部控制评价的标准和依据；⑤内部控制评价的程序和方法；⑥内部控制重大缺陷及其认定情况；⑦内部控制重大缺陷的整改措施及责任追究情况；⑧内部控制有效性的结论。

10.1.7 内部控制评价的基本原则

(1)全面性原则

内部控制评价应当贯穿于单位的各个层级，确保对单位层面和业务层面各类经济业务活动的全面覆盖，以便综合反映单位的内部控制现状与水平。

(2)重要性原则

内部控制评价应当在全面评价的基础上，重点关注重要业务事项和高风险领域，特别是涉及内部权力集中的重点领域和关键岗位，着力防范可能产生的重大风险。各单位在选取评价样本时，应根据本单位的实际情况，优先选取涉及金额较大、发生频次较高的业务。

(3)问题导向原则

内部控制评价应当针对单位内部管理的薄弱环节和风险隐患，特别是已经发生的风险事件及其整改情况，明确单位内部控制建立与实施的方向和重点。

(4)适应性原则

内部控制评价应立足于单位的实际情况，与单位的业务性质、业务范围、管理架构、经济活动、风险水平及其所处的内外部环境相适应，并采用以单位的基本事实作为主要依据的客观性指标进行评价。

10.2 内部控制评价工作流程

10.2.1 评价工作流程设计

设计评价工作流程，可以合理保证评价工作按规定的程序、要求和适当的授权进行，从而有助于实现预期目标；可以确保评价工作的方法和评价标准的一致性，减少评价过程和结果的随意性，从而有助于评价方法的完善和评价标准的严格执行，进而推进评价工作顺利进行。

内部控制评价程序一般包括制定评价工作方案、组成评价工作组、实施现场测试、认定控制缺陷、汇总评价结果、编报评价报告等环节，归纳如图 10.2 所示。

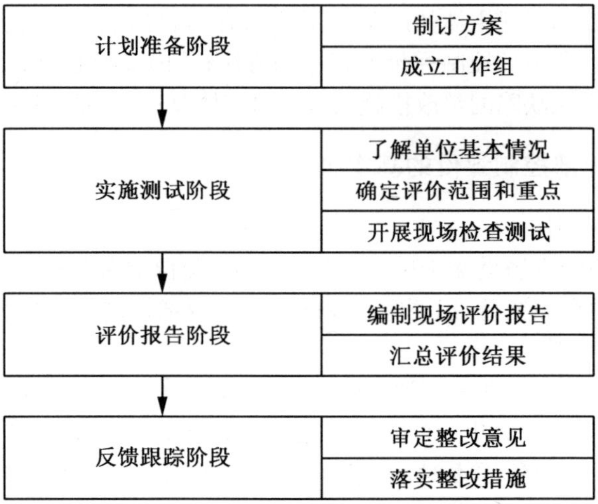

图 10.2　内部控制自我评价工作流程

计划准备阶段需要完成的工作包括评价工作方案、评价工作组、确定评价范围和时间、评价准备、确定缺陷的标准。

实施测试阶段需要了解被评价单位的基本情况，与单位进行充分沟通，了解单位的组织架构和战略发展等情况。然后确定评价的范围和重点，综合运用各种评价方法对内部控制进行有效性测试，填写工作底稿，对内部控制缺陷进行发现和认定，以便后期整改。测试内容包括单位层面测试、业务层面测试、信息系统测试、评价过程记录和评价结果记录等。

评价报告阶段包括缺陷分类、缺陷标准、认定基础、认定方法、认定责任、缺陷报告和整改措施等。在这一阶段，应汇总评价人员的工作底稿，初步认定内部控制缺陷并进行分类，对缺陷的成因、表现形式及风险程度进行定量或定性分析，按照对控制目标的影响程度判定缺陷等级，综合内部控制工作整体情况形成现场评价报告。

反馈跟踪阶段包括内部控制评价的结果沟通、报告的编制、披露程序、报告档案保管、事后信息反馈和跟踪、整改情况的落实检查等。

内部控制评价工作应当形成工作底稿，详细记录执行评价工作的内容，包括评价要素、主要风险点、采取的控制措施、有关证据资料以及认定结果等；还应记录测试的时间、内容、步骤等。评价工作的记录应具有可追踪性，即评价工作结束后，独立的检查人员可以根据评价记录，追踪至执行评价时抽取的样本、访谈的人员、采取的评价步骤等。

单位应当建立内部控制评价工作档案管理制度。内部控制评价的有关文件资料、工作底稿和证明材料等应当妥善保管。

10.2.2 评价流程设计中应当关注的重点

(1)流程调查

流程调查是按照内部控制的主要流程,对各个控制点的实际执行情况进行全面检查。通过对内部控制执行情况的流程检查,验证各项业务是否按规定的程序处理,业务处理程序中规定的各项措施是否真正发挥了控制功能。评价人员在全面评价各个控制点的执行情况、发挥的作用、存在的问题及整个控制制度体系的有效性基础上,得出评价结论。

(2)重点检查

内部控制评价范围的确定应当遵循“风险导向、自上而下”的原则,确定需要评价的分支机构、重要业务单元、重点业务领域或流程环节。

重点检查是针对单位各职能部门内部控制中的关键控制点,采取重复验证、证据检查、实地观察等方法来判断控制点贯彻执行与发挥作用的程度。

经验分享10.1 | 内部控制评价看重“三个关键”

一评关键人物与关键部门。首先审视单位领导。内部控制是一个复杂的体系,涉及各项经济活动,需要内部各部门加强沟通,形成联动机制,没有“一把手”亲自抓,此项工作很难有效地开展,甚至还会引起不必要的争议和矛盾。其次审视牵头部门。牵头部门一般是办公室或财务部门,协调各部门开展业务梳理和风险评估、组织建立本单位的内部控制体系、整理内部控制体系建设成果并组织实施等。最后审视监督部门,这是内部控制规范得以贯彻执行的重要保障。内部监督工作一般由单位内部审计、监察等部门完成。

二评关键工作与关键步骤。内部控制规范实施工作有一套规律可以遵循,其中,梳理业务流程是基础,风险分析是关键,制定制度是核心。在业务流程梳理环节,要以预算管理为主线,以资金管控为核心,沿着资金运动轨迹,打破部门之间的界限,对各业务流程进行梳理。在风险分析环节,可根据梳理的业务流程,找到单位业务管理活动的市场风险、操作风险、法律风险和声誉风险等,采取有效的风险应对措施进行防范、控制与监督。在内部控制制度设计环节,要针对关键控制点和控制措施,修订和完善原有不系统、不全面的制度,形成规则化、统一化、系统化的内部控制制度体系,并注重将管控的关口前移,防患于未然,提高管理效果。

三评重要业务与关键环节。内部控制建设需要在全面控制的基础上,突出重点,兼顾一般,着力关注单位重要经济活动和经济活动中的重大风险,如“三重一大”业务、预算编制、合同管理、建设项目管理、财务和资产管理等，这些层面如果出现重大缺陷，很可能会严重影响内部控制的有效性，进而可能会出现无法及时防范和严重偏离目标的情况。应当确保这些重要业务与关键环节严格控制，确保重要领域、高风险领域不出现重大缺陷。所以，结合单位性质和业务特点综合判断单位重大风险和关键环节，并对重大风险进行重点控制是最关键的。

10.2.3 内部控制测试的基本方法

个别访谈法，是指单位根据检查、评价的需要，对被查单位员工进行单独访谈，以获取有关信息。

调查问卷法，是指单位设置问卷调查表，分别对不同层次的员工进行问卷调查，根据调查结果对相关项目做出评价。

穿行测试法，是指通过抽取一份全过程文件来了解整个业务流程执行情况的评估评价方法。

抽样法，是指单位针对具体的内部控制业务流程，按照业务发生频率及固有风险的大小，从确定的抽样总体中抽取一定比例的业务样本，对业务样本的符合性进行判断，进而对业务流程控制运行的有效性做出评价。

实地查验法，是指单位对财产进行盘点、清查，对存货出入库等控制环节进行现场查验。

重新执行法，是指通过对某一控制活动全过程的重新执行来评估控制执行情况的方法。

专题讨论法，是指通过召集与业务流程相关的管理人员就业务流程的特定项目或具体问题进行讨论及评估的一种方法。

比较分析法，是指通过分析、比较数据之间的关系、趋势等以取得评价证据的方法。

标杆法，是指通过与组织内外部相同或相似经营活动的最佳实务进行比较而对控制设计的有效性进行评价的方法。

10.3 基础性评价指标与评分方法

10.3.1 内部控制基础性评价的作用

(1)了解单位内部控制基础工作的基本情况

各单位对推进内部控制建设的重视程度不一、进度不一、良莠不齐，存在着部分单位对内部控制重视程度不够、内部控制制度不健全、内部控制工作进展不平衡等问题。为推动单位开展内部控制的建立与实施工作，以量化评价为导向进行内部控制基础性评价工作是一个重要的管理工具。

行政事业单位按照《指导意见》的要求，应当以《规范试行》为依据，在单位主要负责人的直接领导下，按照“行政事业单位内部控制基础性评价指标评分表”及其填表说明组织开展内部控制基础性评价工作。通过对单位内部控制基础情况的“摸底”，对单位内部控制基础工作开展的基本情况做到心中有数。

(2)明确内部控制基础工作的基本要求

一些尚未开展内部控制建设或仍处在建设初期的单位，由于受专业水平和管理基础的限制，对单位内部控制建设的重点和关键环节不太明确。通过开展内部控制基础性评价工作，可以明确单位内部控制的基本要求和重点内容，促使各单位在内部控制建设过程中做到有的放矢，围绕重点工作开展内部控制体系建设。

(3)发现内部控制基础工作的不足

内部控制基础评价工作旨在发现单位现有内部控制基础工作的不足之处和薄弱环节，有针对性地建立健全内部控制体系。所以，除了行政事业单位内部控制基础性评价指标体系外，各地区、各部门、各单位也可根据自身性质及业务特点，在评价过程中增加其他与单位内部控制目标相关的评价指标，作为补充评价指标纳入评价范围。补充评价指标的所属类别、名称、评价要点及评价结果等内容作为特别说明项在“行政事业单位内部控制基础性评价报告”中单独说明。

(4)推进内部控制基础工作的建立与健全

制定基础性评价指标体系的目的是通过“以评促建”的方式指导和推动行政事业单位积极开展内部控制建设。各单位在完成内部控制基础性评价工作后，应将包括评价得分、扣分情况、特别说明项及下一步工作安排等内容在内的内部控制基础性评价报告向单位主要负责人汇报，以明确下一步单位内部控制建设的重点和改进方向。各单位可以将本单位内部控制基础性评价得分与同类型其他单位进行横向对比，发现本单位内部控制建设的不足，并有针对性地加以改进，进一步提高内部控制水平和效果。

10.3.2 内部控制基础性评价指标设计

内部控制基础性评价指标的设计应当贯穿于单位的各个层级，并重点关注重要业务事项和高风险领域，特别是内部权力集中的重点领域和关键岗位，从而有助于引导单位明确内部控制建立与实施的薄弱环节、风险隐患、工作方向与工作重点。

内部控制基础性评价采用量化评价的方式，分别设置了单位层面(60分)和业务层面(40 分)两大部分，合计 100 分。单位层面的评价指标分为 6 类 21 项，业务层面的评价指标分为 6 类 15 项，具体分布情况如表 10.4 所示。

表 10.4　　　　行政事业单位内部控制基础性评价指标评分表

类别	评价指标	评价要点(分值)	评价得分
单位层面(60 分)	1. 内部控制建设启动情况(14 分)	1.1 成立内部控制领导小组，制定、启动相关的工作机制(4 分)	
		1.2 开展内部控制专题培训(3 分)	
		1.3 开展内部控制风险评估(3 分)	
		1.4 开展组织及业务流程再造(4 分)	
	2. 单位主要负责人承担内部控制建立与实施责任情况(6 分)	2.1 单位主要负责人主持召开会议讨论内部控制建立与实施的相关议题(2 分)	
		2.2 单位主要负责人主持制定内部控制工作方案，健全工作机制(2 分)	
		2.3 单位主要负责人主持开展内部控制分工及人员配备等工作(2 分)	
	3. 对权力运行的制约情况(8 分)	3.1 权力运行机制的构建(4 分)	
		3.2 对权力运行的监督(4 分)	
	4. 内部控制制度完备情况(16 分)	4.1 建立预算管理制度(2 分)	
		4.2 建立收入管理制度(2 分)	
		4.3 建立支出管理制度(2 分)	
		4.4 建立政府采购管理制度(2 分)	
		4.5 建立资产管理制度(2 分)	
		4.6 建立建设项目管理制度(2 分)	
		4.7 建立合同管理制度(2 分)	
		4.8 建立决策机制制度(2 分)	
	5. 不相容岗位与职责分离控制情况(6 分)	5.1 对不相容岗位与职责进行有效设计(3 分)	
		5.2 不相容岗位与职责得到有效分离和实施(3 分)	
	6. 内部控制管理信息系统功能覆盖情况(10 分)	6.1 建立内部控制管理信息系统，功能覆盖主要业务控制及流程(6 分)	
		6.2 系统设置不相容岗位账户并体现其职权(4 分)	

续表

类别	评价指标	评价要点(分值)	评价得分
业务层面(40 分)	7. 预算业务管理控制情况(7 分)	7.1 对预算进行内部分解并审批下达(3 分)	
		7.2 预算执行差异率(4 分)	
	8. 收支业务管理控制情况(6 分)	8.1 收入实行归口管理和票据控制,做到应收尽收(2 分)	
		8.2 支出事项实行归口管理和分类控制(2 分)	
		8.3 举债事项实行集体决策,定期对账(2 分)	
	9. 政府采购业务管理控制情况(7 分)	9.1 政府采购合规(4 分)	
		9.2 落实政府采购政策(2 分)	
		9.3 政府采购方式变更和采购进口产品报批(1 分)	
	10. 资产管理控制情况(6 分)	10.1 对资产定期核查盘点、跟踪管理(4 分)	
		10.2 严格按照法定程序和权限配置、使用和处置资产(2 分)	
	11. 建设项目管理控制情况(8 分)	11.1 履行建设项目内容变更审批程序(2 分)	
		11.2 及时编制竣工决算和交付使用资产(2 分)	
		11.3 建设项目超概算率(4 分)	
	12. 合同管理控制情况(6 分)	12.1 加强合同订立及归口管理(3 分)	
		12.2 加强对合同履行的控制(3 分)	
合计(100 分)	评价总分		

单位(部门/部门所属单位)可以根据自身评价需求,自愿将补充评价指标纳入内部控制基础性评价范围。但应当对补充评价指标及评价结果予以说明,具体包括描述各个补充评价指标的所属类别、名称、评价要点及评价结果等。

如果因参评单位不涉及某类业务,导致某项指标不适用的,其评价得分需要换算,换算公式如下:

$$评价得分=\frac{参评指标得分}{(100-不适用指标分值)}\times 100$$

10.3.3 内部控制基础性评价报告

各单位应将包括评价得分、扣分情况、特别说明项及下一步工作安排等内容在内的内部控制基础性评价报告向单位主要负责人汇报。单位负责人对内部控制基础性评价报告负责。

内部控制基础性评价报告的构成要素包括:内部控制基础性评价结果;特别说明项(含特别说明情况和补充评价指标及其评价结果);内部控制基础性评价的下一步工作;单位主要负责人签名和单位签章,以示责任;报告的落款日。

在评分过程中,发现本单位(部门/部门所属单位)内部控制出现问题,导致单位在经济活动中发生重大经济损失、引起社会重大反响、出现经济犯罪的,应当将相关情况予以说明,包括具体描述发生的相关事件、影响及处理结果;如本单位(部门)未发生相关事件,则填写"未发生相关情况"。

基于评价结果,单位(部门)应当将描述与存在扣分情况的评价指标及评价要点相关的管理领域作为内部控制建立与实施的重点工作和改进方向,并采取对应措施进一步提高内部控制水平和效果,因而在报告中应当逐项描述拟采取的进一步建立健全内部控制体系的工作内容、具体措施、工作责任人、牵头部门和预计完成时间等。

经验分享 10.2 | 某单位内部控制基础性评价报告(摘要)

为贯彻落实《财政部关于全面推进行政事业单位内部控制建设的指导意见》的有关精神,按照《财政部关于开展行政事业单位内部控制基础性评价工作的通知》的要求,依据《行政事业单位内部控制规范(试行)》的有关规定,对本单位的内部控制基础情况进行了评价。

1. 内部控制基础性评价结果

根据"行政事业单位内部控制基础性评价指标评分表"中列明的评价指标和评价要点,本单位的单位层面内部控制基础性评价得分为 39 分,业务层面内部控制基础性评价得分为 33 分,共计 72 分。

经初步评审,本单位各项指标的具体得分情况汇总如表 10.5 所示。

在本单位内部控制基础性评价过程中,存在扣分情况的指标说明如下:

(1)单位层面共 6 类指标合计 60 分,扣分 21 分,实际得分 39 分。扣分情况分析如下:

①内部控制建设启动情况应得分 14 分,扣 4 分。其中:本单位尚未建立定期风险评估机制,没有专门的内部控制风险评估报告,扣 2 分;对职能部门或岗位的增减调整和相关制度的修订正在进行中,有待进一步完善,扣 2 分。

表10.5　某单位各指标的得分情况

类别	评价指标	评价得分
单位层面(60分)	内部控制建设启动情况(14分)	10分
	单位主要负责人承担内部控制建立与实施责任情况(6分)	5分
	对权力运行的制约情况(8分)	5分
	内部控制制度完备情况(16分)	10分
	不相容岗位与职责分离控制情况(6分)	4分
	内部控制管理信息系统功能覆盖情况(10分)	5分
业务层面(40分)	预算业务管理控制情况(7分)	5分
	收支业务管理控制情况(6分)	5分
	政府采购业务管理控制情况(7分)	6分
	资产管理控制情况(6分)	5分
	建设项目管理控制情况(8分)	7分
	合同管理控制情况(6分)	5分
合计(100分)	评价总分	72分

②单位主要负责人承担内部控制建立与实施责任情况应得分6分,扣1分。其中:本单位内部控制工作方案的制订、修改、审批工作尚待完善,扣1分。

③对权力运行的制约情况应得分8分,扣3分。其中:由于缺乏内部审计监督和外部审计监督的具体规定及其相关的制约机制,扣1分;尚未建立审计、纪检监察等职能部门或岗位联动的权力运行监督、考评机制及其定期检查,没有相关的会议纪要和权利清单,扣2分。

④内部控制制度完备情况应得分16分,扣6分。其中:预算管理制度尤其是绩效评价方面的规定不够具体、充分,扣1分;支出管理与预算或计划衔接不够、支出范围与相应的审批权限和制约措施不够具体,扣1分;采购制度中缺乏对授权、询价、核价的具体规定,扣1分;资产管理制度中对于资产管理台账和产权证书及相关管理的规定不够具体、明确,扣1分;工程概预算及其变更、相关的资金控制不够具体、明确,扣1分;分级授权的相关规定不够具体、明确,扣1分。

⑤不相容岗位与职责分离控制情况应得分6分,扣2分。其中:由于单位规模小、人员少,不相容岗位与职责的有效分离设计不够具体、周全,缺乏定期轮岗或替代程序及审计监督的相关规定,扣1分;又由于单位规模小、人员少,不相容岗位与

职责的有效分离实施不够,缺乏定期轮岗机制等,扣 1 分。

⑥内部控制管理信息系统功能覆盖情况应得分 10 分,扣 5 分。其中:由于没有系统功能说明书,无法将系统功能与内部控制制度的要求对比确认,扣 3 分;没有系统功能说明书,无法将系统用户账户设置情况与内部控制制度的要求对比确认,扣 2 分。

(2)业务层面共 6 类指标合计 40 分,扣分 7 分,实际得分 33 分。扣分情况分析如下:

①预算业务管理控制情况应得分 7 分,扣 2 分。其中:没有预算管理委员会审批后下达至各业务部门的文件资料,扣 1 分;预算执行差异率分析不够具体,扣 1 分。

②收支业务管理控制情况应得分 6 分,扣 1 分。其中:未设置票据专管员,未见财会部门核对合同的记录等,扣 0.5 分;不同类别事项实行不同的审批程序和审批权限不够具体、明晰,未对各类支出业务事项的分析和相关支出异常情况及其原因进行记录,扣 0.5 分。

③政府采购业务管理控制情况应得分 7 分,扣 1 分,采用非公开招标方式采购的控制流程有待进一步完善。

④资产管理控制情况应得分 6 分,扣 1 分,未见债权项目实行跟踪管理的记录。

⑤建设项目管理控制情况应得分 8 分,扣 1 分,建设项目控制流程有待进一步完善。

⑥合同管理控制情况应得分 6 分,扣 1 分,合同归口管理部门未进行统一分类和连续编号等记录。

2. 特别说明项

(1)特别说明情况:未发生相关情况。

(2)补充评价指标及其评价结果:无。

3. 内部控制基础性评价的下一步工作

基于以上评价结果,本单位将以上述发现的内部控制缺陷作为问题导向和改进工作的重点予以研究,并采取以下措施进一步提高内部控制水平和效果:

(1)组织培训,进一步领会财政部文件的主要内容与精神实质。

2017 年第一季度拟邀请专家到本单位具体讲授财政部《行政事业单位内部控制规范(试行)》(财会〔2012〕21 号)、《关于全面推进行政事业单位内部控制建设的指导意见》(财会〔2015〕24 号)、《关于开展行政事业单位内部控制基础性评价工作的通知》(财会〔2016〕11 号)3 个文件的重点与要点,并结合本单位上述评价发现的内部控制缺陷等实际问题进行专题讨论,通过理论联系实际、法规指导实务,逐条分析存在内部控制缺陷的原因,进一步梳理本单位的业务流程和内部控制要点。

上述工作由办公室负责,全体员工参与学习和讨论。

(2)修订制度,编撰完成单位内部控制手册。

为了合理保证本单位各项业务活动合法、合规,各项资产的安全、有效使用,财务信息真实、完整,有效防范舞弊和预防腐败,以及提高公共服务的效率,计划在分析和评价风险、梳理和整合流程的基础上,通过收集、整理、修改、审核等程序,编撰完成单位内部控制手册。

时间安排:2017 年第一季度到第二季度。

主要内容:一是单位内部控制基本规范,二是单位层面内部控制制度,三是单位业务层面内部控制制度。

参与人员:由办公室牵头,相关员工参与,领导班子审核。

由于本单位规模较小、业务简单,实施初期制定内部控制制度的基本方针是“简洁,有用,足够,有效”,并在实践过程中注意不断提高与完善。

在编撰过程中,计划聘请会计师事务所做好咨询服务工作,力争编撰的手册对规范本单位的内部控制行为有用。

(3)实施评价,进一步夯实内部控制基础性工作。

2017 年第三季度,本单位计划开展内部控制自我评价工作,从内部控制设计缺陷和运行缺陷两个方面进行。设计缺陷是指缺少为实现控制目标所必需的控制,或者现有控制设计不当,即使正常运行也难以实现控制目标。运行缺陷是指设计适当的控制没有按设计意图运行,或者执行人员缺乏必要授权或专业胜任能力,无法有效实施控制。对于评价中发现的问题逐条予以审议,并落实整改措施。

本单位对内部控制缺陷的认定还应结合日常管控和审计监督的情况有机进行,并邀请会计师事务所进行综合分析后提出专业意见,然后按照程序进行审核后予以最终认定。

内部控制评价结果形成书面报告,对发现的内部控制设计缺陷,应当分析其产生的原因,提出改进方案,并经负责人签字后落实整改。

对于内部控制发现的缺陷与整改情况将作为完善内部控制制度和内部控制流程的重要依据记录在案,做好归档整理工作。

参与人员:由办公室牵头,相关员工参与,领导班子审核。

内部控制是为实现控制目标,通过制定一系列制度,实施相关措施和程序,对经济活动的风险进行防范和管控的动态过程,本单位将在思想重视和认真学习的基础上,不断完善单位的内部控制工作,持之以恒,常抓不懈。

单位主要负责人:〔签名〕
某单位:〔单位签章〕
××××年××月×日

10.4 内部控制缺陷分析与评价

10.4.1 内部控制缺陷与风险

内部控制缺陷是指在内部控制的设计或运行上存在不足，无法合理保证业务流程中风险的可控，最终会导致内部控制目标的无法实现。内部控制评价重在发现缺陷与评价缺陷。

风险与内部控制缺陷是相互联系又相互区别的两个概念，它们共同存在于单位的管理中，在组织的流程中有所体现，对组织的目标产生影响。

风险是业务流程中原本存在，不以人的意志为转移，对业务控制目标可能产生影响的事件。组织和个人通过风险管理，只不过是降低了风险发生的概率或产生后果的严重程度，并不能说通过控制消除了风险，因为风险本质上是一种客观存在的不确定性，并不是一个实实在在的状态。流程中的固有风险通过控制，降低了风险发生的概率或减轻后果，余下来的未得到有效控制的部分被称为“剩余风险”。

内部控制缺陷是对业务流程中控制措施有效性的主观认定。单位通过设计和实施有效的内部控制程序来达到控制目标，当未设计必要的控制或控制未得到有效运行，导致未能有效防范风险进而达到控制目标时，被称为内部控制缺陷。内部控制缺陷是一种状态，其后果是导致业务流程中的风险变为实实在在的损失。

综上所述，风险与内部控制缺陷最主要的区别是：风险是客观固有的，而内部控制缺陷是主观认定的；风险是指流程中面临的偏离目标的具体的内外部影响因素产生的可能性，内部控制缺陷是指流程中具体行为动作的不足，如不相容职务没有分离、越权审批、归口管理混乱等方面存在的问题等。例如，在收支管理中，单位没有进行收款与记账的分离、没有进行必要的付款审批、费用报销没有按照要求提供原始发票等都是缺陷，而不是风险，其对应的风险分别是财务人员监守自盗、挪用资金的风险，资金随意支付的风险以及虚假费用报销的风险等。当然，内部控制缺陷也是风险因素的一种表现形式，由于控制存在缺陷，导致在实现控制目标的过程中很容易发生偏离，从而造成损失。风险不一定是内部控制缺陷，但内部控制缺陷的存在表明组织管理或流程中一定存在相关风险。

实证分析 10.1 ｜ 募捐活动过程中的风险控制

某慈善机构在某繁华商圈举办了募捐活动，以筹集善款支援我国边远地区教育建设，活动为期 2 天。募捐活动当天在某广场设置了募捐箱，现场工作人员通过广播、演讲形式动员爱心人士募捐，筹集的善款统一交给红十字会并监督资金的流向和使用。

此例的控制目标之一是“保证善款的资金安全和有效使用”，风险之一是“善款筹集和使用过程缺乏制衡和监督机制，可能发生资金侵占、挪用等舞弊事件，造成善款资金损失”。这里的“善款筹集和使用过程缺乏制衡和监督机制”是风险因素，“发生资金侵占、挪用等舞弊事件”是风险事故，“造成善款资金损失”是风险事故直接导致的损失。在风险因素中，缺乏制衡和监督机制其实就是内部控制失效，可能有多种表现形式，即可能有多种内部控制缺陷导致内部控制失效状态。例如，善款筹集后由一人整理并送存银行，缺少监督；善款筹集不做记录；善款转账红十字会后不要求红十字会定期披露善款使用情况，不进行跟踪监督；红十字会对善款的使用不进行审计；等等。这些内部控制缺陷都是风险因素。

风险因素有多种表现形式，并不是只有内部控制缺陷才是风险因素。此例中，“造成善款资金损失”的因素可能还有其他非内部控制缺陷的因素，如在善款筹集过程中由于保管不善发生丢失、善款送存银行途中遭到不法分子抢劫等。

10.4.2 内部控制缺陷的分类

查找并纠正各单位内部控制设计和运行过程中的缺陷是开展内部控制体系建设的一项重要工作，也是不断完善单位内部控制的重要手段。

内部控制缺陷按其成因，分为设计缺陷和运行缺陷。

设计缺陷是指单位缺少为实现控制目标所必需的控制，或现存的控制不适当、不合理，包括设计不全面而遗漏、设计不正确而难以执行等。内部控制“真空点”就是由于设计不全面、不正确而导致的。

运行缺陷是指设计合理及有效的内部控制没有被正确地执行，包括未按设计意图运行、不恰当地执行或违规操作等。“失控点”往往是运行不正确所导致的。例如，物资采购申请金额已超其采购权限却未向上级单位申请安排大宗物品采购，这里存在着权限管理的规定但却未在实际操作中被妥善执行。

10.4.3 判断缺陷的重要性水平标准

内部控制缺陷按其影响程度，分为重大缺陷、重要缺陷和一般缺陷。

重大缺陷也称实质性漏洞，是指一个或多个控制缺陷的组合，可能严重影响内部整体控制的有效性，进而导致单位无法及时防范或发现严重偏离整体控制目标的情形。

重要缺陷是指一个或多个一般缺陷的组合，其严重程度低于重大缺陷，但导致单位无法及时防范或发现严重偏离整体控制目标的严重程度依然重大，需引起管理层关注。例如，有关缺陷造成的负面影响在部分区域流传，给组织声誉带来损害。

一般缺陷是指除重要缺陷、重大缺陷以外的其他缺陷。

某单位对缺陷的认识情况归纳如表 10.6 所示。

表 10.6　　不同内部控制缺陷类别之间的关系

缺陷程度	设计缺陷	运行缺陷
一般缺陷	个别不重要的设计缺陷	个别不重要的执行缺陷
重要缺陷	若干个一般设计缺陷的组合，严重程度低于重大缺陷，但导致单位无法及时发现或有效控制重要风险，须引起单位管理层的关注	若干个一般执行缺陷的组合，严重程度低于重大缺陷，但导致单位无法及时发现或有效控制重要风险，须引起单位管理层的关注
重大缺陷	控制设计，可能严重影响内部整体控制的有效性，进而导致单位无法及时发现或控制重大风险	控制执行，可能严重影响内部整体控制的有效性，进而导致单位无法及时发现或控制重大风险

一般来说，缺陷的认定标准包括定量和定性两种方法。

从定量来看，一般以一定金额标准作为缺陷重要性的认定基础。例如，某单位规定损失金额大于 100 万元的属于重大缺陷，小于 10 万元的属于一般缺陷，两者之间的属于重要缺陷。

从定性来看，一般以媒体的负面报道程度、对工作持续性的影响程度、对环境的影响程度、对职工安全的影响程度等方面进行界定。定性认定的好处是涉及的面会更加广泛，但往往缺少具体的量化标准。

由于各单位的职责、规模、风险偏好等存在差异，内部控制缺陷的重要性标准也应该有所不同。各单位可以根据内部控制规范的要求，研究确定适合本单位的内部控制重大缺陷、重要缺陷和一般缺陷的具体认定标准。

10.4.4　内部控制信息披露

任何单位都应当分析内部控制缺陷产生的原因，并有针对性地提出和实施改进方案，不断健全和完善内部控制。应当结合内部控制，对在监督检查过程中发现的违反内部控制规定的行为及时通报情况和反馈信息，并严格追究相关责任人的责任，维护内部控制的严肃性和权威性。

内部控制评估报告应当披露以下内容：①声明单位领导对建立健全和有效实施内部控制负责，并履行了指导和监督职责，能够保证财务报告的真实、可靠和资产的安全、完整；②声明已经遵循有关标准和程序对内部控制设计与运行的健全性、合理性和有效性进行自我评估；③对开展内部控制自我评估所涉及的范围和内容进行简要描述；④声明通过内部控制自我评估，可以合理保证单位的内部控制不存在重大缺陷；⑤如果在自我评估过程中发现内部控制存在重大缺陷，应当披露有关的重大缺陷及其影响，并专项说明拟采取的改进措施；⑥保证除了已披露的内部控制重大缺陷外，不存在其他重大缺陷；⑦如果内部控制的设计与运行发生重大变化，应当说明重大变化的情况及其影响。

10.4.5 开展缺陷整改

单位对于认定的内部控制缺陷应当采取整改措施，切实将风险控制在可承受的限度之内，并追究有关部门或相关人员的责任。也就是说，缺陷被识别后，各单位需要整理出缺陷清单，明确每个缺陷的具体描述、整改责任人、整改时间等，然后有步骤地对缺陷进行整改。

在缺陷整改过程中，需要明确对应的分管领导，落实领导的监督责任，并且要求内部控制建设的主导部门对所有缺陷的整改情况进行定期跟进，比照整改时间的要求查看缺陷的整改情况并进行复查。

并不是所有缺陷都需要马上整改，因为整改意味着控制措施的增加，而所有控制都是有成本的，如果整改的投入大于缺陷可能引起的风险损失，那么从成本收益角度来看，这一缺陷可以暂时不整改，这时，单位对该项风险采取承受的态度。

还有些缺陷可能引起的风险损失较大，但整改不是马上可以完成的，需要一定的时间和过程，那么，对于这类缺陷需要明确具体的整改步骤和整改期间，然后进行持续关注和进度控制。

通常，单位内部控制评价机构(内部审计机构或内部纪检监察部门等)应当就发现的内部控制缺陷提出整改建议，并报管理层批准。获批后，应制定切实可行的整改方案，包括整改目标、内容、步骤、措施、方法和期限。整改期限超过一年的，整改目标应明确近期目标和远期目标以及相应的整改工作内容，内部控制评价机构应跟踪整改落实情况，对已经造成损失或负面影响的，追究相关工作人员的责任。

单位应当将内部控制实施情况纳入对部门领导的考核，引起领导重视，并真正保证内部控制举措落地。单位可以内部控制手册为依据，对内部控制关键措施进行筛选和提炼并赋值，从而建立对各部门在经济业务管理上的量化评价。

经验分享10.3 | 某单位的内部控制评价量化方案

某单位为了实现评价的量化和标准化，要求审计部门编制内部控制评价底稿，共列示了512个风险控制要点，包括162个设计有效性的控制点和350个执行有效性的控制点；同时，按控制措施的重要性水平进行了等级分类。其中，一般控制点233个、中度控制点221个、重要控制点20个、一票否决点38个。审计部门根据控制点的重要性水平进行1～5分不等的赋值，每个控制点根据执行到位与否进行量化打分。通过检查，形成内部控制建设的量化评价，针对检查过程中发现的问题出具改进建议，并要求各部门在规定的时间内予以整改。审计部门对整改措施和整改质量进行全程监督。整改完成后，审计部门及时予以复查，确保审计中发现的问题及时整改。

10.5 内部控制报告管理制度

10.5.1 内部控制年度报告

行政事业单位从2017年开始实施内部控制报告制度，这对于全面推行内部控制建设具有重要作用。

内部控制报告是指单位在年度终了，结合本单位实际情况，按照规定定期编制的能够综合反映本单位内部控制建立与实施情况的总结性文件。

《指导意见》要求建立内部控制报告制度，促进内部控制信息公开。各单位应当针对内部控制建立和实施的实际情况，按照《规范试行》的要求积极开展内部控制自我评价工作。单位内部控制自我评价情况应当作为部门决算报告和财务会计报告的重要内容进行报告。积极推进内部控制信息公开，通过面向单位内部和外部定期公开内部控制相关信息，逐步建立规范有序、及时可靠的内部控制信息公开机制，更好地发挥信息公开对内部控制建设的促进和监督作用。

财政部制定的《管理制度》从2017年3月1日起施行，其主要内容归纳如表10.7所示。

表10.7　　行政事业单位内部控制报告管理制度

章　名	条　款	主要内容
第一章　总则	第1～7条	包括《管理制度》制定的目的和依据、适用范围，内部控制报告的定义、编制的原则、责任主体、编报工作的开展方式等
第二章　内部控制报告编报工作的组织	第8～10条	主要明确财政部、地方各级财政部门及各行政主管部门在分别组织实施全国、本地区、本部门单位内部控制报告编报工作过程中的责任及主要职责

续表

章　名	条　款	主要内容
第三章　行政事业单位内部控制报告的编制与报送	第 11～13 条	包括各单位编制内部控制报告的工作要求、依据、审批过程及报送要求等
第四章　部门行政事业单位内部控制报告的编制与报送	第 14～16 条	规定各行政主管部门汇总本部门所属单位内部控制报告的工作要求、依据，以及报送本部门内部控制报告的要求等
第五章　地区行政事业单位内部控制报告的编制与报送	第 17～19 条	规定地方各级财政部门汇总本地区部门内部控制报告和下级财政部门内部控制报告的工作要求、依据，以及报送本地区内部控制报告的要求等内容
第六章　行政事业单位内部控制报告的使用	第 20～21 条	对各地区、各部门、各单位在内部控制报告的分析及分析结果使用等方面做出规定
第七章　行政事业单位内部控制报告的监督检查	第 22～27 条	包括行政事业单位内部控制报告监督检查的总体要求、工作原则、工作方式、考核的落实、对违反规定的单位进行责任追究和处罚处分等
第八章　附则	第 28～29 条	明确各地区、各部门可依据《管理制度》制定具体实施细则，以及《管理制度》的生效日期等

开展单位内部控制报告编报工作旨在进一步加强单位内部控制建设工作，更好地发挥内部控制在提升单位内部治理水平、规范内部权力运行、促进依法行政、推进廉政建设过程中的重要作用。

10.5.2　内部控制报告编报程序与管理职责

内部控制报告编报工作按照“统一部署、分级负责、逐级汇总、单向报送”的方式，由财政部统一部署，各地区、各垂直管理部门分级组织实施并以自下而上的方式逐级汇总，非垂直管理部门向同级财政部门报送，各行政事业单位按照行政管理关系向上级行政主管部门单向报送。

从国家财政部到具体的每一个单位，为了顺利实施内部控制报告制度，应当承担的主要任务和职责如表 10.8 所示。

表 10.8　　为实施内部控制报告各部门应承担的主要任务和职责

部门	主要任务	主要职责
财政部	负责组织实施全国行政事业单位内部控制报告编报工作	制定行政事业单位内部控制报告的有关规章制度及全国统一的行政事业单位内部控制报告格式，布置全国行政事业单位内部控制年度报告编报工作并开展相关培训，组织和指导全国行政事业单位内部控制报告的收集、审核、汇总、报送和分析使用，组织开展全国行政事业单位内部控制报告信息质量的监督检查工作，组织和指导全国行政事业单位内部控制考核评价工作，建立和管理全国行政事业单位内部控制报告数据库等
地方各级财政部门	负责组织实施本地区行政事业单位内部控制报告编报工作，并对本地区内部控制汇总报告的真实性和完整性负责	布置本地区行政事业单位内部控制年度报告编报工作并开展相关培训，组织和指导本地区行政事业单位内部控制报告的收集、审核、汇总、报送和分析使用，组织和开展本地区行政事业单位内部控制报告信息质量的监督检查工作，组织和指导本地区行政事业单位内部控制考核评价工作，建立和管理本地区行政事业单位内部控制报告数据库等
各行政主管部门	按照财政部门的要求，负责组织实施本部门行政事业单位内部控制报告编报工作，并对本部门内部控制汇总报告的真实性和完整性负责	布置本部门行政事业单位内部控制年度报告编报工作并开展相关培训，组织和指导本部门行政事业单位内部控制报告的收集、审核、汇总、报送和分析使用，组织和开展本部门行政事业单位内部控制报告信息质量的监督检查工作，组织和指导本部门行政事业单位内部控制考核评价工作，建立和管理本部门行政事业单位内部控制报告数据库
单位	单位主要负责人对本单位内部控制报告的真实性和完整性负责	根据《管理制度》的要求，结合本单位内部控制建立与实施的实际情况，明确相关内设机构、管理层级及岗位的职责权限，按照规定的方法、程序和要求，有序开展内部控制报告的编制、审核、报送和分析使用等工作

年度终了，行政事业单位应当按照本制度的有关要求，根据本单位当年内部控制建设工作的实际情况及取得的成效，以能够反映内部控制工作基本事实的相关材料为支撑，按照财政部发布的统一报告格式编制内部控制报告，经本单位主要负责人审批后对外报送，并做到数据准确、报送及时。

行政事业单位应当在规定的时间内向上级行政主管部门报送本单位内部控制报告及能够反映本单位内部控制工作基本事实的相关材料，一般包括内部控制领导机构会议纪要、内部控制制度、流程图、内部控制检查报告和内部控制培训会的相关材料等。

行政事业单位内部控制报告的基本格式与编报内容如下：

单位性质	行政单位□ 事业单位□ 其他单位□____________			组织机构代码	
内设机构数量		单位编制人数		本年度支出总额	
年末实有人数		一般公共预算财政拨款（补助）开支人数		经费自理人数	
单位名称					
单位主要负责人承担内部控制建立与实施责任情况	主持制订工作方案□ 明确工作分工□ 配备工作人员□ 健全工作机制□ 充分利用信息化手段□ 其他□ （请描述）				
是否成立单位内部控制领导机构	是□ 否□	单位内部控制领导机构构成人数			
单位主要负责人是否在单位内部控制领导机构中担任负责人	是□ 否□				
班子成员是否在单位内部控制领导机构中任职	是□ 否□ 如是，请详列姓名及职务：				
是否开展内部控制专题培训	是□ 否□	是否开展内部控制风险评估	是□ 否□		

	预算业务管理	收支业务管理	政府采购业务管理	资产管理	建设项目管理	合同管理	其他管理领域
是否对单位经济业务流程进行梳理	是□ 否□	是□ 否□	是□ 否□	是□ 否□	是□ 否□	是□ 否□	是□ 否□
是否编制经济业务流程图	是□ 否□	是□ 否□	是□ 否□	是□ 否□	是□ 否□	是□ 否□	是□ 否□

内部控制牵头部门	行政管理部门□ 财务部门□ 纪检部门□ 内审部门□ 其他部门：
内部控制监督部门	行政管理部门□ 财务部门□ 纪检部门□ 内审部门□ 其他部门：
以下工作职责是否由同一人担任：	

预算业务管理	收支业务管理	政府采购业务管理	资产管理	建设项目管理	合同管理
1. 预算编制与审批	1. 收款与会计核算	1. 采购需求制定与内部审核	1. 办理货币资金业务的全过程	1. 项目建议和可行性研究与项目决策	1. 合同拟定与审核
是□ 否□ 不适用□	是□ 否□ 不适用□	是□ 否□ 不适用□	是□ 否□ 不适用□	是□ 否□ 不适用□	是□ 否□ 不适用□
2. 预算审批与执行	2. 支出申请与内部审批	2. 采购文件编制与复核	2. 无形资产的研发与管理	2. 概预算编制与审核	2. 合同审核与审批
是□ 否□ 不适用□	是□ 否□ 不适用□	是□ 否□ 不适用□	是□ 否□ 不适用□	是□ 否□ 不适用□	是□ 否□ 不适用□
3. 预算执行与分析评价	3. 付款审批与执行	3. 合同签订与验收	3. 对外投资的可行性研究与评估	3. 项目实施与价款支付	3. 合同审批与订立
是□ 否□ 不适用□	是□ 否□ 不适用□	是□ 否□ 不适用□	是□ 否□ 不适用□	是□ 否□ 不适用□	是□ 否□ 不适用□

续表

4. 决算编制与审核	4. 业务经办与会计核算	4. 验收与保管	4.资产配置、使用和处置的决策、执行与监督	4. 竣工决算与竣工审计	4. 合同执行与监督
是□　否□ 不适用□	是□　否□ 不适用□	是□　否□ 不适用□	是□　否□ 不适用□	是□　否□ 不适用□	是□　否□ 不适用□

对涉及内部权力集中的重点领域和关键岗位建立制衡机制的情况：				
1. 分事行权	2. 分岗设权	3. 分级授权	4. 关键岗位轮岗	5. 专项审计
对经济和业务活动的决策、执行、监督是否明确分工、相互分离、分别行权	对涉及经济和业务活动的相关岗位是否依职定岗、分岗定权、权责明确	对各管理层级和各工作岗位是否依法依规分别授权，明确授权范围、授权对象、授权期限、授权与行权责任、一般授权与特殊授权的界限	对重点领域的关键岗位是否建立干部交流和定期轮岗制度	不具备轮岗条件的单位是否对关键岗位涉及的相关业务采用专项审计等控制措施
是□　否□ 不适用□	是□　否□ 不适用□	是□　否□ 不适用□	是□　否□ 不适用□	是□　否□ 不适用□

是否建立了信息系统，并将内部控制要求嵌入其中	是□　否□

建立健全内部控制制度情况	经济业务管理制度	未建立	已建立	不适用
	预算业务管理制度	□	□	□
	收支业务管理制度	□	□	□
	政府采购业务管理制度	□	□	□
	资产管理制度	□	□	□
	建设项目管理制度	□	□	□
	合同管理制度	□	□	□
	其他领域管理制度	□	□	□

建立健全内部控制制度情况		相关制度	制定制度的政策依据	该制度主要管控的风险点
	预算业务管理			
	收支业务管理			
	政府采购业务管理			
	资产管理			
	建设项目管理			
	合同管理			
	其他管理领域			

内部控制工作的经验、做法及取得的成效

续表

内部控制工作中存在的问题与遇到的困难
下一步内部控制工作计划
对当前行政事业单位内部控制工作的意见或建议

各地区、各部门应在做好内部控制报告编报工作的基础上，坚持问题导向，加强对内部控制重点、难点问题的分析及评价结果的应用，并通过指导和监督检查来推动所属单位内部控制问题的整改，逐步完善单位内部控制建设工作。

各地区、各部门应当加强对本地区（部门）所属单位内部控制报告工作的监督检查，每年抽取一定比例的所属单位内部控制报告，对报告内容的真实性、完整性和规范性进行检查；同时，要坚持问题导向，强化对内部控制重点、难点问题的分析及评价结果的应用，促进单位内部控制建设工作的不断完善。

第 11 章　内部控制监督检查

既要明规矩于前，又要寓内控于中，还要施监督于后，才能不断培育控制文化，增强内部控制的内生动力。

11.1　内部控制监督概述

11.1.1　内部控制监督的主要内容

内部控制监督是对内部控制的健全性、合理性和有效性进行审查与评价，并形成书面报告，做出相应处理的过程，是实施内部控制的重要保证。

内部控制监督主要包括强化内部审计职能和建立缺陷报告制度两个方面。

内部审计部门是对内部控制建立与实施情况进行监督检查和自我评价的职能部门。然而一些公共部门的内部审计流于形式，缺乏有效的内部监督。为此，更应建立独立的内部审计机构，配备必要的审计人员，对单位的各项业务活动进行定期、公正、合理、独立的审计，增强事前和事中控制，及时发现并解决存在的各种问题，真正做到利用内部审计来提高内部控制效率，进而提高整体管理水平。

缺陷报告是将内部控制运行过程中出现的缺陷进行报告。为了有效实施内部控制，及时反馈内部控制实施过程中的缺陷，公共部门应及时汇集和报告管理过程中发现的各种缺陷，并对发现的内部控制缺陷进行适当的跟进评估，为修正内部控制缺陷提供依据，从而确保内部控制的有效运行。

公共部门内部监督可以在单位层面和业务层面两个方面围绕内部控制五要素进行，并应当具有持续性（如图 11.1 所示）。

内部监督有单位层面监督与业务层面监督、局部监督与全面监督、日常监督与专项监督之分。其中，日常监督是指单位对建立和实施内部控制的整体情况进行连续的、全面的、系统的、动态的监督检查。专项监督是指单位对内部控制建立与实施的某一方面或者某些方面的情况进行不定期的、有针对性的监督检查。

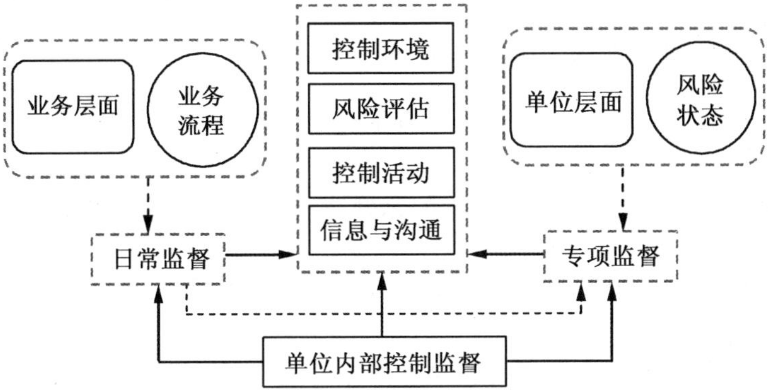

图 11.1　内部控制监督的主要内容

公共部门内部控制应当坚持共同治理，充分发挥政府、单位、社会和市场各自的作用，从而形成内部控制与其他监督机制的相互促进作用，形成监管合力，优化监督效果。同样，对公共部门审计也应当构建起政府审计、注册会计师审计、单位内部审计三位一体的相互促进、相互补充的审计监督体系。

11.1.2　对内部控制实施情况的监督检查

一个单位要保证内部控制体系有效"落地"与"到位"，至少需要监督检查以下主要事项的具体实施情况：

第一，领导对内部控制执行的重视。领导对内部控制的重视主要体现在领导对流程执行的尊重，即领导自己带头严格遵照流程的要求开展相关业务，进行相关决策，并对不按照流程执行的业务严格退回。

第二，内部控制措施设计的可行性。各部门都应当认可和接受提炼出来的内部控制措施，并保证其具有可操作性，可以起到风险防范的作用。

第三，全面的内部控制培训。要开展全方位的培训，让单位从领导到基层员工都了解内部控制的理念以及业务流程的执行要求，不存在对内部控制意识认识上的偏差以及对内部控制流程要求上的误解。

第四，各部门的共同参与。每个部门都要参与内部控制体系的运行，实现整个内部控制体系的闭环操作，不能有例外部门，以免产生不良效应。

第五，持续的监督检查。内部控制体系执行的前期一定要加大监督检查的力度。因为内部控制流程的再造会导致人们工作习惯的改变，这个改变需要外部的强制力进行不断纠偏，使之形成新的习惯。

第六，将内部控制纳入考核。在内部控制执行的监督检查过程中，发现问题后一定要将其纳入考核，才能对执行部门和岗位形成压力，督促其进行主动整改等。

11.1.3 对风险评估的监督检查

任何检查都不能无的放矢，而应当有重点——重要的风险点往往就是应当关注的重点。

对风险的监督过程包括识别风险的充分性、针对风险所采取的措施的恰当性等，具体要点如下：

第一，单位是否已建立并沟通整体目标，辅以具体策略和具体管理服务活动的开展计划。

第二，单位是否已建立风险评估制度并保证运行，包括识别风险、估计风险的重大性、评估风险发生的可能性以及确定需要采取的应对措施。

第三，单位是否已建立某种机制，识别和应对可能对单位产生重大且普遍影响的变化。

第四，风险控制管理部门是否建立了某种流程，以识别外部环境、内部环境发生的重大变化，风险应对措施的调整机制是否运行有效等。

监督检查应当有具体对象、有法律依据，这样不仅以理服人，而且有助于整改；检查情况和整改措施应当与重要风险点和检查依据有一定的内在联系或因果关系。

某审计组某年检查某单位后汇总的监督检查情况如表 11.1 所示。

表 11.1　　内部控制监督检查情况

检查对象	重要风险点（存在的缺陷）	检查依据（法律法规）	检查情况	整改建议
部门预算内部控制	收入预算不完整	《中华人民共和国预算法》第二十九条："按照规定必须列入预算的收入，不得隐瞒、少列。"		
	对部门基本支出预算审核把关不严，造成支出预算超出规定标准	《中华人民共和国预算法实施条例》第十七条关于"各部门、各单位编制年度预算草案的依据"的有关规定		
	项目预算编制不细化，项目预算未落实到具体执行部门和具体项目	《财政部关于进一步做好预算执行工作的指导意见》(财预〔2010〕11 号)第一条要求"提高预算到位率，切实把预算细化到部门，细化到基层单位，细化到具体项目"		
	对重复申报项目未严格审核，造成重复追加项目资金	《中华人民共和国预算法实施条例》第五十九条："政府财政部门对要求追加预算支出、减少预算收入的事项应当严格审核。"		
	项目支出预算审核不严，在未取得相关部门正式立项批复的情况下，超范围安排项目支出预算	《中华人民共和国预算法实施条例》第十七条关于"各部门、各单位编制年度预算草案的依据：(三)本部门、本单位的职责、任务和事业发展计划"的有关规定		

续表

检查对象	重要风险点（存在的缺陷）	检查依据（法律法规）	检查情况	整改建议
部门预算内部控制	违反规定在项目支出预算中安排津贴、补贴等人员经费支出	《中华人民共和国预算法实施条例》第十七条关于“各部门、各单位编制年度预算草案的依据”的有关规定		
	对项目支出经常性专项业务费未制定专门管理办法	《中共财政部党组关于印发〈关于规范财政管理严肃财政工作纪律的规定〉的通知》（财党〔2006〕5号）第三十一条：“财政专项资金，应当制定专门的管理办法，明确使用原则、范围和方向，保证专款专用。”《财政部门关于印发〈中央本级项目支出预算管理办法〉的通知》（财预〔2007〕38 号）第三十一条：“财政部对列入部门预算的经常性专项业务费项目，应当明确项目的支出范围，并会同中央部门根据项目的具体情况制定专门的管理办法。”		
财政拨款结转结余	在编制下年度支出预算时，未优先动用结转和结余资金安排本部门项目支出	《中华人民共和国预算法实施条例》第十七条：“各部门、各单位编制年度预算草案的依据：……上一年度结余用于本年度安排的支出”；《财政部关于进一步做好预算执行工作的指导意见》（财预〔2010〕11 号）第一条：“要完善预算编制与预算执行相结合的机制，加强结转和结余资金管理。对部门、单位年底形成的财政拨款结转和结余资金，各级财政部门应统筹安排使用。”		
	项目支出多年结转资金未视同结余资金管理，未上交财政	《中央部门结转和结余资金管理办法》（财预〔2016〕18 号）第十六条：“项目支出结余资金包括：实施周期内，连续两年未用完的预算资金。”第二十五条：“连续两年未用完的结转资金，由财政部收回。”		
	未按规定在项目竣工财务决算中确认结余资金数额，处理基建结余	《中央部门财政拨款结转和结余资金管理办法》（财预〔2010〕7 号）第十七条：“中央部门基本建设项目竣工后，应及时按规定向项目主管部门或财政部报送项目竣工财务决算，中央部门根据项目主管部门或财政部的批复，按基本建设财务管理有关规定，在项目主管部门或财政部批复竣工财务决算后 30 日内，将应上交中央国库的结余资金上交；中央部门及单位留用的结余资金需报财政部批准后方可动用。”		
	基本支出结转资金结转下年继续使用时，不得用于提高人员经费开支标准	《中央部门财政拨款结转资金管理办法》（财预〔2010〕7 号）第七条：“基本支出结转资金原则上结转下年继续使用，用于增人增编等人员经费和日常公用经费支出，但在人员经费和日常公用经费间不得挪用，不得用于提高人员经费开支标准。”		

续表

检查对象	重要风险点（存在的缺陷）	检查依据（法律法规）	检查情况	整改建议
资金支付	财政资金专户的开设未经财政国库管理机构核准	《财政部关于加强与规范资金专户管理的通知》(财办〔2006〕12号)关于“各类财政资金专户的开设,应当按照财政部门内部审核程序,经财政国库部门核准后办理”的规定		
	违规采取“以拨代支”方式,将财政国库资金调入财政专户,虚列财政支出,违规将财政国库资金转移出国库周转使用	《中华人民共和国预算法实施条例》第三十七条:“政府财政部门应当加强对预算拨款的管理,并遵守下列原则:(一)按照预算拨款,即按照批准的年度预算和用款计划拨款,不得办理无预算、无用款计划、超预算、超计划的拨款,不得擅自改变支出用途;(二)按照规定的预算级次和程序拨款,即根据用款单位的申请,按照用款单位的预算级次和审定的用款计划,按期核拨,不得越级办理预算拨款;(三)按照进度拨款,即根据各用款单位的实际用款进度和国库库款情况拨付资金。”		
决算业务	对以前年度的支出净结余未及时清理	《中华人民共和国预算法实施条例》第六十七条:“政府财政部门、各部门、各单位在每一预算年度终了时,应当清理核实全年预算收入、支出数据和往来款项,做好决算数据的对账工作。”		

11.1.4 审计监督与独立检查

内部控制审计是将控制制度理论与审计业务相结合,通过了解、测试和评价被审计单位的内部控制制度,确定审计方式、重点和范围的一种专门化审计。

单位应当建立健全内部审计机构或者实际履行内部控制监督职责的有关机构,根据国家法律法规的要求和单位领导的授权,采取适当的程序和方法,对内部控制的建立与实施情况进行监督检查,形成检查结论并出具书面检查报告。

世界审计组织治理指南9140号《公共部门内部审计的独立性》认为:“公共部门内部审计是公共部门有效治理的一个基础性要素。大部分公共部门内部审计师是他们单位公共责任制衡机制的一部分。”

内部监督与日常管理属于不相容职务岗位,即单位内部监督工作与日常经济活动业务保持相对独立性,可以根据监督事项设立纪检监察、内部审计部门。单位内部审计工作与财务管理工作应归属于不同的部门,无法设立职能部门而设立内部审计岗位与财务管理岗位的单位,应由不同人员担任相关职务,且归属于不同的部门或领导。

独立是审计师保持可靠性的关键。审计师虽然受雇于该单位,但又被期盼着对组织的运行进行审查，其为客观评价管理行为就必须保持相对于管理的"独立性"。

内部审计如果没有建立、执行和保持独立性的相应措施，则很可能会影响公众的信任。这些保护独立性的措施包括充分授权内部审计的一些规定，如内部审计有权向负责监管的部门报告重大问题；不论明文规定还是在实际操作中，内部审计都应得到管理层的支持和足够的资源以保证其有效履行职责；等等。

内部审计在单位的地位应该足以使其完成内部审计职责中所规定的工作。单位的审计部门是单位内部审计的归口管理部门，负责根据单位的业务特点开展内部审计工作，及时发现管理的薄弱环节和存在的问题，进行不断改进和提升。各职能部门应根据内部审计的要求，配合审计部门开展工作。

从事内部控制评价和内部审计的人员需要拥有必要的知识、技能和经验，遵循准则履行职责；持续提高熟练度和工作效率，至少需要具备的知识技能包括：①方法论，需要一定的理论基础；②专业技能，熟悉风险的识别、评估，以及控制措施的描述等各方面专业技能；③行业经验，具备识别关键评价领域的能力；④项目管理能力。对于大的单位，因为涉及面很广，人员又多，最后要汇总报告，所以项目管理能力是非常重要的。

11.2 内部控制检查流程

11.2.1 内部控制检查业务流程

健全内部控制监督检查制度至少包括：建立完善的内部控制审计工作机制，促进单位形成有效的经济活动监督机制；建立内部审计制度、审计标准，为内部审计工作的科学性、规范性提供支撑；建立精干、高效的内部审计队伍，促进内部审计工作的有序开展。

审计部门负责对本单位内部控制情况进行监督、检查与评价。内部审计业务控制的关键岗位包括分管审计业务的单位领导和主要领导、审计处负责人、审计项目组负责人、审计人员。

审计部门应当根据本年度的工作重点制订内部控制审计项目实施计划，内容包括：纳入内部审计的单位、责任人、主要内容等；根据审批权限，由审计部门负责人、分管审计业务的单位领导和主要领导审批后方可执行。

内部控制检查（内部审计业务）的主要环节包括编制内部审计计划、成立内部审计项目组、实施内部审计、监督审计问题整改。

内部控制检查的主要表单有审计任务书和内部审计报告等。

内部控制检查（内部审计业务）业务流程图如 11.2 所示。其中，组建审计项目组和确定内部审计项目负责人,明确审计工作职责、工作要求、工作纪律很重要。

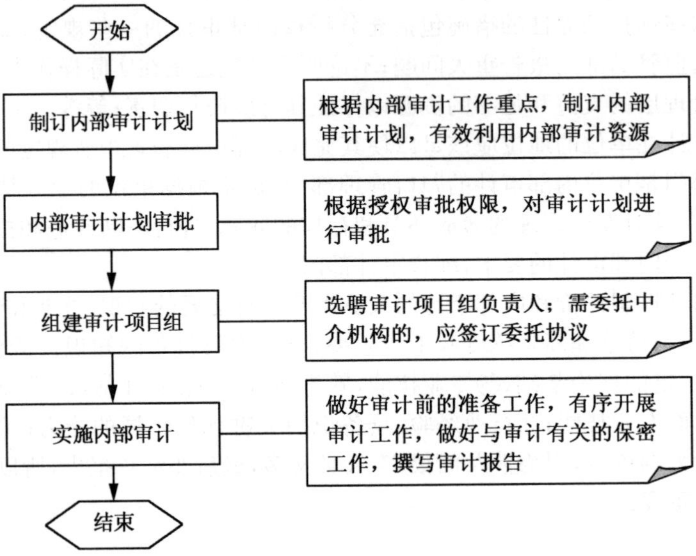

图 11.2　内部控制检查业务流程

在实施具体业务时,应当关注的主要风险有:避免无计划、无组织的内部审计工作,造成人力、物力的浪费;避免未具备能力、素质水平要求的人员负责内部审计工作,影响内部审计工作质量;避免内部审计后没有反馈和改进,达不到促进相关部门和责任人进一步完善工作的目的。

11.2.2　第三方评估与委托审计流程

为弥补监管不足,可以借鉴先进国家的通行做法,建立独立的第三方评估制度。例如,美国"全国慈善信息局"作为美国的评估机构之一,主要职责是对慈善机构的非营利性进行评估,帮助捐款人更好地掌握信息,使他们更明智地捐款。国外的非营利性评估标准主要包括以下几个方面:一是有一个好的治理结构,这是保证非营利组织非营利性的根本;二是非营利组织的项目和活动必须与组织的使命一致;三是非营利组织的有关信息必须进行准确披露,财务必须透明,相关利益群体有权获取有关的信息与财务会计报告;四是用于项目的资金至少应占全年经费支出的 60%;等等。

自 19 世纪以来,特别是随着公共管理、公共治理的兴起,各国不同程度地引入了公共部门注册会计师审计制度。内部控制的监督检查工作可以委托会计师事务所进行。

公共部门内部控制与年报审计之间存在着相互依赖、相互促进的紧密联系。开展年报审计工作，如果没有良好的内部控制，财务信息可能出现失真，管理可能出现混乱，这不仅会加大年报审计的工作量，而且会加大年报审计的风险。

在财务会计报告内部控制审计中，审计风险模型可表述为：

审计风险＝内部控制存在重大缺陷的风险×检查风险

其中，审计风险是指被审计单位财务会计报告内部控制存在重大缺陷时，注册会计师发表不恰当审计意见的可能性；内部控制存在重大缺陷的风险是指被审计单位财务会计报告内部控制在审计前存在重大缺陷的可能性；检查风险是指如果被审计单位财务会计报告内部控制存在重大缺陷，注册会计师实施审计程序后未能发现的可能性。

在以风险为导向的审计模式下，内部控制审计和年度财务会计报告审计存在许多共性，将两者整合审计已是国际上普遍采用的做法。整合审计有利于提高审计效率，改善审计效果，可以同时实现内部控制审计目标与年报审计目标。注册会计师应当对财务会计报告内部控制的有效性发表审计意见，并对内部控制审计过程中注意到的非财务会计报告内部控制的重大缺陷，在内部控制审计报告中增加“非财务会计报告内部控制重大缺陷描述段”予以披露。

年报审计应当对单位内部控制具有监督检查的作用，在审计督促下，内部控制的设计和运行会更加有效。例如，上海市财政局发出《关于进一步做好本市市级事业单位 2016 年度财务会计报表和部门决算报表审计监督工作的通知》(沪财督〔2017〕3 号)，要求在年报审计中，将事业单位内部控制基础性评价纳入委托范围，要求会计师事务所按照行政事业单位内部控制基础性评价指标的评分内容与评分办法对各事业单位的自评情况实施检查。

11.2.3 内部控制重点检查程序

对于内部控制的监督检查既要全面，又要有重点。“全面”要求不遗漏，突出“重点”就是检查要有针对性、要深入。

例如，对于财政资金支付情况，可以重点实施以下检查重点与相应的检查程序：

第一，账户管理：调阅账户管理资料，重点检查是否按照规定对所开立的账户进行年检；财政专户是否统一管理，清理归并；是否严格按程序开设专户；等等。

第二，用款计划：对照预算文件、国库集中支付改革范围划分文件，重点检查用款计划申报类别、用途、金额是否一致；检查是否按照规定标准划分确认资金的支付方式；是否根据预算对用款计划进行审核；基本支出用款计划是否按照均衡性原则，项目支出用款计划是否按照项目实施进度的需要申请；等等。

第三，支付业务：调阅用款计划和支付凭证，重点检查是否按照规定做好资金的预拨工作；基本支出的支付是否基本均衡；项目支出是否结合项目实施进度按照一定比例支付；对一些特殊项目，是否根据实际工作需要引入预拨和清算制度，及时拨付资金；是否按照批准的用款计划和部门的支付申请支付资金；是否办理无预算、无用款计划，以及超预算、超计划的付款；是否擅自改变支出用途；除特殊情况外，是否在 12 月 25 日前完成预算支出的支付。

第四，预算执行的动态监控管理：重点检查是否按照规定建立综合核查、动态信息披露、监控检查通报、处理整改相互衔接的工作机制，是否建立预算执行动态监控信息分析报告制度等。

又如，政府采购业务重点检查程序可以安排如下：

第一，变更政府采购方式的审批管理：调阅变更政府采购方式申请资料、财政部门变更政府采购方式审批文件，重点检查是否以会议记录、备案等材料代替批复公文；变更政府采购方式申请的理由和申请材料是否符合规定；对废标后需要采取其他方式采购的，是否在采购活动开始前按照规定进行审批。

第二，政府采购预算的审批：重点检查项目建设是否进行科学论证，项目建议书、可行性研究报告以及项目设计方案是否合理、有效；招投标过程是否合法、保密；资产使用环节是否合法、合理；对施工过程是否进行监督和控制，建设工程是否合理、有效地进行；是否按照规定的时限及时办理竣工决算，组织竣工决算审计；是否根据批复的竣工决算和有关规定办理建设项目档案和资产移交等工作；对于已列入支出核算的货物、工程和服务，是否未按规定编制政府采购预算。

第三，信息公告：重点检查按政府采购法律、法规、规章和其他规范性文件的规定，应予公告的事项是否在政府采购信息指定发布媒体上公告。

再如，对于资产管理情况的重点检查程序是：是否对资产实行分类管理，建立健全资产内部管理制度；银行账户的开立、变更和注销是否符合相关法律法规的要求；库存现金、银行对账单、余额调节表等是否做到账实相符、账账相符，货币资金是否安全；是否明确资产使用人和保管责任人，落实资产使用人在资产管理中的责任；是否按照国有资产管理的相关规定，明确资产的调拨、处置程序，审批权限和责任；是否建立资产信息管理系统，做好资产的统计、报告、分析工作，是否实现对资产的动态管理；等等。

经验分享 11.1 │ 某部门设计的预算编制内部控制重点检查程序

1. 部门预算编制准备阶段

调阅项目清理资料，审查是否根据有关规定，对本年度预算已批复项目进行清理，对下一年度预算编制中使用的项目进行审核。

2."一上"预算审核及"一下"预算测算阶段

取得部门上年度预算和决算报表,重点检查是否按照规定对部门"一上"预算进行规范性审核和技术性审核。

3."二上"预算审核阶段

检查"一下"预算,预算控制数确需调整的,是否符合规定程序,是否将"一下"预算指标分解到具体执行单位。

4."二下"批复预算阶段

检查是否按照规定编写分管处室预算批复说明,并将预算批复文件与预算批复表中的相关数据核对一致,是否在规定时间内将预算批复到处室。

5. 主要收支预算编制的检查

(1)收入预算的检查

审查部门收入预算数额,运用分析性复核的方法与上一年度预算执行情况进行对比,并考虑各种变动因素,审查收入测算的科学性和准确性。

(2)支出预算的检查

①基本支出预算的检查。分析人员经费预算是否按照编制内实有人数乘以定额标准测算;分析日常公用经费中以人员为计算对象的部门和以物耗为计算对象的部门是否按照规定的方法和标准测算;未实行定员定额管理的基本支出是否在上年基本支出水平基础上结合人员变化情况、实际开支水平、历年财政补贴水平、履行职能的实际需要以及财政保障能力测算,是否说明增支因素及测算依据;对比人员经费和日常公用经费预算,分析两者之间是否擅自互相调剂;分析基本支出预算内容,关注是否有应列入项目支出预算的支出;等等。

②项目支出预算的检查。取得项目申报文本,检查项目可行性报告、项目评审报告等资料是否完整;将项目"二上"预算、财政部门批复预算列表核对,分析预算申报与预算批复是否一致、合规;分析项目预算中是否有未细化到具体项目和执行单位而直接列入部门本级项目的预算;对确需增加的项目支出是否严格审核;等等。

6. 预算调整的检查

检查预算调整材料是否完整;调整审核程序和调整预算时间是否合规;调整预算是否细化;调整理由是否充分;部门预算管理机构与国库管理机构是否按规定对预算指标调整情况进行对账;预算指标的结转是否合规;分析调整预算与年初预算的关系,重点关注调整预算与"二上"预算中未被批复预算的关系,对年初未被批复有通过调整预算进行追加的情况,重点分析预算调整的理由是否充分,有无随意调整预算的行为;是否严格按照规定时限批复支出预算调整指标;等等。

11.3 内部控制检查方法

11.3.1 内部控制指数法

内部控制指数法是将内部控制五大目标设定为一级指标，即合法合规性目标、资产安全性目标、信息可靠性目标、舞弊防范性目标、服务效率性目标。一级指标细分为三个二级指标，即内部控制实施效果、内部控制设计情况与内部控制修正因素。其中，采用内部控制自我评价报告与内部控制审计报告作为内部控制修正因素。三级、四级指标属于逐层细分的各内部控制具体构成要素，如合法合规性目标下的实施效果包括违规行为、违规次数和违规金额等。各层次指标应确定变量的权重。

内部控制指数法是综合反映与检查单位内部控制水平、科学度量内部控制质量的一种方法，旨在反映单位内部控制设计和实施水平，为监测和评估内部控制建设提供有益的参考和科学的分析资料，对促进单位规范内部控制、提高内部控制有效性有积极的意义。

11.3.2 内部控制检查方法概述

为了对内部控制设计与运行的有效性进行测试，应当采用适当的监督检查方法，获取充分、适当的证据，用以支持其在内部控制检查中对内部控制有效性发表的意见。

内部控制特定领域存在重大缺陷的风险越高，给予该领域的审计关注就应当越多，所采用的审核方法应当越具体、越有效。

在测试控制设计与运行是否有效时，审核人员应当综合运用检查文档、询问相关人员、观察业务活动，进行函证、计算、穿行测试、重新执行、网络监督等方法，详见表 11.2。

表 11.2　　内部控制监督检查方法

检查方法	基本内涵	基本要求
文档检查	文档检查是对财务资料和其他书面及电子文档资料进行的审阅与复核	收集检查证据时，应当取得与检查事项相关的文件及签报、附件，相关会议记录，申报资料，合同以及相关电子文档资料等

续表

检查方法	基本内涵	基本要求
访谈	访谈时通过访谈者与被访谈者之间的交流来获取信息，包括电话访谈、当面访谈等。访谈应当做到充分准备、明确目标、提前通知、总结归纳和书面确认等	访谈对象可以是单位的工作人员，也可以是外部相关人员。为了保证访谈结果的真实性，应尽量访谈不同的人员以获取更可靠的证据。检查人员应对询问的答复进行评价，以获取与内部控制建立和执行相关的信息
观察	观察是检查人员对办公场所、实物资料和有关业务活动及其内部控制的执行情况等所进行的实地察看。通过观察，可以确定有关行为符合相关规章制度和内部控制要求的程度	观察取得的证据通常包括实物证据、视听证据或书面记录的行为证据。检查人员通过观察方法收集检查证据时，应当编制观察记录，注明观察的事项、内容和结果等。实地观察提供的证据仅限于观察发生的时点，检查人员应当考虑其所观察到的控制在检查人员不在场时可能未被执行的情况。所以，检查人员在使用这一方法时，应当尽可能不通知相关工作人员，采用突击检查的方式，确保检查的效果
查询	查询是对与检查事项有关的部门或个人进行的书面或者口头询问。检查人员可以通过查询的方法获取被查部门的有关情况、被查事项新的线索，也可以验证通过其他检查方法取得的检查证据	现场查询时，可在单位内部进行；用于审查疑点问题时，还可到外部单位进行查询。通过查询方法收集检查证据时，应取得被查询单位或个人的书面答复或者口头答复记录，并注明查询事项、内容、方式和查询结果等
函证	函证是为证明被查部门文件资料所载事项而向有关单位或者个人发函询证	函证要求与被查部门有业务联系的第三方就函证所列经济业务和相关金额确定被查部门记录的准确性。通过函证方法收集检查证据的，应当取得被函证单位或者个人的回函，编制回函记录，注明函证事项、范围和回函结果等
计算	计算是对被查部门有关资料中的数据所进行的验算或者另行计算	通过计算方法收集检查证据的，应当编制计算表或者计算工作记录，注明计算的事项、所依据的相关数据、计算的方法和结果等
穿行测试法	穿行测试法是指在内部控制流程中任意选取一笔具体业务作为样本，追踪该业务从起源到最终在财务会计报告或内部管理报告中反映出来的过程，以了解内部控制建立和执行的有效性	穿行测试不是单独的一种程序，而是将多种程序按特定审计需要结合运用的方法。穿行测试通过追踪交易在财务会计报告信息系统中的处理过程来证实审核人员对控制的了解、评价控制设计的有效性以及确定控制是否得到执行，以获取部分控制运行有效性的审核证据

续表

检查方法	基本内涵	基本要求
重新执行法	重新执行是指检查人员通过独立执行原本作为单位内部控制组成部分的控制措施来判断内部控制建立和执行的有效性,如全面审核与支出相关的各类单据是支出报销业务的控制措施	要检查支出报销审核人员有没有认真执行审核,仅仅检查审核人员是否在相关文件或凭据上签字是不够的,检查人员还应当抽取一部分支出凭证,重新执行审核控制,审核单据来源是否合法,内容是否真实、完整,使用是否准确,是否符合预算,审批手续是否齐全,反映明细内容的原始单据是否按规定签字或盖章
网络监督	网络监督是指利用信息技术,在授权范围内进入相关系统进行实时检查或事后检查的方法	信息系统包括预算管理系统、国库集中支付系统、政府采购系统、资产管理系统、工资统一发放系统、非税收入收缴管理系统和公文处理系统等管理信息系统。在信息系统中增设监督功能模块,有助于发现问题和及时防错纠偏

11.3.3 工作底稿的编制要求

开展内部控制评价与审计应当编制工作底稿。工作底稿应当由评价小组或审计小组直接填写,指定专人严格复核。

工作底稿是在审核过程中形成的工作记录和获取的资料,应当记录下列内容:内部控制审计计划及重大修改情况、相关风险评估和选择拟测试的内部控制的主要过程及结果、测试内部控制设计与运行有效性的程序及结果、对识别的控制缺陷的评价、形成的审计结论和意见、其他重要事项。

工作底稿的形成方式有两种,即编制与取得。对于取得的有关资料,只有经过亲自审核后才能作为工作底稿。审核证据必须经过去粗取精、去伪存真的鉴别和审核后才能形成工作底稿的依据。如果对证据不予审核,就不能分清事实的现象与本质,不能排除伪证,也不能找到有用的审计线索,由此可能导致审计失败,招致审计风险。

11.3.4 单位层面审核工作底稿举例

在实际工作中,内部控制审核可以建立在单位内部控制评价的基础上,审核的过程本身是评价的过程。以内部控制基础性评价为例,在审核单位层面的内部控制现状时,可以编制内部控制基础性评价工作底稿(单位层面)如表 11.3 所示,在逐项记录扣分分值及其原因的同时,将评分方法所收集的资料按照指标的先后顺序编号后附在该工作底稿之后,以便查考。

表 11.3　　内部控制基础性评价的审核工作底稿(单位层面)

被评价单位:××单位

被评价基准日期:20××年×月×日　　被评价层面(一级指标):单位层面

二级指标	三级指标	评价要点	评价方法	扣分分值及原因
1.内部控制建设启动情况(14分)	1.1 成立内部控制领导小组,制定、启动相关工作机制(4分)	本单位应启动内部控制建设,成立内部控制领导小组(1分),由单位主要负责人担任组长(1分),建立内部控制联席工作机制并开展工作(1分),明确内部控制牵头部门(或岗位)(1分)	通过查看会议纪要或部署文件确认	
	1.2 开展内部控制专题培训(3分)	本单位应针对国家相关政策、单位内部控制制度,以及内部控制拟实现的目标和采取的措施、各部门及其人员在内部控制实施过程中的责任等内容进行专题培训。仅针对国家政策进行培训的,得1分;仅针对国家政策和单位制定制度进行培训的,得2分	通过查看培训通知、培训材料等确认	
	1.3 开展内部控制风险评估(3分)	应基于本单位的内部控制目标并结合本单位的业务特点开展内部控制风险评估,并建立定期风险评估机制	通过查看风险评估报告确认	尚未建立定期风险评估机制,没有专门的内部控制风险评估报告,扣2分
	1.4 开展组织及业务流程再造(4分)	应根据本单位"三定"方案进行组织及业务流程梳理和再造,编制流程图	通过对职能部门或岗位的增减或调整、相关制度修订的前后比较确认	对职能部门或岗位的增减调整与相关制度的修订正在进行中,有待进一步完善,扣2分
2.单位主要负责人承担内部控制建立与实施责任情况(6分)	2.1 单位主要负责人主持召开会议,讨论内部控制建立与实施的相关议题(2分)	单位主要负责人应主持召开会议讨论内部控制建立与实施的议题。单位主要负责人主持会议,但仅将内部控制列入会议议题之一进行讨论的,得1分;单位主要负责人主持内部控制工作专题会议,对内部控制建立与实施进行讨论的,得2分	通过查看会议纪要或部署文件确认	
	2.2 单位主要负责人主持制订内部控制工作方案,健全工作机制(2分)	单位主要负责人应主持本单位内部控制工作方案的制订、修改、审批工作(1分),负责建立健全内部控制工作机制(1分)	通过查看会议纪要或内部控制工作方案的相关文件确认	本单位内部控制工作方案的制订、修改、审批工作尚待完善,扣1分
	2.3 单位主要负责人主持开展内部控制工作分工及人员配备等工作(2分)	单位主要负责人应对内部控制建立与实施过程中涉及的相关部门和人员进行领导和统一协调,主持开展工作分工及人员配备,发挥领导作用、承担领导责任	通过查看会议纪要或内部控制工作方案的相关文件确认	

续表

二级指标	三级指标	评价要点	评价方法	扣分分值及原因
3.对权力运行的制约情况(8分)	3.1 权力运行机制的构建(4分)	应完成对本单位权力结构的梳理,并构建决策科学、执行坚决、监督有力的权力运行机制,确保决策权、执行权、监督权既相互制约又相互协调	通过查看会议纪要或相关文件确认	缺乏内部审计监督和外部审计监督的具体规定及其相关的制约机制,扣1分
	3.2 对权力运行的监督(4分)	本单位应建立与审计、纪检监察等职能部门或岗位联动的权力运行监督及考评机制,以定期督查决策权、执行权等权力行使的情况,及时发现权力运行过程中的问题,并予以校正和改进	通过查看会议纪要、权力清单及相关制度确认	尚未建立审计、纪检监察等职能部门或岗位联动的权力运行监督、考评机制及其定期检查,没有相关的会议纪要和权利清单,扣2分
4.内部控制制度完备情况(16分)	4.1 建立预算管理制度(2分)	本单位的预算管理制度应涵盖预算编制与内部审批、分解下达、预算执行、年度决算与绩效评价四个方面。每涵盖一个方面得0.5分。对于一个方面中包含两点的,如只涵盖其中一点,仍视为这个方面未涵盖(下同)	通过查看本单位已印发并执行的预算管理制度、有关报告及财政部门批复的文件确认	预算管理制度尤其是绩效评价方面还不够具体充分,扣1分
	4.2 建立收入管理制度(2分)	本单位收入(包括非税收入)管理制度应涵盖价格确定、票据管理、收入收缴、收入核算四个方面。每涵盖一个方面得0.5分	通过查看本单位已印发并执行的收入管理制度确认	
	4.3 建立支出管理制度(2分)	本单位支出管理制度应涵盖预算与计划、支出范围与标准确定、审批权限与审批流程、支出核算四个方面。每涵盖一个方面得0.5分	通过查看本单位已印发并执行的支出管理制度确认	支出管理与预算或计划衔接、支出范围与相应的审批权限、制约措施还不够具体,扣1分
	4.4 建立政府采购管理制度(2分)	本单位政府采购管理制度应涵盖预算与计划、需求申请与审批、过程管理、验收入库四个方面。每涵盖一个方面得0.5分	通过查看本单位已印发并执行的政府采购管理制度确认	采购制度中缺乏对授权、询价、核价的具体规定,扣1分
	4.5 建立资产管理制度(2分)	本单位资产管理制度应涵盖资产购置、资产保管、资产使用、资产核算与处置四个方面。每涵盖一个方面得0.5分	通过查看本单位已印发并执行的资产管理制度确认	资产管理制度中对于资产管理台账、产权证书及相关管理不够具体、明确,扣1分
	4.6 建立建设项目管理制度(2分)	本单位建设项目管理制度应涵盖项目立项与审核、概预算、招投标、工程变更、资金控制、验收与决算等方面。每有一个方面未涵盖的,扣0.5分,直至扣完	通过查看本单位已印发并执行的建设项目管理制度确认	工程概预算、工程变更及其相关的资金控制不够具体、明确,扣1分

续表

二级指标	三级指标	评价要点	评价方法	扣分分值及原因
4.内部控制制度完备情况(16 分)	4.7 建立合同管理制度(2 分)	本单位合同管理制度应涵盖合同订立、合同履行、合同归档、合同纠纷处理四个方面。每涵盖一个方面得 0.5 分	通过查看本单位已印发并执行的合同管理制度确认	
	4.8 建立决策机制(2 分)	本单位决策机制至少应涵盖“三重一大”集体决策和分级授权两个方面。每涵盖一个方面得 1 分	通过查看本单位已印发并执行的决策机制确认	分级授权的相关规定不够具体、明确,扣 1 分
5.不相容岗位与职责分离控制情况(6 分)	5.1 对不相容岗位与职责进行有效设计(3 分)	本单位不相容岗位与职责包括但不限于申请与审批、审批与执行、执行与信息记录、审批与监督、执行与监督等。每有一对不相容岗位未进行有效设计,扣 1 分,直至扣完	通过查看本单位已印发的岗位规章制度及岗位职责手册确认	单位规模小,人员少,不相容岗位与职责有效分离的设计不够具体、周全,缺乏定期轮岗或替代程序及审计监督的相关规定,扣 1 分
	5.2 不相容岗位与职责得到有效分离和实施(3 分)	针对本单位的各项经济活动,应落实所设计的各类不相容岗位与职责,形成相互制约、相互监督的工作机制	通过按类别随机抽查相关单据确认。所有抽查的相关单据的签字均符合要求的,该项得分,否则不得分。查看单位接受内外部检查反映的情况,如果有相关问题,该项不得分	单位规模小,人员少,不相容岗位与职责的有效分离实施不够,缺乏定期轮岗机制等,扣 1 分
6.内部控制管理信息系统功能覆盖情况(10 分)	6.1 建立内部控制管理信息系统,功能覆盖主要业务控制及流程(6 分)	内部控制管理信息系统的功能应完整反映本单位制度规定的各项经济业务控制流程,至少应包括预算管理、收支管理、政府采购管理、资产管理、建设项目管理、合同管理等业务事项。上述业务中每存在一个方面未覆盖到的,扣 1 分。因单位本身不存在该项业务而未覆盖到的,不扣分。本单位未建立内部控制管理信息系统的,6.1、6.2 两个要点均得 0 分	通过查看系统功能说明书,实际操作系统,将系统功能与内部控制制度的要求对比确认	没有系统功能说明书,无法将系统功能与内部控制制度要求对比确认的,扣 3 分
	6.2 系统设置不相容岗位账户并体现其职权(4 分)	应针对所覆盖的业务流程内部控制的不相容岗位与职责在系统中分别设立独立的账户名称和密码,明确操作权限等级。每存在一对不相容岗位未分别设置独立账户或权限的,扣 1 分,直至扣完	通过查看系统功能说明书,实际操作系统,将系统用户账户设置情况与内部控制制度的要求对比确认	没有系统功能说明书,无法将系统用户账户设置情况与内部控制制度要求对比确认的,扣 2 分
不适合情况说明				
特殊情况说明				
下一步工作计划				

评价人员：　　　　　　　　　　　　　　评价日期：

11.3.5 业务层面审核工作底稿举例

各单位的业务类型和活动内容可能差别较大，在具体评价时应注意会同各业务部门、相关岗位或人员一起参与业务层面的评价工作，通过打分，扬长避短，推进内部控制工作向业务部门的深入发展。

在具体审核时，可以编制内部控制基础性评价工作底稿（业务层面）如表 11.4 所示，在逐项记录扣分分值及其原因的同时，应将评分方法所收集的资料按照指标的先后顺序编号后附在该工作底稿之后，以便查考。

表 11.4 内部控制基础性评价的审核工作底稿（业务层面）

被评价单位：××单位

被评价基准日期：20××年×月×日 被评价层面（一级指标）：业务层面

二级指标	三级指标	评价要点	评价方法	扣分分值及原因
7.预算业务管理控制情况（7分）	7.1 对预算进行内部分解并审批下达（3分）	本单位财会部门应根据同级财政部门批复的预算和单位内部各业务部门提出的支出需求，将预算指标按照部门进行分解，并经预算管理委员会审批后下达至各业务部门	通过查看部门职责、工作计划和预算批复文件确认	没有预算管理委员会审批后下达至各业务部门的文件资料，扣 1 分
	7.2 预算执行差异率（4分）	计算本单位近 3 年年度预算执行差异率的平均值，如差异率绝对值高于 5%，应对产生差异的原因进行追查。如果经查证产生差异的原因与内部控制有关，则根据差异率结果进行评分：差异率绝对值在 5%～10%（含）的，得 2 分；10%～15%（含）的，得 1 分；超过 15%的，得 0 分。若差异率绝对值在 5%以内（含）或产生差异的原因与内部控制无关，则得 4 分	通过查看经同级财政部门批复的单位预算额度及单位决算报表等确认	预算执行差异率分析不够具体，扣 1 分
8.收支业务管理控制情况（6分）	8.1 收入实行归口管理和票据控制，做到应收尽收（2分）	本单位各项收入（包括非税收入）应由财会部门归口管理并进行会计核算；涉及收入的合同，财会部门应定期检查收入金额与合同约定是否相符；按照规定设置票据专管员，建立票据台账；对各类票据的申领、启用、核销、销毁进行序时登记。上述四个方面每存在一个方面没有做到的，扣 0.5 分	通过查看本单位相关制度，财会部门核对合同的记录、票据台账确认	未设置票据专管员，未见财会部门核对合同的记录、票据台账的，扣 0.5 分
	8.2 支出实行归口管理和分类控制（2分）	本单位应明确各类支出事项的归口管理部门及职责，并对支出业务进行归口管理；支出事项应实行分类管理，制定相应的制度，不同类别事项实行不同的审批程序和审批权限；明确各类支出事项需要提交的外部原始票据要求，明确内部审批表单要求及单据审核重点；通过对各类支出事项的分析控制，发现支出异常情况及其原因，并采取有效措施予以解决。上述四个方面每存在一个方面没有做到的，扣 0.5 分	通过查看支出管理制度、内部审批单、相关支出凭证确认	不同类别事项实行不同的审批程序和审批权限不够具体、明晰，未对各类支出事项的分析和异常情况及其原因进行记录，扣 0.5 分

续表

二级指标	三级指标	评价要点	评价方法	扣分分值及原因
8.收支业务管理控制情况(6分)	8.3 举债实行集体决策,定期对账(2分)	按规定可以举借债务的单位,应建立债务管理制度;实行事前论证和集体决策;定期与债权人核对债务余额;债务规模应控制在规定范围内。上述四个方面每存在一个方面没有做到的,扣 0.5 分。按规定禁止举借债务的单位,如存在举债行为,此项得 0 分	通过查看制度文件、会议纪要、对账单、债务合同等确认	
9.政府采购业务管理控制情况(7分)	9.1 政府采购合规(4分)	本单位采购货物、服务和工程应当严格按照年度政府集中采购目录及标准的规定执行。每存在一项应采未采或违反年度政府集中采购目录及标准规定的事项,扣 1 分,直至扣完	通过查看一定期间的单位政府采购事项确认	
	9.2 落实政府采购政策(2分)	政府采购货物、服务和工程应当严格落实节能环保、促进中小企业发展等政策。每存在一项未按规定执行政府采购政策的事项,扣 1 分,直至扣完	通过查看一定期间单位政府采购事项确认	
	9.3 政府采购方式变更和采购进口产品报批(1分)	采用非公开招标方式采购公开招标数额标准以上的货物或服务,以及政府采购进口产品,应当按照规定报批。每存在一项未按规定报批的事项,扣 1 分,直至扣完	通过查看一定期间单位政府采购事项确认	采用非公开招标方式采购的控制流程有待进一步完善,扣 1 分
10. 资产管理控制情况(6分)	10.1 对资产定期核查盘点、跟踪管理(4分)	应定期对本单位的货币资金、存货、固定资产、无形资产、债权和对外投资等进行核查盘点,做到账实相符;对债权和对外投资项目实行跟踪管理。每存在一类资产未定期核查盘点或跟踪管理的扣 1 分,直至扣完	通过查看近 1 年内本单位的各类资产台账、会计账簿、盘点记录、投资决策审批文件、会议纪要等确认	未对债权项目实行跟踪管理记录,扣 1 分
	10.2 严格按照法定程序和权限配置、使用、处置资产(2分)	本单位配置、使用和处置国有资产应严格按照审批权限履行审批程序,未经批准不得自行配置资产,利用资产对外投资、出租出借,也不得自行处置资产	通过查看资产的配置批复情况、对外投资、出租出借、无偿调拨(划转)、对外捐赠、出售、出让、转让、置换、报废报损、货币性资产损失核销等文件确认	

续表

二级指标	三级指标	评价要点	评价方法	扣分分值及原因
11. 建设项目管理控制情况（8分）	11.1 履行建设项目内容变更审批程序（2分）	本单位应按照批复的初步设计方案组织实施建设项目，确需进行工程洽商和设计变更的，建设项目归口管理部门、项目监理机构应当进行严格审核，并且按照有关规定及制度要求履行相应的审批程序。重大项目变更还应参照项目决策和概预算控制的有关程序及要求重新履行审批手续。每存在一个建设项目不合规变更的，扣1分，直至扣完	通过查看近5年内本单位已完工的建设项目在建设期间发生的各项变更确认	
	11.2 及时编制竣工决算和交付使用资产（2分）	本单位应在建设项目竣工后及时编制项目竣工财务决算，并在项目竣工验收合格后及时办理资产交付使用手续。每存在一个建设项目未及时编制竣工验收决算的，扣1分；每存在一个建设项目未及时办理资产交付使用手续的，扣1分，直至扣完	通过查看近5年内本单位已完工建设项目的竣工验收资料和决算审计资料确认	建设项目控制流程有待进一步完善，扣1分
	11.3 建设项目超概算率（4分）	计算近5年内本单位已完工的建设项目超概算率，若超概算率高于5%，应对产生超概算率的原因进行追查。如果经查证产生超概算率的原因与内部控制有关，则根据产生超概算率的情况进行评分：每存在一个建设项目超概算率高于5%的，扣2分，直至扣完；如果与内部控制无关，则得4分	通过查看建设项目投资概算、经批复的竣工决算报告等确认	
12. 合同管理控制情况（6分）	12.1 加强合同订立及归口管理（3分）	本单位应对合同文本进行严格审核，并由合同归口管理部门进行统一分类和连续编号。对影响重大或法律关系复杂的合同文本，应组织业务部门、法律部门、财会部门等相关部门进行联合审核。每存在一个合同不合规定的，扣1分，直至扣完	通过查看相关制度，随机抽查合同审批记录、会议纪要等确认	与归口管理部门未进行统一分类和连续编号等记录，扣1分
	12.2 加强对合同履行的控制（3分）	本单位应当对合同履行情况进行有效监控，明确合同执行相关责任人，及时对合同履行情况进行检查、分析和验收，如发现无法按时履约的情况，应及时采取应对措施；对于需要补充、变更或解除合同的情况，应按照国家有关规定进行严格的监督审查。每存在一个未对合同履行情况进行有效监控或未对合同补充、变更、解除进行监督审查的情况，扣1分，直至扣完	通过查看合同履行情况检查记录，合同验收文件，合同补充、变更或解除的监督审查记录等确认	
不适合情况说明				
特殊情况说明				
下一步工作计划				

评价人员：　　　　　　　　　　评价日期：

11.3.6 重要业务流程的控制目标测试

对于重要业务流程或领域，审计人员应当重点考虑与此相关的控制目标，并评价是否实现这些目标，其重要标志是什么，是否存在控制以防止错报的发生，或发现并纠正错报，然后重新提交到业务流程处理程序进行处理。

审计人员可以通过设计一系列关于控制目标是否实现的问题，确认某项业务流程中需要加以控制的环节，包括针对业务流程中数据生成、转移或被转换的环节等。

为了实现某项控制目标而设计问题的数量取决于下列因素：业务流程的复杂程度，业务流程中发生错报而未能被发现的概率，是否存在一种有效的总体控制来实现控制目标。例如，将仓库的发货日志中记录的发货数量与销售日记账中登记的数量定期进行核对、调节，可以同时实现发生、完整性、截止等多个控制目标。表 11.5是审计中经常使用的控制目标及其相关说明，这些目标将引导审计人员进行审计测试，并将过程与结果恰当地记入工作底稿。

表 11.5　　控制目标及其相关说明

控制目标	相关说明
完整性：所有有效交易都已记录	必须有程序确保没有漏记实际发生的交易
存在/发生：每项已记录的交易均真实发生	必须有程序确保会计记录中没有虚构或重复入账的项目
准确性：准确计量交易	必须有程序确保交易以准确的金额入账
截止：恰当确定交易生成的会计期间	必须有程序确保交易在适当的会计期间入账
分类	必须有程序确保将交易记入正确的总分类账，必要时，记入相应的明细账
正确汇总和过账	必须有程序确保所有账簿记录中的借贷方余额都正确地归集(加总)，确保加总后的金额正确过入总账和明细分类账

11. 3. 7 控制主要环节与检查重点

在被审计单位已设置的控制中，如果有可以对应“哪个环节需设置控制”的问题时，审计人员应将其记录于工作底稿，同时记录由谁执行该控制，并可以通过备忘录、笔记或复印被审计单位相关资料逐步使该项信息趋于完整。

例如，对固定资产内部控制的主要环节及检查重点如表 11. 6 所示。

表 11.6　　固定资产内部控制的主要环节及检查重点

内部控制环节	内部控制要点	内部控制检查
预算制度、交易授权	固定资产增减应编制经过批准的预算	检查固定资产的取得与处置是否依据预算，对实际支出与预算之间的差异以及未列入预算的特殊事项，检查其是否履行特别审批手续
授权批准制度	固定资产购建支出预算只有经过规定的批准程序方可生效；所有固定资产的取得和处置均需经管理当局的书面认可	不仅要检查授权批准制度本身是否完善，而且要关注授权批准制度是否得到切实执行
职责分工制度	对固定资产的取得、记录、保管、使用、维修、处置(不相容职务)等，均应明确划分责任，由专门部门和专人负责	检查并观察分工的恰当性、职责分离的现实可行性与可靠程度
维护保养制度	建立日常维护、定期检修制度	检查制度的合理性与实际执行情况
定期盘点制度	确定数量、存放地点、使用状况和定期盘点情况，验证账面各项固定资产是否真实，了解固定资产的放置地点和使用状况，发现是否存在未入账的固定资产等	了解和评价企业固定资产盘点制度，注意查询盘盈、盘亏固定资产的处理情况
处置转移制度	投资转出、报废、出售、调拨转出等均要有一定的申请报批程序	检查报批程序的合理性与执行的有效性
账簿记录制度	设置总账、明细账、固定资产登记卡，按类别、使用部门、特点进行明细分类核算，增减变化均有原始凭证	检查明细账与登记卡设置的完善性，固定资产增减变化时原始凭证的充分性

11.4　控制缺陷沟通与报告

11.4.1　评价控制缺陷的基本流程

在评价控制缺陷时应当运用职业判断，考虑并衡量定量和定性因素；同时，要对整个思考过程进行记录，尤其是详细记录关键判断和得出结论的理由。在评价控制缺陷严重程度的记录中，应当对“可能性”和“错报金额大小”的判断做出明确陈述。

单位评价内部控制缺陷的基本流程如图 11.3 所示。

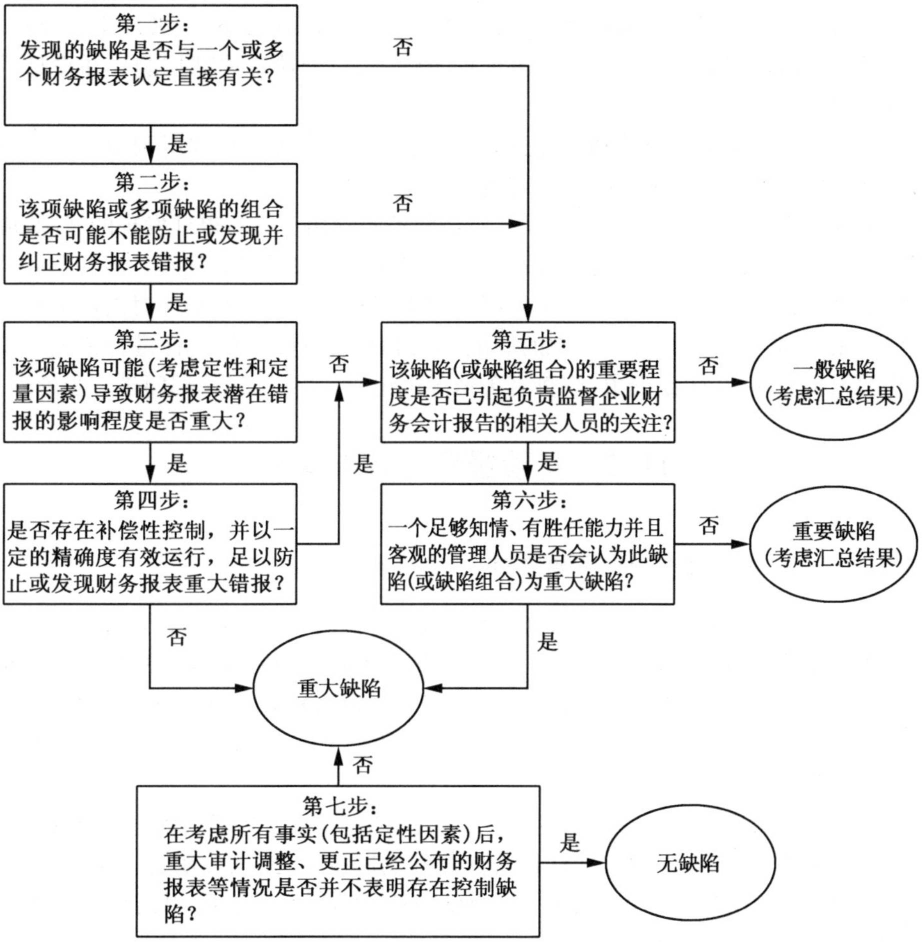

图 11.3　评价控制缺陷的流程

对于发现的所有内部控制缺陷都应当编制相关审计工作底稿，以对被发现的控制缺陷及其评价结论进行汇总。无论该缺陷是否被认为是重大的，都需要进行记录。已经得到整改的控制，即使通过适当的测试工作被确认为有效执行，其相关的缺陷也应当同样进行描述和归档。

11.4.2 审核意见沟通与报告

审计人员应当评价从各种来源获取的审计证据，包括对控制的测试结果、财务报表审计中发现的错报以及已识别的所有控制缺陷，形成对内部控制有效性的意见。如果存在未实现规定的控制目标、未执行规定的控制活动、突破规定的权限、不能及时提供控制运行有效性的相关证据等情况，应当认定内部控制存在设计或运行缺陷。

审计人员对于重大缺陷和重要缺陷，应当以书面形式与管理层沟通。书面沟通应当在出具内部控制审计报告之前进行。

审计结果应当报告，从而发挥审计监督的控制作用。针对审计发现的问题，应当与相关责任部门进行沟通，提出改进建议，督促责任部门积极整改。涉及全局性的问题，要报告单位主要领导，并建立制度约束与整改机制。要加强对内部审计结果的利用，对内部审计过程中发现的职能部门和相关责任人的责任进行追究。发现相关人员有违规、违纪现象，应将有关情况报纪检部门，由纪检部门进一步处理。

11.5 持续督导与控制文化

11.5.1 持续督导的现实重要性

公共部门主要从事公共事业，实施公共管理等。公共事业是整个国民经济体系的重要组成部分，是人民福祉的根基。公共管理是以有效促进公共利益最大化为宗旨，以民主科学的方式行使公共权力、依法制定与执行公共政策、管理社会公共事务、提供公共物品和公共服务的活动，具有管理的公共性、管理的服务性和政府与公民社会的合作共治性等特征。

由于产权关系等深层次的原因，不少研究结果表明，公共部门普遍缺乏内部控制的内生动力，因而不同程度地存在着内部控制制度不健全、控制意识不强、领导重视不够、内部控制形同虚设等问题。通过不断培育控制文化，提高内生动力机制，对于公共部门加强内部控制十分重要。

内部控制实质是一个组织为了实现特定目的而在其内部采取的自我调整、自我约束、自我评价的一系列方法、手段与措施的总称。如果这些方法、手段与措施以“堵”为出发点，往往会事倍功半，甚至导致“道高一尺，魔高一丈”；倘若在内部控制中辩证地利用“疏”与“堵”的关系，以“疏”为先导，以“堵”为保障，可能会达到事半功倍的效果。

专题讨论 11.1 ｜ 鲧治水堵而成祸，禹治水疏而太平

中国古代，黄河泛滥，鲧、禹父子二人分别受命于尧、舜二帝负责治水。鲧逢洪筑坝，遇水建堤，采用“堙”的办法，然九年水不息；禹大胆改用疏导与堰塞相结合的新办法，“开九州，通九道，陂九泽，度九山”，历时 13 年，终于有效治理了洪水。

遇到问题就制定制度来防范问题再次发生，就像采用“堵”的治水办法一样，问题可能会不断地出现，制度也永远制定不完。“疏”的方法相当于制定原则、规则，引导问题在合理范围内有序渐进。在“疏”的基础上，当然还要用“堵”来治理顽水，即不服从管理的地方要设立“高压线”，违反了就要处罚，以控制机制运行的方向、流程和节奏。管理工作要“疏”“堵”结合，变“堵”为“疏”。凡事皆有因果，堵的是“果”，“疏”的是“因”。持续督导应当内外合力，持续督导＋控制文化可以不断增强内部控制的内生动力。

11.5.2 控制文化需要不断培育

控制不只是一门学科，需要以科学的态度认真对待，而且是一种文化，有自己的价值观和语言。例如，实行以风险评估为导向的内部控制是健康安全的生存法则；内部控制重在事前预防，用以防患于未然或帮助组织转危为安；内部控制具有目标性、整体性和动态性，是对人的控制并且是由人来执行的；等等。所以，内部控制是重要的，是不可或缺的。当然，内部控制不是万能的，但没有内部控制是万万不能的。控制文化就是将控制与文化有机地结合起来的理性认识。历史上不同的控制模式更迭已经体现出人类管理文化的演进和自律意识的增强。只有积极推动、持久运行与不断监管，控制文化才能与时俱进。所以，控制文化是需要不断培育的。

控制经验是日积月累的，是指人们在控制活动过程中通过感觉器官获得的关于控制对象和外部联系的认识。经验有待于深化，有待上升到理论，不断总结控制经验对完善控制活动很重要。许多有经验的管理人员深知：“麻痹是最大的隐患，违规是最大的祸根。”“只有自控、互控、他控，才不会失控。”

对一个单位的健康运营来说，“自控”是日常工作能力、责任心和业务水平的综合体现，是对健康安全的理解和行为规范的一种自觉表现，是各尽其责、干好本职的具体要求。“互控”是健康安全必不可少的牵制手段和重要环节。“他控”是健康安全的铺展和延伸，是防范和杜绝风险的重要手段。

专题讨论 11.2 ｜ 自控、互控、他控、联控

管理工作不是“包产到户”，管理循环是一个联动的整体，各个岗位之间、各个部门之间环环相扣，任何一个环节出了纰漏都会给后面的工作带来困难，甚至造成严重的后果。“自控”和“互控”是相辅相成、层层递进的关系。各个工种之间要多联系、多协调，以杜绝对接过程中的“盲点”“漏洞”等安全隐患。只有各岗位成员之间，以及相关联的各个环节之间做好“自控、互控、他控”，从而形成“联控”，才能形成有序、平稳发展的良好环境，才能为健康运营设置一道又一道安全屏障。

自制力在控制活动中极为重要，是指人们能够自觉地控制自己的情绪和行动：既善于激励自己勇敢地执行决定，又善于抑制那些不符合既定目的的愿望、动机、行为和情绪。与自制力相反的是任性，对自己的言行不加约束，任意胡为，不考虑行为及后果。自制力的培养可通过疏导、引导、练习、强化等环节进行，其中，影响、教育、自身修养很重要。

实证分析 11.1 | 自我控制，走向成功

自制力就是自我克制的能力。人的克制能力的优劣能够决定人的心理品位、健康状况、智能的发挥程度等。《钢铁是怎样炼成的》一书描写了保尔·柯察金成长的故事。有一次，年轻人就“习惯能不能改掉”这个问题发生了争论。有人说：习惯比人厉害，养成了就改不掉，抽烟就是一例。保尔不同意这种看法，他认为：人应该支配习惯，而绝不能让习惯支配人，不然的话，岂不要得出十分荒唐的结论吗？这时，有人挖苦保尔，说他吹牛皮，因为他明知抽烟不好但并没有戒掉。保尔沉默了一会儿，从嘴角拿下烟卷，把它揉碎，斩钉截铁地说：“我绝不再抽烟了。要是一个人不能改掉坏习惯，那他就毫无价值。”有作为的人应该像保尔一样，下决心依靠自制力跟自己的坏习惯做斗争。自制力对人走向成功起着十分重要的作用。

自我控制是指个体自主调节行为，并使其与个人价值和社会期望相匹配的能力。它可以引发或制止特定的行为，如抑制冲动行为、抵制诱惑、延迟满足、制订和完成计划、采取适应社会情境的行为方式等。成功的自我控制行为依赖于可用的自我控制资源，自我控制资源越充足，自我控制任务的表现就越好，因而自我控制资源和个体的自我控制行为是相关的。个体的自我控制需要消耗其自身的自我控制资源，然而在一定的时间内，个体的自我控制资源是有限的，所以，还需要他控或互控。“自控、互控、他控”才是自我安全责任意识、团队安全责任意识和集体安全责任意识的高度统一。

控制文化就是将一个组织的全体成员集合在一起形成对控制标准和行为方式的认同，它代表着一个组织的行为目标、行为准则、行为方式和行为习惯等，是内部控制精神中最核心、最本质的部分，即控制文化是控制过程中所有控制方式、程序、内容和手段的集成与结晶，是内部控制建设的“软实力”。

11.5.3 控制文化的主要特点

一个单位的文化是在长期工作实践中逐步形成的，为全体员工所认同并遵守的，带有本单位特点的使命、远景、宗旨、精神、价值观和理念，以及这些理念在工作实践、管理制度、员工行为方式和对外形象方面的体现的总和。文化建设是单位内部管理的灵魂，是推动单位发展的不竭动力。

控制文化是一种自觉（内含自省与自警）的文化。自觉是自我认识而主动去做；自省是自我批评、自我评价和自我教育；自警是对自身行为、思想的反思，发现了错误后决意改正的一种态度。自觉、自省、自警通过自我发现，促使思想意识的进一步提升。

控制文化是一种自控（内含自律与自励）的文化。自律就是从自身出发，正人先正己，加强自我修养，提升自身素质；自励在心，自行于途。自控力是需要长期不断培育的。“勿以恶小而为之，勿以善小而不为。”遵循法纪，自我约束，这就是自控、自律与自励。内部控制应当根源于人的内在需求，是一种自律行为。自律不能只是偶尔为之，它必须成为生活方式。把自律的生活方式作为目标是成功人士的境界。

控制文化是一种自强（内含自立与自重）的文化。自强，就是自己努力图强，是在自爱、自信的基础上充分认识自身的有利因素，积极进取，努力向上，不甘落后，勇于克服困难，做生活与事业的强者。自立，就是自主、独立、自强，表示不需要他人帮助就能独立完成某事。“自重则威，知止有定”。知止，是一种洞彻，一种觉悟，也是一种拒绝。知止，才不会被世俗带走，才会守住自己的坚持。知止更是对人生的一种感悟，是在自知的前提下心智酝酿的结果，它代表一种原则，是一种行为有“度”的哲理体现。

11.5.4 控制文化的实现方式

控制文化是任何单位达到控制目的、进行制度控制和实施控制手段的有效补充，对于控制活动的贡献体现在以下几个方面：

一是非直接强制性，即控制文化不是以强制力推行，而是以社会评价、内心反省、自律自强等非直接强制性力量实施的。

二是自觉性，即人们在长期的社会化过程中逐渐接受甚至内化了控制文化的价值标准和行为准则，从而成为一种自觉行为。

三是广泛性，控制文化调节人们的行为领域具有非常广阔的涵盖面，甚至已经形成一种行为共识，大多数人在大多数情况下会这么做。

专题讨论 11.3 “硬性控制”与“软性控制”

内部控制措施可分为“硬性控制”和“软性控制”两种类型。“硬性控制”落实到制度规定、流程措施、管理办法等，要求无论何时何地，无论是谁都必须严格遵守，如票据函证、实物盘点、合同评审等。“软性控制”主要是指那些属于精神和文化层面的事物，即需要通过内部环境来优化思想认识和行为理念，如单位领导的管理风格、单位内部的风险文化及内部控制意识等，主要是靠理念、习惯以及每个人的道德观、价值观等来维系和发挥作用。

单位内部控制的完善不能仅仅靠硬性的规定，因为再完善的制度也要依靠人来执行，所以，“软性控制”的有效与否可能对内部控制的实施更有意义和作用。大量事实表明，良好的内部控制环境和文化意识、单位领导良好的综合素质有利于更有效地控制单位的管理活动，有利于控制目标的实现。

11.5.5 控制文化的重要作用

(1)通过导向作用实现控制

控制文化作为一种共同意识和价值观念，对员工有导向作用，可以把员工的个人目标引导到单位所确定的目标上来，使得员工在潜移默化中接受共同的价值理念和控制思维。

(2)通过凝聚作用实现控制

控制与失控是一对矛盾。有控制就会有反控制。控制文化作为一种共同价值观，对员工有凝聚作用，能够聚集一批具有共同理想的员工，在相互认同的工作方式和控制氛围里为共同的控制目标而努力，从而增强“凝聚力”，减少控制活动中的“阻力”，弱化组织内耗中的“摩擦力”。

(3)通过约束作用实现控制

控制文化作为一种规范和准则，对于员工具有约束作用，是一种“软”的约束机制，可以使员工认识到什么是正确的、什么是错误的、应当怎么做，从而在理智的权衡中放弃各种“不理智”的行为和“找借口”的舞弊等。

(4)通过激励作用实现控制

控制文化是一种“以人为本”的控制，它尊重员工在单位中的地位和作用，激发员工内在的积极性和创造性，使得员工朝着组织的既定目标努力。它可以把战略、技能、结构、制度等黏合在一起，当控制取得成效时，会使员工对单位有归属感，进而产生荣誉感和自豪感。

专题讨论 11.4 | 持之以恒才能养育控制文化

内部控制体系的健全程度与一个单位的控制文化相关，将成熟有效、务实管用的经验与做法制度化、系统化、长效化是一个漫长的过程，涉及单位管理的方方面面，不仅需要有计划、有步骤地持续开展，而且需要持之以恒。

如果因为困难、不顺、挫折而不求上进、不思进取、自暴自弃、甘于沉沦，那就会一事无成。韧者，柔而固也。固而不柔则脆，柔而不固则弱。古人云：“锲而舍之，朽木不折；锲而不舍，金石可镂。”

如果追求“短、平、快”的即时利益，忽略了控制的品质与灵魂，那是心浮气躁的。工匠们喜欢不断雕琢自己的产品，不断改善自己的工艺，享受着产品在双手中升华的过程。内部控制需要有“钉钉子”的精神，锲而不舍、精益求精。

恒：持久的，经常的，不间断的。内部控制重在日常，贵在持久。一个单位的控制文化需要积累和沉淀。只有长期坚持下去，才能养育良好的控制习惯，才能防患于未然，捉矢于未发。